主办单位：北京交通大学法学院

交通运输法研究

（第1辑）

主　编◉张长青　孙向齐

副主编◉王毅纯

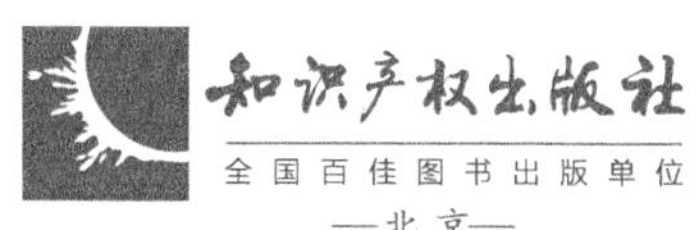

图书在版编目（CIP）数据

交通运输法研究．第1辑／张长青，孙向齐主编．—北京：知识产权出版社，2023.5
ISBN 978-7-5130-8467-3

Ⅰ.①交… Ⅱ.①张… ②孙… Ⅲ.①交通运输管理—法规—研究—中国
Ⅳ.①D922.144

中国版本图书馆CIP数据核字（2022）第218037号

责任编辑： 刘　雪　　**责任校对：** 谷　洋
封面设计： 杰意飞扬·张悦　　**责任印制：** 刘译文

交通运输法研究·第1辑

张长青　孙向齐　主编
王毅纯　副主编

出版发行： 知识产权出版社有限责任公司　**网　址：** http://www.ipph.cn
社　址： 北京市海淀区气象路50号院　**邮　编：** 100081
责编电话： 010-82000860转8112　**责编邮箱：** jsql2009@163.com
发行电话： 010-82000860转8101/8102　**发行传真：** 010-82000893/82005070/82000270
印　刷： 北京九州迅驰传媒文化有限公司　**经　销：** 新华书店、各大网上书店及相关专业书店
开　本： 720mm×1000mm　1/16　**印　张：** 18.25
版　次： 2023年5月第1版　**印　次：** 2023年5月第1次印刷
字　数： 294千字　**定　价：** 78.00元
ISBN 978-7-5130-8467-3

《交通运输法研究》编委会

卷首语

王毅纯*

北京交通大学法学学科历史积淀深厚，早在20世纪初，北京交通大学就开始延聘名师讲授宪法、国际公法等课程，而曾在远东国际军事法庭代表中国指控日本战犯罪行的检察官向哲濬即为北京交通大学国际法学课程的教授。历经百年沧桑，北京交通大学在当前法学日益繁荣的时代中更加熠熠生辉。自1995年成立法律系以来，2004年开始招收法学硕士研究生，2009年获法律硕士学位授予权，2010年获法学一级学科硕士学位授予权。经此阶梯式发展，北京交通大学法学院于2012年正式成立。法学院设有公法学系、国际法学系、民商经济法学系、法律实践教学中心、法律硕士（J. M.）教育中心，并建有省部级平台北京交通大学北京社会建设研究院、北京交通大学中国铁路法研究中心等研究机构，是北京市交通运输法学研究会会长单位。法学院面向全国招收本科生、硕士研究生，其中法学本科专业为国家级一流本科专业建设点。

简要回顾历史可知，北京交通大学法学院始终以“培育卓越法治人才、创造一流法学成果、服务依法治国战略”为使命，以“修法明德，弘毅济世”为价值观，向着“建设特色鲜明的一流法学院”目标奋力前进。目前，法学院在厚基础、宽口径，全面筑牢法学理论的前提下，极力彰显专业特色和人才培养特色。如依托学校国际一流的交通运输学科强化学生“法律+交通物流”的特色培养；紧扣“一带一路”“高铁走出去”的倡议，培养有专业特色的涉外卓越法治人才，这也是法学院的办学愿景之一。同时，法学院与交通运输部之间的交流合作长久持续且愈趋紧密，为多方合作共建学术平台、促进交通运输法

---

* 王毅纯，北京交通大学法学院副教授，法学博士。

研究、在学界和行业形成广泛影响提供了契机。鉴于此，北京交通大学法学院于 2021 年决定组织出版一系列学术作品，为我国交通运输法治领域的成果展示和学术交流提供平台。并将其定名为《交通运输法研究》，于 2022 年 1 月正式启动征稿工作。

"交通强国"战略围绕"安全、便捷、高效、绿色、经济"的评价指标，以全面建成"人民满意、保障有力、世界前列的交通强国"为总目标，并以交通治理体系现代化建设为重要手段。其中，构建完善的交通法律体系，健全交通运输法律法规，是深化综合交通运输管理体制改革、加强交通运输行业市场机制建设、构建可持续交通运输发展路径的内在要求。基于此，本书作为中国法学界首部聚焦于交通运输法治领域的综合性学术著作，旨在服务"交通强国"战略目标，促进我国交通运输法领域的学术交流和理论发展，通过收录交通运输法领域的新理论、新成果、新实践、新探索的相关著作，力求打造交通运输法领域的开放性学术园地。本书涵盖交通运输法治研究的全领域，主要包括但不限于铁路、公路、航空、水上运输、海商、邮政、管道运输等具体领域的法治研究；以及涉及交通运输基础理论、陆上交通、交通运输安全、交通运输规划、交通行政许可、交通运输经营、交通运输监管、交通运输立法、交通运输执法、外层空间法治、物流法治、智慧交通法治、道路安全法治、国际交通运输法治、"一带一路"法治问题、交通运输新业态法治问题等相关内容。本书由知识产权出版社出版，暂定每年发行 1 ~2 辑。

本书收录 13 篇文章，按照其所涉及的研究方向与领域，总体上可以分为四个专题。

专题一为"交通运输法的学科构建与立法动态"，包括 3 篇文章。湛中乐、尹婷的《论交通法法典化的立法需求与发展模式》，深刻揭示了我国交通立法采用分散式立法模式的多重缺陷，并系统论述了交通法法典化的立法定位、立法原则与立法目标，为分步骤、分阶段推进制定交通运输领域的框架法提供了理论支撑。曾明生的《论交通法治学的创建及其学科范围》，深入论证了我国创建交通法治学的必要性和可行性，并细致分析了交通法治和交通法治学的基本范畴，为厘清交通法治学的基本问题提供了理论路径。栾志红的《交通行政法基本理论问题研究》，对于何谓"交通""交通行政""交通行政法"进行了详细论述，并为解决交通行政法作为部门行政法在体系中"自立门户"的关键问题，以及其结构体例和研究内容能否形成自身的特色进行了理论回应。

专题二为“国际交通运输的理论争议与实务疑难”，包括3篇文章。张长青、崔香的《国际铁路运单物权凭证化研究》，在充分分析目前铁路运单适用现状及问题的基础上，从法律基础、理论基础和实践基础方面全方位论证了推进铁路运单物权凭证化的法理基础，并在规则修改与完善方面对推进国际铁路运输物权凭证化提出了相应建议。杨军、潘华的《“铁路提单”规则设计与海运提单的比较探讨》，在明确了国际铁路货运单证物权化在理论层面和现实层面的可行性的基础之上，提出了参考海运提单构建国际铁路货运单证物权化的实现路径的观点。孟小桦的《论航班超售中优先登机规则的疏失与完善》，针对实践中部分承运人的优先登机规则在内容和形式方面存在的多重问题，提出了相应的完善建议与解决对策。

专题三为“智慧交通法治的理论分析与实践探索”，包括4篇文章。赵晓舒、余鹤鹤的《网约车乘客跳车案件的因果关系认定与侵权责任承担规则——以“货拉拉跳车案”为切入点》，聚焦此类案件的实践难点，即因果关系的认定及多主体之间侵权责任的承担问题；针对前者提出建立动态系统实现判断标准要素化的理论观点，针对后者则重点细化司机与网约车平台公司之间的责任承担规则。刘欢的《网约车聚合平台的角色定位和义务承担》，关注聚合平台这一新兴的网约车经营模式，对其所涉多方当事人之间的法律关系进行分析，并在此基础上论证了聚合平台的法律定位为中介人、网络服务提供者、电子商务平台经营者，但并非承运人或者共同承运人，进而明确了其不同定位之下所应承担的各项具体义务内容。徐金旭的《自动驾驶汽车法律监管研究——以〈道路交通安全法〉[1] 为视角》，对车辆安全规制、驾驶主体准入、路权配置三方面提出了完善建议。徐丹、郭坤旭的《交通运输智慧监管的问题与破局》，则以危险化学品交通运输监管为例，阐述面对产业数字化、政府服务化和治理现代化对传统行政监管提出的新问题和新挑战，探索智慧监管模式下交通运输监管体制的优化升级出路。

专题四为“综合交通运输的理论更新与业态发展”，包括3篇文章。郭旨龙、杜佩的《醉酒驾驶构罪的阶梯与竞合》，通过明确醉驾型危险驾驶罪的犯

---

[1] 本书所涉法律名称统一直接使用简称，特殊说明处除外。

罪构成，梳理了醉酒驾驶相关犯罪之间的竞合关系，从而为司法实践认定犯罪提供简明的判断坐标，有助于实现对醉酒驾驶行为的有效规制和预防。徐霄飞的《论未经许可开展快递加盟招商的法治逻辑——基于〈邮政法〉第 51 条第 1 款的分析》，针对"未取得快递业务经营许可开展快递加盟招商是否违法"这一核心问题，从合同缔结自由与内容形成自由的立场出发，聚焦于"商业特许经营"与"经营快递业务"的构成要件，最终落脚于《邮政法》第 51 条第 1 款这一强制性规定的分析与适用。蔡瑶、蔡高强的《论欧盟对伽利略卫星导航系统个人位置数据的法律保护》，详细介绍了卫星导航个人位置数据保护的欧盟范式，并从理论层面分析了由此构建的以保护数据主体基本权利为主的相关规则，从而为我国形成对北斗卫星个人位置数据提供全面法律保护的本土制度提供了全球化的视野。

此外，本书还收录了孙向齐撰写的《综合交通运输立法的性质与地位》作为代序，阐明了综合交通运输立法是由交通运输不同环节、不同方面社会关系共同组成的综合性产业立法集群，共同且集中地反映了国家治理与发展交通运输业的思想与意志，从而基于交通运输产业的重要性、特殊性以及综合交通运输产业发展的实践需要，明确了综合交通运输法的独立部门法地位。

总体而言，本书收录的文章既有深入细致的理论研究著作，又有前沿热点的实务研究著作；为本书供稿的作者既有法学理论界名家，又有新兴青年才俊，还有法学实务界专业人士。本书围绕交通运输法领域，力求为读者贡献紧扣热点、见解独到、具有重要学术价值、具有突出实践意义的学术成果，争取为交通运输法治建设贡献力量。

诚如《论语 · 泰伯》所载，"士不可以不弘毅，任重而道远"；恰如朱熹所言，"非弘不能胜其重，非毅无以致其远"。本书的顺利出版，离不开北京交通大学法学院全体同人的共同努力。既要感谢本书各位编写老师的积极和热忱付出，又要感谢供稿作者们对本书的大力关注和支持，同时，本书也期待法学界更多学者予以关爱与助力。希冀不久的将来，本书能以鲜明的特色和优秀的成果，于我国法学著作之林长青。

综合交通运输立法的性质与地位

（代序）

孙向齐*

交通运输综合化、立体化发展是交通运输业发展的必然趋势和规律。我国综合交通运输产业与监管、执法体系已逐渐形成，但立法进程却严重滞后，其中一个重要原因是综合交通运输基础理论研究存在短板，综合交通运输法的性质与地位等基础问题在业内尚未形成共识。交通运输法兼具公法与私法的双重属性，但又区别于公法与私法，应当在经济法的框架下研究交通运输法律现象。综合交通运输法律关系是由交通运输不同环节、不同方面社会关系共同组成的综合性产业立法集群，共同且集中地反映了国家治理与发展交通运输业的思想与意志。这些法律关系以交通运输业中最基础的客货运输合同关系为中心，向其他运输环节延伸、辐射，并与交通运输业发展过程中的其他性质的法律关系相互交织，形成一个既相互区别又相互联系，既相对独立又和谐统一的法律关系群。基于交通运输产业的重要性、特殊性以及综合交通运输产业发展的实践需要，应当将综合交通运输法当作具有相对独立地位的部门法来研究，其地位应当同农业法、能源法、土地法、金融法等相当，具有产业基本法的地位。

一、综合交通运输体系发展的现状及趋势

综合交通运输体系，是指铁路、公路、航空、水运、邮政等运输方式在国家统一规划、安排与指导下，按其技术经济特点形成的分控协作、有机结合、连接贯通、布局合理的交通运输体系。2019 年，中共中央、国务院发布的《交

* 孙向齐，北京交通大学法学院副教授，法学博士。

通强国建设纲要》中将“基本形成现代化综合交通体系”作为交通强国战略2035年中远期目标达成的重要标志，将“基础设施布局完善、立体互联”作为交通强国战略的首要任务。

交通运输综合化、立体化发展是交通运输发展到一定阶段，基于交通运输效率的提高以及交通运输资源优化配置需要的必然结果。这种发展趋势之所以不可逆转，是由多种原因造成的。首先，随着社会发展与进步，客货运输总体需求呈急剧增长态势。由于土地、水体与空域等可用于交通运输的自然资源有限，且交通运输基础设施不可能在短时间内快速更新、增长，故优化现有的交通运输资源配置以提高运输效率，成为不二之选。其次，社会的不断进步与发展带来货物品类极大丰富与旅客出行需求的多元化趋势。单一的运输方式无法满足客户的多样化需求，这也在客观上推动了综合交通运输的发展。再次，科学技术的发展和运输标准的统一，促进了不同交通运输方式之间的融合，特别是网络信息技术的普及与平台公司、综合性物流企业的出现，进一步打破了不同交通运输方式之间的壁垒，使得综合交通运输已不存在技术和实践方面的障碍。最后，不同交通运输方式之间的独立运行、无序竞争格局也被打破，逐渐形成由政府对交通运输资源进行统一规划，市场“无形之手”与政府“有形之手”互相配合，共同促进不同交通运输方式之间合作与协调的发展主基调。各种交通运输方式发展初期各自为政、恶性竞争、完全由市场配置资源的格局，带来诸多社会矛盾，并产生巨大的资源浪费，难以维持交通运输业的可持续发展。以美国为例，美国在20世纪初铁路发展鼎盛时期，铁路里程曾发展到惊人的40万千米左右；后来由于美国高速公路与航空业的崛起，铁路事业开始走下坡路，铁路企业难以为继，不得不进行重组与改革，铁路里程收缩至原来的二分之一左右。[1] 实践证明，不同运输方式之间完全靠市场竞争来配置资源的代价太过昂贵，政府必须通过“有形之手”对交通运输业进行宏观调控与监管，才能保证交通运输业健康可持续发展。

综合交通运输体系的构建，不是简单地将铁路、公路、航空、水运、邮政等运输方式在物理硬件方面相互连接贯通，而是要将各种交通运输方式在资源

---

[1] 参见林晓言、匡贞胜：《土地与私人双导向下美国早期铁路投资体制再剖析：弊端与警示》，载《宏观经济研究》2015年第3期。

配置、运行目标、管理体制及执法标准等各方面统一起来，在产业内部形成协调、统一的运行格局，并将国家发展交通运输产业的思想与意志在各种运输方式下“一以贯之”，从根本上提高运输效率，维护交通运输安全与秩序。我国在“八五”计划时期，就提出了“搞好综合运输体系建设”的发展目标。《“十二五”规划纲要》中设立专章（第 12 章）提出了构建综合交通运输体系的具体要求。中共中央、国务院发布《交通强国建设纲要》和《国家综合立体交通网规划纲要》，均将构建现代化综合交通体系作为国家中长期发展目标。“十三五”规划期间，我国综合交通网络总里程突破 600 万千米；“十纵十横”综合运输大通道基本贯通；高速铁路运营里程翻一番，对百万人口以上城市覆盖率超过 95%；高速公路对 20 万人口以上城市覆盖率超过 98%；民用运输机场覆盖 92% 左右的地级市；超大、特大城市轨道交通加快成网；港珠澳大桥、北京大兴国际机场、上海洋山港自动化码头、京张高速铁路等超大型交通工程建成投运；快递业务量翻两番，稳居世界第一。[1]

二、我国综合交通运输立法与执法存在的困境

与综合交通运输产业取得的骄人成绩相比，我国综合交通运输立法进程却严重滞后，综合执法体系建设工作的推进更是困难重重。各方对综合交通运输法的性质与地位问题看法不一，存在将交通运输法律关系视作行政法律关系或民商事法律关系来处理的错误认知，未充分认识到交通运输法的独立价值。其原因在于以下三点。

第一，铁路、公路、航空、水运、邮政等各种交通运输方式的相关主管部门单独制定相关规章，各自发展、自成体系的运营模式沿袭已久，根深蒂固。由于不同交通运输方式之间存在巨大差异，各自主管部门制定相关规章在某种程度上适应了专业化分工的需要，具有一定的合理性。但是，随着社会进步与发展，综合交通运输体系网络雏形渐显，主管部门单独制定相关规章的弊端暴露无遗。一方面，主管部门单独制定相关规章造成不同交通运输方式下法律体系结构与内容的巨大差异。交通运输法律体系的构建到底应该包括哪些内容，

[1] 参见《国务院关于印发“十四五”现代综合交通运输体系发展规划的通知》（国发〔2021〕27 号）。

调整哪些社会关系，以及交通运输法应该如何处理与行政法、民商法的关系等问题，在不同交通运输方式下，答案大相径庭。例如，我国现行《铁路法》主要规定的是铁路运输营业、铁路建设、铁路安全与保护等，《公路法》的主要内容是公路规划、公路建设、公路养护、路政管理和收费公路等，《民用航空法》的主要内容是民用航空器国籍、民用航空器权利、民用航空器适航管理、航空人员、民用机场、空中航行、公共航空运输企业、公共航空运输、通用航空等。交通运输产业涉及的主体与要素较多，包括但不限于交通运输市场主体（组织与个人）、交通基础设施、交通运输工具、交通运输对象、交通运输管理体制、交通运输环境等要素。目前不同交通运输方式在制定法律法规规章的过程中，对调整范围及重点方面的差异显然较大。另一方面，主管部门单独制定相关规章时，在制定目标、交通运输宗旨与理念，甚至在表述交通运输领域原则性制度方面存在较大差异，造成交通运输产业内部多种思想与理念并存，进而致使人们对交通运输法性质与价值取向理解的混乱，影响交通运输立法目的的实现。主管部门单独制定相关规章还会造成具体法律制度层面的矛盾与冲突，导致同一问题在不同交通运输方式下，处理结果迥然不同，易造成执法与司法上的不公。例如，违约处理、赔偿标准、无过错责任的适用范围、限额赔偿制度的适用等，在不同交通运输方式下，标准均不相同。

第二，不同交通运输方式下的监管与执法不统一，综合执法体系尚未形成。以交通运输方式为基础的法律制度体系独立性较强，长期封闭运行，彼此之间缺乏沟通与协调。“大部制”改革完成后，交通运输部的监管与执法职能仍然主要集中于公路与水运方面。铁路、航空、邮政业务也依旧保留相对独立的监管与执法体制，交通运输部仅在制定法律法规、行业标准以及拟订综合交通运输发展战略和政策等方面施加影响。如《交通运输行政执法程序规定》（2021年修正）第2条第2款就明确规定：“前款所称交通运输行政执法，包括公路、水路执法部门及其执法人员依法实施的行政检查、行政强制、行政处罚等执法行为。”显然该规定将铁路、航空、邮政领域的行政执法排除在外。由于交通运输监管对象及监管目标不同，不仅导致不同交通运输方式下的行政执法力量存在分裂，还使同一种交通运输方式内部的行政执法职能存在冲突、交叉或重叠。例如，道路运输领域就长期存在运政、路政、公安、市政等多个执法力量之间相互冲突的问题；在铁路、公路、航空与市政交通交会的大型综合立体交通枢纽区，如何协调和处理多个执法机构的权限问题也比较突出。由于各机构执法职能重叠更引发了关于“公路三乱”等社会热点问题的讨论，甚至发生诸如车主服毒自杀等极端事件，社会影响强烈。2018 年 11 月 26 日，国务院办公厅发布《关于深化交通运输综合行政执法改革的指导意见》（中办发〔2018〕63 号），提出了深化交通运输综合执法的目标，即通过改革，整合现有的交通执法队伍，理顺职能配置，减少执法层级，加强执法保障，夯实基层基础，提高执法效能，着力解决机构重叠、职责交叉、多头多层重复执法等问题，形成权责统一、权威高效、监管有力、服务优质的交通运输综合行政执法体制。将交通运输系统内公路路政、道路运政、水路运政、航道行政、港口行政、地方海事行政、工程质量监督管理等执法门类的行政处罚，以及与行政处罚相关的行政检查、行政强制等执法职能进行整合，组建交通运输综合行政执法队伍，并以交通运输部门名义实行统一执法。交通运输综合行政执法是综合交通运输发展的必然结果与趋势。现阶段，我国交通运输综合执法尚处于探索阶段，各种交通运输方式执法割据与分裂的局面并未真正改观。

第三，综合交通运输立法理论研究滞后，学者们对综合交通运输法的性质、定位和基本原理认识不清。我国交通运输领域一开始就形成了分头监管、多头执法的割据局面，给交通运输立法、执法与司法工作带来巨大障碍，无法支撑与“交通强国”战略相适应的综合交通运输体系的建设与发展。在这种背景下，制定综合性交通运输相关法律法规，按照统一的思想、理念与原则，协调不同交通运输方式立法之间的关系，十分必要。但要打破既有的不同运输方式领域立法和执法体系的壁垒，构建具有产业基础法地位的综合交通运输法，就必须对交通运输法律关系的性质、地位、调整对象、原则、理念及价值等基本问题形成统一的认识，在充分理解交通运输产业及交通运输法发展基本规律的基础上，提炼总结出具有普遍意义的规则。

目前，我国交通运输基础理论研究存在短板，交通运输法在法学体系结构中存在感较低。对交通运输领域大量涌现的法律现象和疑难问题，理论界普遍的做法是对其进行切割处理，将其分别放在行政法律制度、民商事法律制度或者刑事法律制度框架之下进行研究。然而，这种做法忽视了交通运输产业是一个相对独立又内在协调、统一的完整系统，该系统具有自身的特点与运行规律，其法律关系也与其他法律关系有所区别。并且，这种处理方法还从根本上否定了研究交通运输法律关系的独立价值。因此，基于交通运输产业的重要性、特殊性以及综合交通运输产业发展的内在需要，在理论层面上加强对交通运输法律现象的整体性、系统性研究，在综合交通运输法基本问题、地位与性质上达成共识，成为理论界研究的当务之急。

三、综合交通运输法应定性为经济法

（一）交通运输法兼具公法与私法的双重属性

公法与私法的划分，最早由古罗马法学家提出。按照乌尔比安的解释，公法是以保护国家（公共）利益为目的的法律，私法是以保护私人利益为目的的法律。[1] 公法与私法的最大区别在于其立法理念不同：公法强调命令与服从，注重权力运作；而私法关注意思自治、平等自愿，注重权利的行使和保护。需要指出的是，公法与私法的划分标准并不完全统一，公法与私法之间的界限也并非泾渭分明，公法领域的弹性条款和私法领域中的刚性条款是同时存在的。但公法与私法的划分对于认识与研究法律的性质仍然十分必要。与交通运输相关的各种社会关系中，国家对交通运输业的调控与监管关系具有公法的特点，这类法律规范以保护国家的整体利益、长远利益和社会公共利益为目标，要求监管主体要依法从事调控与监管行为，各类运输市场主体的经营活动必须符合公共政策目标的要求。对违法履行职责和违反政策目标的行为要进行规范和制裁，体现了公法的刚性和强制性特征。交通运输法具有公法的因素，并主要表现在以下五点：第一，交通运输规划和战略由国家有关机关或部门统一发布。第二，交通运输有明确的主管部门，对交通运输业进行严格的调控与监管。第三，交通运输业实行严格的市场准入制度。所有从事交通运输业的市场主体和相关运输工具、运输设备都应具备一定的资质和条件。第四，公共运输承运人作为合同主体也必须承担一定的强制性的社会性义务和社会责任，同时享有特定的法定权利。第五，从责任承担方式来看，公法责任占很大比重。许多交通运输违法行为会构成犯罪或者行政违法，要适用刑事或行政性规范进行制裁，这也体现出公法的刚性和强制性特征。而交通运输领域的合同关系和侵权责任关系，则具有私法的特点。大部分运输活动都以平等、自愿、等价有偿为前提。

---

[1] 参见裴智勇：《公法、私法划分若干问题的研究》，中国人民大学 1999 年硕士学位论文。

但是，交通运输领域的合同关系和侵权责任关系，又具有普遍性与社会性，带有强烈的国家干预色彩，与一般的民商事合同关系和侵权关系存在较大差异，尤其在争议解决的途径与程序两方面存在很大的区别。

需要指出的是，交通运输法虽然具有公法和私法的双重特征，但它不是公法与私法的简单叠加，而是具有内在的协调性和统一性。一方面，交通运输业的调控与监管关系是市场规律和交通运输发展内在需求的反映，政府对交通运输业的调控与监管行为更主要是一种行业服务行为。在市场机制能够发挥作用的情形下，政府不应过多干预交通运输业的发展。另一方面，即便是交通运输合同与侵权关系，也不同于一般的合同与侵权关系，两者均具有明显的社会性。例如，交通运输合同就具有一方主体为不特定多数，受众广泛且反复、持续签订的特点，它的成立、生效、变更、解除、价格、违约责任承担等亦不同于一般的民事合同。而交通事故类的侵权行为也具有公共侵权的特征，表现为受害人不特定、频繁发生、后果严重等，这在《道路交通安全法》《民法典》等规范性文件中被当作“特殊侵权”来处理，形成了不同于一般侵权行为的防范机制、解决机制和归责原则。因此，交通运输法虽然具有公法与私法的双重属性，但它既不是公法，也不是私法。

（二）交通运输法是以产业政策法为主的经济法

从法学部门分类看，交通运输法应当属于经济法。经济法是调整国家从社会整体利益出发对经济活动实行干预、管理或调控所产生的社会经济关系的法律规范的总称。[1] 制定经济法的目的是规范政府管理经济的行为，防止政府失灵和市场失灵，保障国民经济的总体协调、健康发展。经济法是大陆法系学者最早提出和使用的概念。虽然经济法的概念和独立性曾受到质疑，但从其宏观战略角度调整和保障经济运行、综合平衡各种经济利益的功能而言，别的部门法均无法替代。通说认为，经济法是“社会法”，它以社会公共性为本位，以公共利益保护为出发点，明显区别于公法的国家本位和私法的个人本位。[2] 因而，交通运输法符合经济法的定位和功能，理由如下。

---

[1] 参见张文显主编：《法理学》（第五版），高等教育出版社、北京大学出版社 2020 年版，第 107 页。

[2] 参见王卫国、李东方主编：《经济法学》（第三版），中国政法大学出版社 2008 年版，第 86 页。

第一，交通运输法是国家调控和管理交通运输业的法律规范，反映的是国家治理、发展和服务交通运输发展的思想和意志。这种思想和意志与产业发展的需求和市场精神并不对立，两者不是简单的命令与服从的关系。相反，国家调控和管理交通运输业的目的是在尊重市场规律的基础上，平衡、协调交通运输中的各种利益关系，并最终服从和服务于保障交通运输业健康可持续发展这一目标。交通运输的产业地位和农业、资源、能源等行业一样，具有高度的基础性和战略性。几乎每个国家都对这些特殊行业制定了具有保护性、支持性的制度和措施，这些制度和措施上升到法律层面就形成一个国家的产业政策法，如我国农业、资源和能源类的法律规范就通常被视为经济法中的产业政策法。因此，如果否认交通运输法是经济法，显然与交通运输业在国民经济中的特殊地位极不匹配，不利于交通运输业的健康发展。

第二，交通运输法具有强烈的公共性和社会性。交通运输是运输企业为社会不特定主体提供的公共服务。交通运输活动总是和一定的社会公共利益紧密相关，直接影响每位社会成员的权利和自由。交通运输法的某些主体，如旅客、托运人、收货人等概念，事实上同消费者、普通民众、一般企业的概念高度混同。可以说，交通运输的安全、秩序、效率、便捷性、价格等要素与每个社会成员的利益息息相关。从某种意义上讲，保护旅客和托运人的利益其实就是保护消费者和普通民众、一般企业的利益。由于我国铁路、公路等交通运输基础设施大部分是国有资产，且交通运输基础设施投资额与其占用的土地和空间巨大，其安全、持续运营必然会对整个社会公共利益产生重要影响。另外，交通基础设施与交通运输工具的运营是开放性的，供不特定人共享、共用，这导致交通运输企业的经营管理活动与社会公共管理活动合二为一，交通运输安全、秩序和效率不仅是运营企业的管理目标，也是政府交通行政管理的目标。

第三，交通运输法也具有社会本位法的特征。交通运输法并不特别保护某一个群体的利益，而是对整个群体的利益进行综合保护，以达到社会利益最大化。交通运输法追求的是社会实质公平，具有经济法平衡协调、抑强扶弱的特征。例如，交通运输法有限制公权力滥用和防止行业垄断等“抑强”功能，也有保护落后地区发展、保护弱势群体利益等“扶弱”的内容。公共运输企业对旅客、托运人承担的某些义务，如强制缔约义务、公益运输义务、救助义务、公共事务管理义务等，不仅是商业意义上的义务，更多的还是一种社会责任。

交通运输服务的价格也并非完全由市场定价，在基础设施投资和公益运输方面，存在大量行政干预、政策支持和财政补贴的行为，从而使这些领域的投资行为和服务价格呈现非市场化的特征。

第四，交通运输法是经济法中的产业政策法。当代经济法学将经济法调整的对象分为市场规制（监管）法和宏观调控法两大基本部分，此外还包括市场主体法和国家投资法等内容。[1] 市场规制（监管）法是问题导向，直接规范市场主体的行为，如反垄断法、反不正当竞争法等。宏观调控法是目标导向，它并不直接规范市场主体的行为，而是为实现一定的宏观调控目标，通过战略规划、产业政策、财政收支、国家投资、政府采购等措施和手段的调整与变化，间接地影响市场行为。交通运输法的内容也分为宏观调控法律制度和市场监管法律制度两大基本部分。国家对交通运输产业进行规划、协调而形成的交通用地制度，投融资制度，财政税收制度，以及国家投资、政府采购、价格机制等产业政策内容，属于宏观调控法律制度；而对交通运输各个环节与领域进行管理与执法，则属于市场监管法律制度。从本质上来看，交通运输法是国家针对交通运输业制定的行业性法律规范体系，主要体现的是国家治理和发展交通运输业的思想和意志，市场监管的目标仍然服从、服务于产业政策目标，因此交通运输法律制度更多地体现为交通运输产业政策法。

（三）交通运输法与行政法、民商法的关系

1. 交通运输法与行政法的关系

交通运输法中存在一定数量的行政性法律、法规，但不能因此便将其归为行政法。我国一些重要的交通运输部门，如铁路、公路、航空、邮政等，曾在较长时期内采取过“政企合一”模式，即由行政机关承担交通运输设施的建设、养护、运营服务等功能。随着我国交通运输管理体制改革的推进，交通运输业开始实行全方面的“政企分开”模式。但对交通运输业实施行政管理的模式和习惯仍然存在。很多人至今还误认为交通运输法是行政法。

产生这种错误认识的根源除历史原因外，主要是因为交通运输业的确具有较强的行政干预色彩。基于交通运输业的重要性和基础性，为保证交通基础设施和交通运输的安全、秩序和效率，国家对交通运输的每一个环节都制定了大

---

[1] 参见漆多俊：《经济法基础理论》（第三版），武汉大学出版社2000年版，第109页。

量的管制性规定，每一种交通运输方式都由专门的国家机关实施监管。但是，这种深度行政干预不能成为将交通运输法视为行政法的理由，原因如下：其一，交通运输业从本质上来说仍然是一个经济部门，经济规律和市场机制仍然应当在行业发展过程中起主要的、决定性的作用。其二，交通运输法中的行政性规范数量和比例有限，这些规范只是部分地调整了交通运输业中的社会关系，不能改变交通运输法是经济产业部门法的本质属性。其三，从功能上看，交通运输法中的行政性法律、法规对于交通运输法这棵大树只能起到“修剪”的作用（制裁功能），而不能起到“施肥”“浇水”的作用，即产业促进的功能。其四，行政性法律、法规中反映的行政意志不能取代和违反市场规律，行政机关在交通运输管理中的角色正在向“放、管、服”方向发展。“政企分开”之后，行政机关对交通运输业的调控和监管，应该是在尊重交通运输企业的意志和遵循市场规律的基础上进行的，而不应当再用“行政命令”模式管理交通运输业。行政机关应该逐渐切换到“旁站式”监管和服务模式，即在交通运输业发展过程中，只要是在市场机制能有效发挥作用的环节和方面，就要逐步减少行政干预或者不干预；只有在市场机制无法起作用，或者由市场机制发挥作用会损害公共利益的情况下，行政干预才有介入的正当性。

因此，如果将交通运输法放入行政法的框架与体系中去研究，必然会抑制甚至抹杀交通运输产业内部市场机制作用的发挥，不利于培养交通运输企业创新与开拓的产业精神，也不利于交通运输产业战略目标的实现。

2. 交通运输法与民商法的关系

交通运输法既然是产业法，那么其规则体系中就难免会有大量的民商事法律规范的内容，这些内容对交通运输业发展中的交易关系和侵权关系起着基础性支撑作用。但即便如此，也不能将交通运输法视为民商法主要原因如下：其一，交通运输法包含大量的公法因素，而民商法是私法。交通运输业是具有高度的重要性、基础性和社会性的产业。为保证交通运输的安全、秩序与效率，协调各方利益关系，国家公权力对其进行了深度介入，从而使交通运输法中兼具市场意志和国家意志的成分。从立法目标来看，交通运输法是行业保护法，以行业发展的协调与秩序为保护目标；而民商法则是私权保护法，它以民商事主体的财产权利和人身权利为直接保护对象，间接地达到了保护社会秩序的效果。从性质来看，交通运输法中的许多权利的形成并不完全是自愿平等的，而是带有一定的强制性和义务性，交通运输活动过程中的私权受到了一定程度的限制，交通运输法中的交易行为也不是完全的自由与平等。其二，交通运输法包含不同于一般民商事法律规范的独特的思想和理念。国家制定具有专业性和针对性的法律规范，如《铁路法》《公路法》《道路交通安全法》《民用航空法》等，这些法律正是民商事法律规范无法充分、周到地调整交通运输社会关系的产物。换言之，如果现有的民商事法律规范能够充分协调交通运输过程中的各种社会关系，就没必要专门制定交通运输法。交通运输法体现了国家治理、发展交通运输业的独特思想和价值取向，与一般的民商法有明显区别。其三，即便是交通运输法调整的各种平等主体之间的社会关系，如交通运输合同关系和交通运输侵权责任关系，也与一般民商事法律关系有所区别。交通运输合同关系和交通运输侵权责任关系带有公共性、开放性和社会性，总是与一定的公共利益和公共秩序相联系。交通运输合同与侵权法律制度，在制度内容和违约责任承担方面，都与一般民商事法律关系存在较大区别，而这种区别是由合同与侵权行为本身的社会性影响所产生的。交通运输法的立法目的也并非对相关主体进行平等保护，而是要对与交通运输相关的各种利益关系进行平衡协调，抑强扶弱，最终实现交通运输业健康发展和社会利益最大化的目标。其四，交通运输法中的物权、人身权等私权均受到了严格限制，不存在绝对的财产权与人身权。如交通基础设施周边的土地使用权会受到铁路安全保护区、建筑控制区、机场净空区的影响，交通运输工具作为财产会因为国家对交通安全的管理而在用途、转让方式、是否购买保险、使用年限、使用方式等方面受到严格的限制。旅客与货物在运输过程中必须承担安全与公共目的保护的义务，以及接受运输企业安全检查与如实信息披露等义务。

四、从产业发展与特性看综合交通运输立法的地位

综合交通运输法是调整国家在调控与管理交通运输业过程中产生的各种社会关系的法律规范的总称。笔者认为，应当将综合交通运输法视为具有相对独立地位的经济法，其地位应当同农业法、能源法、土地法、金融法一样，具有产业基本法的地位。

（一）交通运输产业的重要性与特殊性

要正确认识交通运输法的地位，首先要从交通运输产业在国民经济中的地

位来进行分析。国务院发布的《“十三五”现代综合交通运输体系发展规划》（国发〔2017〕11号）和《“十四五”现代综合交通运输体系发展规划》（国发〔2021〕27号）都将交通运输定位为国民经济中具有“基础性、先导性、战略性”的产业，是重要的服务性行业和现代化经济体系的重要组成部分。交通运输的“基础性”是指交通运输是一切社会经济活动开展的基础和前提，没有交通运输，一切经济活动都无法开展。在当代，无论是人员，还是财产，都对交通运输存在高度依赖，交通运输已经成为经济和社会生活必不可少的重要组成部分。交通运输活动不仅普遍存在，而且持续运转；交通运输系统如同人体的血脉一样，循环往复，一刻不停地向社会输送营养，维持社会的正常运行。交通运输的“先导性”是要强调交通运输对其他经济部门具有强烈的拉动和辐射作用。交通运输产业不仅自身体量巨大，能吸纳庞大的就业与投资，还可带动钢材、水泥、大型机械、交通运输工具的制造与研发，以及促进旅游、区域经济的发展。总体而言，该产业具有极强的外部性，对整个国民经济与社会发展具有非常强大的带动、辐射作用，承担着大量社会性、战略性功能。交通运输的“战略性”是指交通运输业对国民经济的发展影响深远。发展交通运输必须具有一定的全局性和前瞻性，不能仅追求短期经济效益，还要为实现国防、外交、扶贫、区域经济发展等战略目标服务。中共中央、国务院发布《交通强国建设纲要》（中发〔2019〕39号）之后，交通运输产业的重要性被提升至前所未有的高度，成为“全面建成社会主义现代化强国、实现中华民族伟大复兴中国梦”的坚强支撑。

交通运输产业虽然主要表现为第三产业，但与第一产业与第二产业有着紧密的联系。交通运输总是依附于一定的土地、水体与空气，需要消耗一定的能源、资源以维持其运转，因此，交通运输业与种植业、采掘业和渔业有深度的依附与影响关系。交通基础设施和交通运输工具本身更是离不开建筑业和制造业的发展。因此，从严格意义上讲，交通运输业不仅是第三产业，还是以第三产业为核心聚集起来的第一产业、第二产业和第三产业相伴相生的长链条产业体系。基于交通运输产业的重要性和特殊性，客观上需要学者们对相关法律问题进行专门化、系统化研究，从而促进交通运输领域法学理论的完善与创新，为交通运输产业的健康发展提供理论支撑。

（二）交通运输法律关系调整对象的特定性与系统性

虽然不同交通运输方式在基础设施、运输工具、运输方式等方面存在不同，但在产业性质与社会功能方面并无差别，其所包含的社会关系也完全相同。每一种交通运输方式都存在一定的调控与监管机制，其本质上都是交通运输单位利用交通基础设施和交通运输工具提供客货运输及相关服务的活动。因此，我们完全能够从不同交通运输方式的管理与经营活动中抽象出交通运输法律关系这一概念。但由于交通运输领域的社会关系非常复杂，性质也不尽相同，所以交通运输法律关系并非某种单一性质的法律关系，而是由交通运输不同环节、不同方面社会关系共同组成的性质不一，联系紧密，具有完整性和系统性的法律关系群。这些法律关系以交通运输业发展过程中最基础的交通运输合同关系为中心，向周边延伸、辐射，将交通基础设施建设与运营、机动车修理与驾驶员培训等其他派生出来的经营活动和国家对交通运输业的调控与管理活动也纳入进来，并与这些类型的法律关系相互交织融合，形成一个既相互独立，又内在统一的法律关系综合体。具体来说，交通运输法律关系既包括纵向的交通运输宏观调控法律关系、交通运输行业监管法律关系，也包括横向的交通运输合同法律关系、交通运输侵权责任法律关系和交通运输竞争法律关系。从部门法的角度来看，这些法律关系中包含民商事法律关系和行政法律关系，甚至刑事法律关系，但其中占主导地位的仍然是以交通运输产业调控与管理为核心构成的经济法律关系。

交通运输宏观调控与行业监管法律关系反映的是国家通过设立机构和制定制度，对交通运输业进行宏观调控和行业管理，贯彻和实施国家交通运输战略规划和产业政策，以维持交通运输业的正常竞争，保证安全、效率和秩序，反映政府对交通运输业发展的思想和意志。宏观调控是宏观调控部门为实现调控目标，针对整个交通运输业制定和实施宏观调控措施的行为，具有宏观性、间接性等特点。而行业监管则是行政机关为了保证交通运输业健康有序地运行，针对特定问题和特定企业进行监督和管理的活动。行业监管行为比宏观调控行为更加直接和具体。

交通运输合同法律关系是交通运输主体以平等的身份签订的用以明确各自权利和义务的各类民商事协议。交通运输合同反映的是交通运输主体在平等自愿基础上形成的合意，是私人意志的体现。狭义的交通运输合同通常就是指各种运输方式下的旅客运输合同和货物运输合同；广义的交通运输合同是指与交通运输业相关的合同，其范围除以运输为目的的合同外，还包括与交通运输活动密切相关的其他合同，如交通运输建设施工合同、货物仓储合同、保管合同、保险合同、修理服务合同等。交通运输合同根据交通运输方式的不同，也可以分列车运输合同、汽车运输合同、船舶运输合同和飞机运输合同等。根据运输合同的服务对象，还可以将交通运输合同分为公共运输合同和非公共运输合同，其中公共运输合同具有很强的政策性，合同的主体、内容和责任与一般民商事合同有很大区别。

交通运输侵权责任法律关系调整的是交通运输业中因侵犯国家利益、社会利益或侵害他人的人身、财产或知识产权权益，依法应承担法律责任，而在相关主体之间形成的责任关系。这里讲的侵权责任法律关系，包括但不限于民事侵权责任关系。如果某主体的某种行为侵犯了国家利益或社会利益，应当向国家承担刑法或者行政法上的责任，就会形成侵权责任关系；如果国家的不当行为侵害了市场主体的合法权益，从而应当对被管理人进行国家赔偿，此时也会形成侵权责任关系。但最常见的交通运输侵权责任关系仍然发生在交通运输主体之间，即主要是承运人、托运人、旅客、行人之间因人身和财产损害而发生的侵权责任关系。交通运输领域还有一种特殊的侵权责任——交通事故侵权责任，相较于一般的民商事侵权行为，交通事故带有公共性、随机性和大规模发生等特征。

交通运输竞争法律关系是指从事相关交通运输活动的企业之间存在的市场竞争关系。根据竞争态势，可将交通运输领域分为充分竞争领域、半竞争领域、非市场竞争领域。竞争态势不同，交通运输法调整的手段和方法就不同，由此便会产生不同的产业竞争法律制度。充分竞争领域更多地依靠一般竞争法来调整交通运输企业之间的竞争关系，主要依据反垄断法与反不正当竞争法进行调整。例如，市场化充分的公路货物运输，新出现的网约车、快递业务等。在半竞争领域，应根据行业性质进行适度市场化，充分运用各种政策工具和财政手段来保障产业的健康发展。在非竞争领域，仍应坚持政府主导，以保证特殊领域交通运输承担的公益性、战略性功能顺利实现。

综上所述，交通运输各类法律关系虽然在性质与内容方面存在差异，但其所体现的理念、原则、精神最终都服从、服务于交通运输产业的健康发展和目标的实现。交通运输法律关系的本质是国家发展交通运输产业的思想与意志，是国家利益、社会利益与各类交通运输市场主体利益在交通运输产业领域内部的平衡与协调。交通运输相关权力（利）、义务的分配，以公共利益最大化为目标，以保障交通运输安全、秩序和效率为基础，充分体现了交通运输法律关系内部的和谐与统一。

（三）应当将交通运输法作为相对独立的部门法进行研究

将交通运输法作为相对独立的部门法来研究，不仅是基于交通运输业本身的重要性与特殊性、交通运输法律关系的完整性与系统性的考量，还是法学学科研究深入和综合交通运输产业发展的实践需求。

为规范交通运输业的发展，我国立法机关与行政管理部门已经出台了大量规范交通运输产业的法律、行政法规、部门规章和其他规范性文件，形成了综合交通法律体系，使交通运输各领域、各门类基本做到有法可依。这些交通运输规范体系的“法群”，成为构建当代交通运输法学体系的现实基础。但交通运输立法与执法工作长期被不同的交通运输方式切割，无法形成统一的理念、原则和体系，造成交通运输基本立法缺位，立法目标不清，基本制度相互矛盾，各单行法之间缺乏统一协调，存在重复、冲突、滞后、遗漏的现象，以及不同交通运输方式管理部门各自为政、群龙无首的状态。因此，只有在理论方面加大综合交通运输立法一般原理、原则与基本制度体系的研究，总结交通运输法产生、发展与运行的一般规律，才能强化不同交通运输方式之间的共识，为现有的大量零散的交通运输法律规范“立心”，为未来现代化交通运输法律体系的完善“铸魂”。

交通运输业作为国民经济基础性行业，是国民经济的“大动脉”和“先行官”，其发展涉及社会生活的方方面面。交通运输产业的外部性以及产业链的延展性，导致综合交通运输立法要解决的问题十分复杂。其不仅要处理好产业内部不同运输方式和运输环节之间的关系，还要处理好交通运输业与其他产业乃至国土资源、能源利用与环境保护之间的关系；不仅要解决好目前产业发展的矛盾，还要考虑未来产业的变化与可持续发展。在当代综合交通运输发展日新月异，新技术、新业态、新模式不断涌现的背景下，只有将交通运输法作为相对独立的部门法来研究，才能充分调动各种研究力量，聚焦交通运输产业发展过程中的特殊问题，深度挖掘交通运输法的思想与法律关系特质，协调好不同制度体系之间的衔接，解决好交通运输产业发展过程中的各类疑难杂症，真正为综合交通运输产业的可持续发展保驾护航。在理论上，将交通运输法作为相对独立的部门法来研究需要解决以下六个问题。

第一，研究综合交通运输立法与综合交通运输产业发展之间的关系，充分认识交通运输产业的重要性、基础性、系统性和战略性，把握交通运输法律规范和产业政策发展的历史规律，将综合交通运输立法的基础理论研究提升至完善产业上层建筑的高度，明确综合交通运输立法的社会功能与作用，形成保护与促进综合交通运输产业发展的制度体系。

第二，研究交通运输法的概念、性质、特点和调整对象，根据交通运输法调整的社会关系的类型、范围、调整手段及法律责任等，总结与归纳交通运输法与其他部门法之间的联系与区别。

第三，在社会法与经济法的框架之内，构筑综合交通运输法律体系，根据交通运输业的性质及在国民经济与社会发展中的地位，总结与归纳交通运输法相对独立的立法思想、立法目标与价值宗旨，构建交通运输法学的理论总纲与总则体系。

第四，研究综合交通运输法的理念与基本原则，形成既贯穿于不同交通运输方式，又能覆盖交通运输基础设施建设与运营、交通运输工具管理与使用、交通运输装备制造与管理、交通运输企业与从业人员管理、客货运输服务及相关运输服务等交通运输领域的相互融会贯通的准则体系。

第五，按照交通运输法所调整的社会关系的性质或内容，对交通运输法律关系的主体、客体与内容进行类型化研究，并以此为基础，构建综合交通运输法的制度体系与结构。

第六，研究交通运输法律责任承担的构成要件与方式。

五、结语

制定统一的综合交通运输法是综合交通运输业发展的必然要求，正确认识综合交通运输法的性质与地位是研究综合交通运输立法的基础。判断综合交通运输法的性质，不仅要考虑交通运输法的立法目的和所要保护的利益的性质，还要考虑交通运输法所要调整的社会关系的性质。交通运输法律关系具有多样性与复杂性，既包含纵向的国家对交通运输业的宏观调控与监管关系，又有横向的交易与侵权法律关系，兼具公法与私法的双重属性，但其与公法与私法也存在质的区别。综合交通运输法是调整交通运输业各种社会关系的法律规范，具有保护运输企业、消费者合法权益，保护与促进交通运输产业发展、服务经济发展和国防安全等目的，是以社会公共利益最大化为目标，以社会本位为特征的法律规范体系。因此，应当将综合交通运输法作为部门法来研究。同时，由于交通运输法所调整的社会关系内容丰富，错综复杂，具有一定的专业性、系统性和封闭性，故具体而言，应将其作为相对独立的部门法来研究。

对综合交通运输法进行相对独立的研究，归根结底，是要将国家发展交通运输业的独特、统一的思想与意志，贯穿到各类交通运输法律关系中，从而保护与促进交通运输业的健康和可持续发展。相反地，对交通运输法律关系进行切割式研究，不仅破坏了交通运输法学体系的完整性和统一性，还忽视了交通运输社会关系的特点和交通运输业发展的独特需求。近年来，随着交通运输业的发展壮大，交通运输在国民经济中的地位越来越重要。迅速发展的交通运输业与滞后的交通运输法学研究之间的鸿沟日渐明显，在规则陈旧、制度冲突等老问题尚未完全解决的情况下，又涌现出大量具有行业性、专业性的新问题。因而，只有将综合交通运输法作为相对独立的部门法来研究，才有助于学界在交通运输立法重大理论问题上形成共识，构建起成熟、完善的综合交通运输立法基础理论体系，从根本上解决不同交通运输方式在立法、执法及司法环节的矛盾与冲突，以及进一步探索解决交通运输实践领域出现的重大疑难问题，最终推进部门法学研究的纵深发展。

目录

CONTENTS

专题一

交通运输法的学科构建与立法动态

论交通法法典化的立法需求与发展模式

湛中乐　尹　婷*

摘　要：我国交通运输领域的立法采取了围绕不同交通运输方式的分散式立法模式。在不同交通运输方式深度融合、综合发展的背景下，这一立法模式的结构性缺陷日益凸显。而交通法法典化能够有效地整合分散的单行法，解决立法碎片化、臃肿化、立法目的不明确、立法结构不完整、立法资源不足、法律之间缺乏有效衔接等问题。交通法法典应定位为行业法典，坚持功能主义原则，以适度法典化为目标，采取“框架法 + 单行法”模式，并分步骤、分阶段地推进制定交通运输领域的框架法。

关键词：交通法法典　法典化　行业法　交通运输法

一、引言

推进各个立法领域法典化已经成为中国立法的重要发展方向和目标。早在2008年，全国人大常委会相关负责人就曾指出，“2010年以后，法律编纂工作将提上议事日程。分批出台的单项法律将整合，编纂形成若干个综合性法典”。[1] 2020年5月28日，十三届全国人大三次会议表决通过了《民法典》，并于2021年1月1日起正式施行。这是我国法治建设的一个标志性重大成果，为各个立法领域法典化发展提供了可借鉴的经验，以此为契机，我国立法逐步进入法典化时代。2020年11月，习近平总书记在中央全面依法治国工作会议上发表重要讲话，提出要“总结民法典的编纂经验，适时推动条件

* 湛中乐，北京大学法学院教授，法学博士。尹婷，北京交通大学法学院讲师，法学博士。

[1] 参见毛磊、裴智勇：《中国立法转向攻坚克难期——从改革开放30年看中国特色社会主义法律体系基本形成》，载《人民日报》2008年11月19日，第13版。

成熟的立法领域法典编纂工作”。[1] 2021年4月21日，全国人大常委会发布的《全国人大常委会2021年度立法工作计划》中明确要求，“研究启动环境法典、教育法典、行政基本法典等条件成熟的行政立法领域的法典编纂工作”，从而正式拉开了各领域、各行业法典化的序幕。当前，根据各领域的实践需求和规制特征探索不同的法典化方案，成为我国立法和研究需共同面对的紧迫课题。

在法典化进程中，交通运输领域具备较好的立法基础与紧迫的现实需求，但尚未得到应有的关注。改革开放以来，在我国的法治建设进程中，交通运输领域的立法一直处于较为领先的位置。截至2021年7月，我国交通运输领域已初步形成了包括8件法律、43件行政法规、300件地方性法规、288件部门规章、290件地方政府规章的交通运输法律法规体系。[2] 仅从法律法规的数量来看，交通法领域与公认的“法典化条件较为成熟”的教育法、环境法领域不相上下，具备了较为完善的规范基础。但目前，我国针对交通法法典化的专门研究还非常薄弱，这导致了实践中交通法法典化需求被忽视甚至被抑制。因而，梳理交通法法典化的实践需求，探索符合交通运输行业规律的法典化路径，不仅有助于解决交通运输领域立法面对的现实问题，还能够验证、丰富、深化法典理论，并为其他领域法、行业法的法典化实践提供借鉴。

二、分散式交通立法模式的特征与结构性缺陷

目前，我国交通运输领域立法主要采取分散式立法模式。意即，基于不同种类的交通运输方式的各自特点，以特定交通运输方式的建设和管理为核心，建构起分散式的交通运输领域的单行法体系。这些单行法内部呈现出公法规范与私法规范相混合的“拼盘式”构造，在整体结构上缺乏协调与衔接，存在立法碎片化与臃肿化的问题。从历史发展看，交通运输领域的立法需求一直与行业发展密切相关。在交通运输业发展早期，相关部门主要借由民法来调整相应的法律关系，解决交通运输业日常纠纷。随着交通运输领域突飞猛进的发展，

---

[1] 参见习近平：《坚定不移走中国特色社会主义法治道路　为全面建设社会主义现代化国家提供有力法治保障》，载《求是》2021年第5期。

[2] 参见李小鹏：《国务院关于建设现代综合交通运输体系有关工作情况的报告》，载《中华人民共和国全国人民代表大会常务委员会公报》，2021年7月15日。

世界各国普遍注重交通运输领域立法，在铁路、航空、邮政、公路、水运等领域逐渐制定了围绕不同交通运输方式的专项法律法规。这种专门立法着眼于特定交通运输方式的发展需求与规制特征，注重解决不同交通运输细分领域的实际问题，并在交通运输业发展初期起到了促进行业发展、规范行政管理的作用。在我国，这一立法模式下的单行法均体现了行业改革和发展的特色，奠定了我国交通立法的基础，但这也使我国交通运输领域立法呈现出明显的分散式、"拼盘式"特征，在不同交通运输方式深度融合、综合发展的背景下，其结构性缺陷日益凸显。

（一）分散式交通立法模式的形成和发展

目前我国交通运输法律体系主要由铁路、公路、航空、水运、邮政五个相互独立的法律法规系统构成，每个法律法规系统分别由主干法律、重要的行政法规和若干部门规章组成，彼此之间相互独立。2016 年，交通运输部为合理统筹立法项目，促进相关法律制度的整合和衔接，发布了《关于完善综合交通运输法规体系的实施意见》（交法发〔2016〕195 号），提出在原有的五个法规系统外加强跨运输方式法规系统建设，并拟制定"交通运输法""综合交通运输枢纽条例"等法律法规。但到目前为止，国家还没有制定出专门针对跨运输方式的法律、行政法规。交通法内部各个法律法规系统并立的局面，既是因为不同交通运输方式在建设、运营、管理上有明显差别，更受到我国一直以来分方式、分部门的分散式交通运输管理体制的影响。在我国大规模开展交通立法的初期，分散式立法能够充分发挥不同部门的专业优势，但随着交通运输行业的发展以及交通运输管理体制的变革，这种立法模式也开始暴露出越来越多的缺陷。

我国行业法制的发展既受社会分工的影响，也受行政管理体制的影响。[1]作为典型的行业法，交通法领域在立法倾向上有明显的问题导向，受技术变革和社会发展影响较大，不同的交通运输细分领域所面对的法律问题和立法需求也有较大的差别。如在水运领域，特别是海上运输领域，有比较强的与国际接轨的需求，需要按照国际标准和国际惯例及时调整相关法律法规的内容。在铁路领域，受路网高度集中背景下统一调动指挥需求的影响，市场化程度较低，

---

[1] 参见孙笑侠:《论行业法》，载《中国法学》2013 年第 1 期。

立法需面对如何建立、健全市场运营机制的难题。[1] 而公路及道路交通运输领域，与人民生产生活联系最为密切，法律关系也极为复杂，涉及道路建设、道路管理、车辆管理、道路运输、交通事故等一系列问题，并需要与其他各个交通运输细分领域相衔接。这些交通运输方式及行业发展上的客观差别是在我国交通运输领域长期实行分散式行政管理体制的背景下所导致的，同时分散式行政管理体制和部门各自制定相关法规的传统又促进了分散式立法模式的产生和发展。

中华人民共和国成立以来，在交通运输领域，长期实行以部门独立发展为特征的分散式行政管理体制，铁路、水运、公路、航空等行业主管部门长期各司其职，某些管理职能在不同部门间反复调整，如城市交通管理职能就先后划归于城市规划主管部门和交通运输部门。分散式的管理体制虽然可以发挥不同部门的专长，并在一定时期内促进不同交通运输方式的竞争和发展，但长期来看，不仅造成了行政管理的碎片化，还人为割裂了交通运输市场，不利于交通运输结构的合理化。鉴于此，2008 年、2013 年、2018 年的三次规模性的国务院机构改革中，都尝试整合交通运输相关职能，构建“大交通”管理体制。目前，在中央层面，由交通运输部统筹规划铁路、公路、航空、水运、邮政行业发展的“大交通”管理体制已初步形成。这一举措为促进各种交通运输方式融合发展、保障交通强国建设提供了组织基础，也为分散式立法模式向系统化、综合化、法典化方向转型创造了条件。随着交通运输行政管理体制的变革，分散式交通立法模式的转型也势在必行。

（二）分散式交通立法模式的结构性缺陷

分散式交通立法模式依托于不同的交通运输方式，缺乏整体考虑，使我国交通运输法律体系内容较为零散，甚至呈现碎片化的特征，以致我国至今尚无统筹交通运输领域的基本法。在综合交通运输体系快速发展，新业态、新模式、新技术不断涌现，各种交通运输方式深度融合的当代社会，运输方式本位的分散式交通立法模式暴露出越来越多的结构性缺陷。

1. 交通运输领域立法的臃肿化与体系漏洞

在分散式立法模式下，我国交通运输法律体系规模宏大，不仅包括中央层

---

[1] 参见丁芝华：《〈铁路法〉修订基本问题研究——兼评〈铁路法（修订草案）〉（征求意见稿）》，载《南海法学》2022 年第 1 期。

面的法律、行政法规、部门规章，还包括数量庞大的地方性法律法规。数量庞大的法律规范针对交通运输领域不断出现的问题进行专门规定，呈现细密复杂的倾向，但同时增加了知法、适法、执法成本。同时，交通立法调整对象受技术性、政策性因素影响较大。伴随新技术、新业态的出现，在高铁、城市轨道交通、共享交通、智慧交通等领域不断涌现出新的立法需求。事无巨细的立法固然能在短期内提高可操作性，但难以应对迅速变化的现实生活，也会降低法律的科学性。另外，不同领域、不同位阶的交通运输法律体系存在重复立法的现象，如下位法“抄袭”上位法，对同一事项的不同法律规范不一致等现象时有发生。

在当代社会，这种现象并不独见于交通法领域，耶鲁大学舒克教授针对法律体系普遍呈现的臃肿化、技术化、不统一、不确定的现象，曾提出了“法律复杂化理论”。[1] 具体而言，法律复杂化提高了政府的治理成本，削弱了法律的可接受性，在很多相关领域都出现了以法典化消解法律复杂化的倡议。[2] 随着交通运输行业的迅速发展，立法的臃肿化也带来规范不统一、不一致、矛盾、抵触、重复、混乱等问题。与此同时，尽管交通运输领域的法律法规数量不断膨胀，但在体系结构上仍存在明显漏洞。最为关键的问题是，目前我国交通运输领域缺乏统筹全局的基本法，现有的交通运输领域的法律制度没有对交通法治的基本价值、基本原则和基本制度进行规定，而这些内容是交通运输领域立法的核心要素，能够起到统摄交通法治发展、提高法律理性化程度的作用。

交通运输领域立法的臃肿化与体系漏洞一体两面，揭示了“拼盘式”立法模式的不足，两种表面矛盾的现象其实互为因果、互相加强。正是由于交通运输法律体系缺乏基础性、原则性、总括性规范，才导致交通运输领域立法难以提高效率。面对不断涌现的新问题，只能通过不断立法，即“头痛医头，脚痛医脚”“成熟一个，制定一个”的方式加以解决。而立法过程中充斥着大量复杂多变的行为规范、技术规范，甚至于“一人一是非，一事一立法”，这一现

---

[1] Peter H. Schuck, Legal Complexity: Some Causes, Consequences, and Cures, 42 *Duke Law Journal* 1 – 52 (1992).

[2] 参见何江：《为什么环境法需要法典化——基于法律复杂化理论的证成》，载《法制与社会发展》2019 年第 5 期；任海涛：《论教育法法典化的实践需求与实现路径》，载《政治与法律》2021 年第 11 期。

象又加大了“提取公因式”、制定总则性法律的难度。以问题为导向的分散式交通立法模式聚焦于各个具体的交通运输管理领域，表面上有助于提高法律的可操作性，但实则将很多短期、政策性规定纳入法律体系，同时又缺乏对交通运输领域基本价值、基本原则、基本制度的系统规定，这不仅无法发挥法律的体系价值，还容易因为缺乏纲领性的立法表达而造成单行法体系上的偏差。

针对交通运输是国民经济中基础性、先导性、战略性产业的特征，交通运输领域立法须平衡交通秩序、公共安全、行业发展、通行效率、公民交通权益保障等多种价值，而单行立法往往仅着眼于其中的某一方面，易造成立法上的偏颇。以《公路法》为例，该法应主要用于规范公路的规划、建设、养护、经营、使用和管理。但在正式颁布的法律文件中，《公路法》的篇章结构侧重于对规划、建设、养护、管理和经营的安排，缺乏对公路使用（特别是公民路权）的规定，反映了立法机关“关注道路资源的初始供给，而忽视对现有道路交通资源的合理分配和正当使用”的倾向。[1] 在2005年的“邢某诉成都机场高速封闭辅道案”以及后续一系列路权纠纷中，[2] 公民对调整高速公路封堵、关闭公路或辅道的行为提起诉讼。这些案例的核心争议大多聚焦于公民所主张的路权虽能得到理论及比较法上的支持，但并无制定法依据。由此可见，路权观念虽已逐步深入人心，但这一价值在各交通单行法中还未受到重视。这种规范上的失衡，既受交通运输发展阶段的影响，又因交通立法原则尚不明晰，致使分散式交通立法模式进一步加剧了体系漏洞。

2. 交通立法模式的部门化倾向及其缺陷

分散式的交通立法模式着眼于不同交通运输方式的发展与监管，有明显的部门化倾向，这不仅不符合“大交通”的发展理念，还带来增加行政成本、加剧行业保护、过度分割市场等问题。部门化立法，以及由此产生的政出多门、职能交叉、多头管理等问题，也带来了巨大的外部协调成本。交通运输领域于2008年开始的“大交通”管理体制的建构正是为了将外部协调问题“内部化”，但遗憾的是，以部门重新组合为表征的“物理变化”并不会自动解决部

[1] 参见李蕊：《路权的证成与规范建构》，载《行政法学研究》2021年第5期。

[2] 参见李东阳、边志辉：《成都律师诉机场高速封闭辅道案昨开庭》，载《华西都市报》2005年8月25日；黄蓉芳、曾德明：《高速公路扩建大修应减免车辆过路费》，载《广州日报》2007年10月10日。

门化问题，交通立法模式的部门化倾向仍有可能将以往各个主管部门的不协调转化为部门内部的矛盾和冲突。具体而言，交通立法模式部门化有以下四点缺陷。

第一，交通单行法强化了不同交通运输主管部门的自身利益，彼此间缺乏协调机制，造成规划、建设、管理等方面各行其是。例如，平行建设高等级公路与高速铁路造成运力上的浪费；铁路与公路、水运、航空、城市交通等枢纽站各自规划、分别建设造成彼此之间衔接困难；运输政策、规划、标准等方面不统一造成市场分割。从短期来看，这些问题可以通过跨部门协调的方式解决，[1] 但从长期来看，仍然需要通过综合性立法乃至法典化的方式予以化解。

第二，部门化倾向的单行立法不能适应交通运输综合化、一体化的发展趋势，其不仅不能再提供充分的制度供给，甚至还对综合交通运输的发展造成障碍。目前，各交通单行法往往围绕一种交通运输方式，对应一个交通运输行政主管部门。在各种交通运输方式深度融合的发展趋势下，多个交通运输行政主管部门职责交叉、互相掣肘、相互推诿的现象时有发生，最终将阻碍交通运输行业的长远发展。例如，随着海洋经济的发展，为岛上居民提供日常出行服务的陆岛运输需求日益增长，其中的旅客运输、货物运输、沿海运输、内河运输常常密不可分，并具有明显的公共交通属性。但在监管陆岛运输方面，则涉及海事局、港口管理局、口岸局等多个部门，须根据不同情况分别适用《海商法》《国内水路货物运输规则》《水路旅客运输规则》等法律规范，致使执法、适法上不公平的现象时有发生，难以适应陆岛运输行业的发展。[2]

第三，部门化的立法不仅会带来执法、适法上的困难，还会人为分割运输市场，增加管理成本与运营成本。如我国曾长期存在城市交通与道路运输二元结构的管理体制，建设行政主管部门管理城市公共交通，交通行政主管部门管理道路运输。客运市场在部门之间、城乡之间分割，分别适用《城市道路管理

---

[1] 如国家发展和改革委员会同交通运输部、国家铁路局、中国国家铁路集团有限公司等有关部门联合制定，并由国务院办公厅转发《关于进一步做好铁路规划建设工作意见的通知》（国办函〔2021〕27号），要求综合考虑铁路与公路、水运、民航、城市交通等关系，加强与国土空间规划、区域发展规划的统筹衔接。

[2] 参见李莹莹：《陆岛运输法律及政策的需求与供给》，载《中国海商法研究》2020年第4期。

条例》《公路法》，并享受不同的规费政策。在特定历史时期，这种城乡二元体制尚可做到相安无事，但随着城市化进程的加快和公众出行需求的剧增，城市公共交通超出原有的城市市区进行营运已成为一种客观事实。在此情况下，部门化的法律法规就会使客运市场上的运营主体处于不平等的地位。在2003年的“吉德仁等诉盐城市人民政府行政决定案”中，地方政府通过规范性文件对城市公交在城市规划区内开通的线路免除交通规费的行为，被法院认定为违反《公路法》的相关规定。[1] 该案作为最高人民法院公报案例，虽然在行政行为的认定和法律适用方面具有重要的示范意义，但法院判决本身并不能解决分散式立法造成的客运市场分割的问题。不同车辆在城市道路和公路运营方面受不同部门管理、适用不同的法律规范，不仅不利于城乡交通一体化发展，还使各个客运主体处于不平等的竞争状态。但明确的是，营造公平、统一的客运市场最终仍有赖于立法上的调整。

第四，在铁路、航空、邮政等交通运输领域长期存在政企合一的现象，监管部门与运输企业的关系过于密切，加之部分法律法规年代久远，有明显的行业保护、部门保护倾向。例如，《民用航空法》中的责任规则没有充分体现对消费者权益的保护，赔偿责任限额较低，且有较多的免责事由。[2]《邮政法》同样被质疑保护邮政企业利益，限制快递、物流企业开展竞争，如其中规定了快递企业不得经营由邮政企业专营的信件寄递业务，但没有明确规定邮政专营范围。类似的保护性立法并不利于市场竞争的开展。[3] 与之相类似的，铁路运输主管部门在体制改革之前，曾长期直接负责铁路运输企业的经营和管理活动，以致1990年颁布的《铁路法》将重点放在了调整铁路运输合同关系，缺乏对监管体制与监管方式的独立规定。[4] 随着交通运输领域市场化改革的深入，交通立法需要摆脱行业保护、部门保护的现状，探索新的监管体制与监管方式，营造公平有序的市场环境。

---

[1] 参见“吉德仁等诉盐城市人民政府行政决定案”，载《最高人民法院公报》2003年第4期。

[2] 参见于丹：《民用航空器致害高度危险责任条款的适用探讨》，载《北京航空航天大学学报（社会科学版）》2019年第4期。

[3] 参见张卫东：《欧美竞争法在邮政行业的适用及其对我国的借鉴意义》，载《环球法律评论》2013年第3期。

[4] 参见丁芝华：《〈铁路法〉修订基本问题研究——兼评〈铁路法（修订草案）〉（征求意见稿）》，载《南海法学》2022年第1期。

三、交通法法典化的功能及其实现

针对我国目前交通立法模式的结构性缺陷，交通法法典化的路径能够有效地整合分散的单行立法，克服分散式立法臃肿化、碎片化、立法目的不明确、立法结构不完整、立法资源不足、法律间缺乏衔接等问题。通过推进交通法法典化力求达到明确交通法领域基本原则与基本制度、统一法律规则、提高立法的理性化程度、推动综合交通运输体系完善和发展的目标。

（一）整合交通运输法律规范，提高立法理性化程度

在分散式立法模式下，各交通单行法制定的时间跨度较大，法律规定不可避免地受到制定时期特定问题的影响，一方面缺乏对体系层面和宏观制度的思考，另一方面规则上不统一、矛盾甚至冲突的现象时有发生。而交通法法典化通过整合分散的交通运输领域法律规范，形成一个具有内在一致性的交通法律体系，其不仅在基础的概念、规则、制度上进行较为一致的规定，更重要的是，还能实现价值理念上的统一。交通法法典化的过程并非制定一部包罗万象、调节所有交通运输法律问题的法典，而是着眼于交通运输事业整体发展规划，总结交通法领域中的共性问题，对原有交通运输法律法规进行清理、修改和补充，并按一定的逻辑结构重新整合，形成体系完善、内容协调一致并保持一定开放性的法典。

提高立法的理性化程度并不意味着追求绝对理性，尤其不追求以纯粹的概念涵摄和逻辑演绎解决所有的交通运输法律问题。交通立法本身就跨越了公法体系与私法体系，属于公私复合型立法，内容上不仅包括为法官提供指引的裁判规范，还包括大量直接规范交通运输活动的行为规范。其中，行为规范以引导人民活动或规范政府行为为目标，如果追求高度逻辑化、体系化的法典，反而会妨碍规范目的的达成。同时，交通立法有较强的技术性和政策性特征，要对不断变化的技术环境和社会需求保持开放性与回应性。这也意味着在交通法法典化进程中整合交通运输法律规范不等于整个交通法律体系只有一部交通法法典，在此之外，交通法律体系还应包括相关的单行法律、法规和规章。提高交通运输领域立法的理性化程度，主要通过整合不同交通运输法律规范的基本价值、共性原则，形成框架性法律，提升立法的指导性，弭平不同单行法中的规范冲突。

（二）满足交通运输领域立法需求，节约交通运输领域立法资源

现今我国交通运输法律体系初具规模，交通运输各细分领域基本实现有法可依，但整体上仍处于高速立法、高频修法的阶段。由于交通运输领域立法涉及面广、难点多，特别是伴随着交通运输领域体制改革的不断深入，交通运输法律立、改、废的需求还比较突出。同时在现行制度下，立法资源非常稀缺，一些重要的法律议案或法律修正案难以进入国家立法计划。

2016年，交通运输部发布的《关于完善综合交通运输法规体系的实施意见》提出了庞大的立法、修法计划，其中既包括立法空白、尚待制定的“综合交通运输促进法”“多式联运法”“航运法”等，也包括情况变化、亟待修订的《铁路法》《公路法》《海商法》等一系列法律。除此之外，目前仍由低位阶规范调整的船员权益保护、快递服务、物流服务等领域也有突出的立法需求。而在2018年发布的《十三届全国人大常委会立法规划》中，只有《海上交通安全法》《铁路法》被纳入一类项目，《海商法》《民用航空法》被纳入二类项目，目前真正通过修订的只有《海上交通安全法》一部法律。

当前，全国人大及其常委会承担着繁重的立法与修法任务。在立法资源相对稀缺的情况下，只有具备国家高度重视、社会广泛关注、立法需求非常急迫等条件，交通运输领域的立法议程才有可能开启。然而，在逐一立法模式下，庞大的交通运输领域立法任务很难在相对合理的时间内完成。在实践中探索的以“打包修改”为代表的“包裹立法”技术在一定程度上能缓解立法资源不足的问题，[1] 包括《铁路法》《公路法》《港口法》在内的多部交通法律的近几次修正都是通过“打包修改”的形式进行的。这也反映了交通运输领域旺盛的立法需求和有限的立法资源之间的矛盾。但“打包修改”的方式仅能修补部分现行法律，不能完全弥补交通运输领域立法的缺口。相比之下，交通法法典化的形式不仅能够将纷繁的单行法根据一定原则、逻辑编排在一起，还能最有效地实现交通法的全覆盖，最大限度地节约立法资源。

（三）完善综合交通法律体系，促进综合交通运输发展

目前，我国还没有覆盖整个交通运输领域的综合性立法。围绕不同交通运

---

[1] 参见刘风景：《包裹立法的中国实践》，载《法学》2014年第6期；曹瀚予：《包裹立法技术在突发公共卫生事件修法中的应用探讨》，载《人大研究》2022年第2期。

输方式的单行法受立法时代和目标的制约，既缺乏构建、促进和完善综合交通运输体系的内容，其本身也成为多种交通运输方式深度融合的壁垒，不利于不同交通运输方式之间的衔接与协调。针对这一局面，《交通强国建设纲要》和《国家综合立体交通网规划纲要》中都提出要完善综合交通法规体系，推动综合交通立法；《关于完善综合交通运输法规体系的实施意见》以及《交通运输“十四五”立法规划》（交办法〔2021〕69号）中也把制定综合性交通运输法律体系作为重要的推动目标；与此同时，学界也不乏对综合交通运输立法的倡议。[1] 因此，构建和完善综合交通法律体系具有现实的必要性和紧迫性，而在构建综合交通法律体系的多种方案中，法典化方案的整体性、系统性、协同性最强，同时与其他各领域的法典化探索同步，能够积累经验，相互借鉴，避免重复立法。

随着我国交通运输行业的发展，交通运输基础设施衔接成网。多种交通运输方式深度融合，交通运输综合管理体制也已初步形成，构建并完善综合交通法律体系的要求不断提高。2016年，交通运输部发布的《关于完善综合交通运输法规体系的实施意见》提出构建跨运输方式法规系统，制定以“综合交通运输促进法”为引领的相关法律，立法重点在于促进不同交通运输方式的协调发展，特别是推动规划、网络、标准等方面的统筹和衔接。而2021年交通运输部发布的《交通运输“十四五”立法规划》则明确提出要积极推进制定“交通运输法”，明确该法在性质上属于交通运输领域的基本法，功能上已经不限于多种交通运输方式之间的协调，而在于对交通运输总体目标、基本原则、基本体制等重要基础性问题的规定。可见，构建综合交通法律体系不但着眼于具体的、微观层面的行业促进，而且更注重明确整个交通法律体系本身的性质、地位、价值、原则等基本问题。若不解决这些基本问题，综合交通法律体系就无法建立在稳固的基础上。因此，为了从立法上保障综合交通运输的发展，打破分散式立法格局，最终仍应实现交通法的体系化，而交通法法典化是体系化的高级阶段，目前制定总则性法律的立法思路亦能够服务于法典化实践。

---

[1] 参见胡正良、曹译文：《我国“综合交通运输法”立法宗旨的价值探析》，载《学术交流》2019年第2期。

四、交通法法典的性质定位与发展模式

（一）作为行业法典的性质定位

现今，我国交通运输承担大量社会性、战略性功能，辐射国民经济和社会发展的各个领域，同时与公民个人的财富、就业、生活条件、发展环境之间存在紧密的关联。交通运输作为国民经济中具有基础性、先导性、战略性的产业，有自身的行业特征和行业需求，是具有独立逻辑的社会子系统。交通法作为行业法，针对交通运输的发展需求与规制需求，打破了公法与私法的二元结构，实现了公法与私法、实体法与程序法，甚至国内法与国外法的密切结合。交通运输领域立法自始就以解决行业问题、促进行业发展、规范行业治理、保障交通权益为目标，呈现出跨部门的行业法结构。立法者围绕具体规制目标进行的实用主义的制度设计，很难被完全划入旧有的以私法自治为核心的私法框架或以依法行政为核心的公法框架。[1] 交通法法典化需要探索交通运输治理的内在规律和规范需求，适当突破传统的部门法理论范式，实现交通法内部的系统化，围绕特定的社会功能整合公私法规范并探索相应的组织制度、程序制度、救济制度。交通法法典也应明确被定性为行业法典，尊重交通法的行业属性和功能特征，将性质不同但目标一致的法律规范整合到统一体系。

1. 行业法典的定位意味着交通法法典应当能够回应交通运输治理中的实践问题

过度追求抽象、机械稳定的法典化路径，难以适应新技术变革不断带来的挑战和多种交通运输方式日益融合发展的趋势。不同领域立法的实践揭示了尊重时间的变迁和空间的不同特性的必要性，维持最小限度的抽象性、尊重不同具体调整事项之特性的法典化路径更能满足当代法治的需求。[2] 作为行业法典的交通法法典应具备实用性与灵活性，在围绕规制目标安排特定制度的过程中，不必局限于传统部门法下公私法的二元划分，对实践中行之有效的公法私法化、私法公法化、公私法互为工具化的制度应保持开放的态度。

2. 交通运输与其他行业、其他领域有广泛的关联

交通法律体系不仅包括针对交通运输行业的法律规范，还包括分散在其他

---

[1] 参见宋亚辉：《社会基础变迁与部门法分立格局的现代发展》，载《法学家》2021年第1期。

[2] 参见朱明哲：《法典化模式选择的法理辨析》，载《法制与社会发展》2021年第1期。

法律中的个别规范，如《突发事件应对法》《传染病防治法》中对交通运输活动和交通运输工具的规范，《残疾人保障法》《老年人权益保障法》中对特定群体的照顾。诚然，交通法法典化有必要充分清点此类规范，并尽量做到协调一致、有效衔接，但事实上不可能将所有相关联的规则全部纳入一部法典。法典对完备性的追求同样建立在高度抽象化的基础上，问题导向、变动频繁、情境化的行业立法并不以完备性为目标。这也意味着交通法应以适度法典化为目标，不追求大而全的法典，而是通过法典化解决前文所述的分散式立法模式带来的突出问题。

3. 交通法法典化要为交通运输体制机制改革提供保障，同时也要为进一步深化改革留下空间

目前，体现"大交通"理念的综合交通运输管理体制基本形成，但这一体制是通过历次国务院机构改革方案逐步构建而成的，缺乏组织法上的保障和规范，不仅与组织法定的目标距离较远，还在权责分配上也不甚明晰。交通法法典化的重要功能在于对综合交通运输管理体制改革的成果予以确认，横向上协调不同部门之间关系，解决权责交叉、机构重叠问题；纵向上厘清中央与地方关系，实现中央与地方的合理分权。

（二）适度法典化的发展目标

推动交通法法典化应立足于行业法典的定位，坚持功能主义的原则，以适度法典化为目标。"适度法典化"最早在环境法领域被提出，❶ 即并不追求"结构严密、事无巨细、全面包揽"❷ 的法典，而是要降低理想化法典的条件要求和目标定位，选择适度化、动态化的编纂路径。其中，适度法典化体现在法典的调整范围和编纂程度两方面。❸ 其中，在调整范围上，允许起到补充、细化作用的单行法律法规、规章的存在；在编纂程度上，采取框架性、松散性的结构，预留改进法典文本的空间和机制。动态化则体现在采取渐进式、阶段性的具体路径，从制定交通运输领域的基本法向制定交通法法典逐步过渡。

---

❶ 参见张梓太：《中国环境立法应适度法典化》，载《南京大学法律评论》2009 年第 1 期。

❷ 参见张梓太：《论我国环境法法典化的基本路径与模式》，载《现代法学》2008 年第 4 期。

❸ 参见何江：《为什么环境法需要法典化——基于法律复杂化理论的证成》，载《法制与社会发展》2019 年第 5 期。

不求"一步到位"的法典编纂，而要分阶段、分步骤地推动交通运输领域立法向法典化方向发展。在基本结构上，根据体系化程度由强到弱的趋势，交通法法典化面对以下三种选择。其一，"总则编 + 分则编"模式。这一模式是法典化实践中较为常见的形式，[1] 能够保障法律体系内部的逻辑一致，最大限度地发挥法典的体系价值。但无论是总则的制定，还是分则的设置，都需要更深入的研讨，它们对交通法的立法技术和理论准备有较高的要求。其二，"框架法 + 单行法"模式。通过制定框架法或基本法整合一般规范，保留各单行法的形式或在各单行法的基础上略加调整，构建具有框架性、开放性的法典。其三，汇编模式。对现有的交通单行法进行整理、修改，并按照一定体例编排到一部交通法典中。这一模式开放性、灵活性最强，但逻辑性、体系性较弱。

考虑到交通法法典作为行业法典的定位，交通运输领域立法要在体系性价值与开放性价值之间寻求平衡。交通法法典化既有通过总则或框架法实现一定程度规范整合的需求，又有面对技术变迁和政策调整进行灵活立法的要求。因而，较之于传统的法律部门，交通法应当保持更高程度的开放性。特别是考虑到目前交通法领域还没有具备统筹性质的基本法，"框架法 + 单行法"模式更能平衡体系性与开放性、灵活性与完备性等不同需求。故可先制定交通运输领域基本法或框架法，明确交通运输领域的基本目标、基本原则、基本制度，并逐步向"框架法 + 单行法"的形式过渡，这既便于当下立法工作的开展，也为未来向更高层次发展留有空间。

五、结语

在新一轮法典化浪潮中，探索新兴法典的立法需求和发展模式恰逢其时，关键在于法典作为一种立法形式是否与行业法的特征及其背后的社会结构相匹配。交通运输综合发展的趋势和"大交通"管理体制的确立，势必要求交通运输领域立法向系统化、综合化乃至法典化的方向发展，但不能忽视的是，法典编纂还依赖高超的立法技术与坚实的理论基础。而应对这一挑战，交通法学研究任重而道远。

---

[1] 参见王利明：《总分结构理论与我国民法典的编纂》，载《交大法学》2019 年第 3 期。

论交通法治学的创建及其学科范围

曾明生*

摘　要：我国创建交通法治学具有必要性和可行性。交通法治学研究对象的确立，应立足于交通法治理论和交通法治实践的发展需要，应坚持问题导向、目标导向和学科导向。交通法治学的基本问题，涉及“交通法治何以可能”“中国的交通法治何以可能”“交通法治中国何以可能”等问题。交通法治的基本范畴，不等同于交通法治学的基本范畴。但是“交通法治的基本范畴”，既可以是交通法治学的研究对象，又可转化成该新兴学科的一般范畴甚至是基本范畴。交通法治学在不断发展壮大的过程中，可能形成铁道法治学、航空法治学、海事法治学等分支学科。

关键词：交通法治　交通法治学　学科创建　学科范围

一、引言

近年来，我国交通运输事业蓬勃发展，特别是高铁、中欧班列及航空业的发展突飞猛进。交通运输领域的法治实践和法治理论的创新与发展问题逐渐凸显出来，而这些问题已经无法在交通运输和法律制度的层面完全解释清楚和处理完善。其中，涉及交通和法治的诸多关联问题，由此“交通法治”的命题便应运而生。早在1998年，我国铁路部门已有人专门撰文探讨“铁路法治”问题，其在指出立法、守法和执法方面存在困难的基础上，提出若干对策。❶

---

* 曾明生，华东交通大学铁路法治研究院常务副院长、研究员，法学博士。

❶ 参见朱赤汇：《加强铁路法治探讨》，载《法学杂志》1998年第4期。

2008年，也有人撰文探讨过“交通法治”问题。[1] 近些年，我国有关单位举办了“铁路法治问题”研讨会、“推进铁路法治建设”培训班，成立了“交通法治与发展研究中心”“铁路法治研究院”“航空法治研究中心”等专业研究机构。那么，何谓“交通法治”“铁路法治”“航空法治”以及“海事法治”？如何运用“交通法治”理论和法治思维来保障交通运输事业更加安全、便捷、健康地发展？在我国学界已提出铁道法治学（铁路法治学）[2] 和法治学学科创建[3]的背景下，进一步研讨交通法治学学科的创建问题，具有重要的实际意义。本文试图探讨构建交通法治的范畴体系和学科理论体系，使其理论朝着系统化、专业化的方向发展。同时，希望本文研究有助于更好地强化交通安全和交通事业的法治保障，更好地指导交通法治实践，促进我国交通强国战略的实施和法治文明的发展。

二、创建交通法治学具有必要性和可行性

法治学学科的创建，将为交通法治学学科的创建提供学科舞台和理论支撑。有学者指出，一个学科的创建往往是学者们在探索真理的过程中，为了满足社会发展需要，通过知识积累，并对相关知识进行体系优化整合的结果。其中，法治学的创建，是人民群众日益增长的法治需求、建设中国特色社会主义法治体系、建设社会主义法治国家，以及建设法治中国的理论成果、制度成果和实践成果，在法学、政治学和治理学等学科中进行知识体系优化和系统集成的必然结果。[4] 值得注意的是，近年来，在创新发展中国特色社会主义法学体系的过程中，加强中国特色社会主义法治理论研究，建设“法治学”的问题已成为法学界关注的热点。2019年10月，中国法学会举办的“学习贯彻习近平总书记全面依法治国新理念新思想新战略论坛”开幕式上，中共中央政治局委员、十三届全国人大常委会副委员长、中国法学会会长王晨同志在讲话中明确提出加强“法治学”等新兴学科建设。张文显教授也提出：“法学学术体系应破除

---

[1] 参见陈敏飞、张柱庭：《大部制对交通法治的影响》，载《交通部管理干部学院学报》2008年第3期；范冠峰：《如何实现中国交通法治的可持续发展》，载《学习月刊》2008年第10期。

[2] 参见曾明生：《铁路法治的基本范畴及其理论体系论纲》，载《铁道警察学院学报》2021年第4期；曾明生主编：《铁道法治学导论》，中国政法大学出版社2022年版，第1~16页。

[3] 参见杨宗科：《论法治学的创建及其学科范围》，载《法律科学》2020年第5期。

[4] 同注[3]。

旧有体系封闭、保守及参照系不确定等弊端，致力于构建以法律学、法治学、法理学三位一体的法学学术新体系。”[1] 有学者直接提出“创建法治学学科和探索其学科范围”的主张。[2] 而且，法治学与政策科学和法社会学是不同的，前者无法被后两者所吸收。法治学是研究动态的法治体系的法学学科，政策科学是研究政策（包括刑事政策）的社会科学，而法社会学是将法律置于其社会背景之中，研究法律现象和其他社会现象之间相互关系的一门介于社会学和法学之间的边缘学科。三者的研究对象虽有一定的关联，但并不存在整体与部分的关系，因此它们之间不会导致谁吸收谁的问题。笔者认为，我国构建交通法治学的学科理论体系，具有必要性和可行性。

（一）创建交通法治学具有必要性

1. 构建交通法治学学科体系，是大力促进交通法治研究体系化、专业化发展的需要

自水路交通、铁路交通、航空交通诞生以来，我国至今仍然鲜有综合的“大交通”法治的全面系统的科研成果。常见的是分散的、局部的、某一领域的交通法治研究，其中主要集中在铁路法、航空法的研究，以及部分交通运输的法律问题研究等领域。这是因为我国交通法治研究起步较晚，总体研究力量还相对薄弱，研究水平总体上还不高。交通法治学不同于传统的交通法学（包括铁路法学、航空法学、交通运输法学、海商法学等）。交通法治学的研究对象是一切与交通法治相关的内容，包括交通法和交通法治的理论和实践等内容。因此，静态的、传统的、侧重研究制度规范的交通法学是动态的交通法治学的重要组成部分。我们对交通法的研究，不应停留于传统的、狭义的交通法学层面，而应当向成熟和发达的方向努力，不断推进交通法治理论更系统的、体系化的研究和专业化发展。由此为培养更多更高素质的、与时俱进的现代化交通法治人才做出应有的更大贡献。

2. 构建交通法治学学科体系，强化交通法治研究，是适应我国铁路、轨道、海路以及航空等当代交通运输行业快速发展的需要

我国铁路运营总里程已超过 14 万千米，居世界第二，其中高铁运营里程

---

[1] 参见张文显：《在新的历史起点上推进中国特色法学体系构建》，载《中国社会科学》2019 年第 10 期。

[2] 参见杨宗科：《论法治学的创建及其学科范围》，载《法律科学》2020 年第 5 期。

3.6万千米，居世界第一。[1] 特别是，2016年发布的《中长期铁路网规划》（发改基础〔2016〕1536号）中勾画了新时期“八纵八横”高速铁路网的宏大蓝图。而且，中国国家铁路集团有限公司出台的《新时代交通强国铁路先行规划纲要》中提出了我国铁路2035年、2050年的发展目标与主要任务：到2035年，将率先建成服务安全优质、保障坚强有力、实力国际领先的现代化铁路强国；到2050年，全面建成更高水平的现代化铁路强国，全面服务和保障社会主义现代化强国建设。随着我国铁路里程显著增多，以及列车速度和智能化的继续进步，安全保障任务将会面临更加严峻的挑战。同时，我国轨道、海路及航空等交通运输业在近些年也蓬勃发展。因而，不断强化交通法治保障的研究，构建交通法治学学科体系，主动积极提升理论指导法治实践的水平，努力跟上交通快速发展的步伐，是我国交通法治研究者的重要理论使命。

3. 构建交通法治学学科体系，是促进我国交通法治研究，特别是铁路法治研究，走向世界甚至引领世界的需要

中国法学研究在不断发展和进步，但在世界范围内，由于社会制度和意识形态等诸多因素的影响，我国法学研究成果在世界法学界尚未获得广泛的话语权，影响力有限。当前我国积极努力推动高铁走出去，在这种背景下，倡导构建交通法治学学科体系，既是顺应高铁走出去的发展需要，又是为了更好地指导交通法治实践，提供系统化的、强有力的法治理论参考，同时也是加强交通法治理论交流合作和扩大我国交通法治理论研究（尤其是铁路法治研究）国际影响力的重要途径。

（二）创建交通法治学具有可行性

1. 我国具备较好的交通法治研究的物质基础

中国已拥有世界上最庞大的铁路交通网和运输体系。铁路交通四通八达，“八纵八横”高速铁路网将在2030年建成，截至2020年，网络主骨架已搭建七成。[2] 据2020年8月13日央视新闻报道，中国铁路运营总里程居世界第二，其

---

[1] 参见陆娅楠：《中国铁路营业里程超14万公里　7月份完成固定资产投资671亿元》，载《人民日报》2020年8月10日，第1版。

[2] 参见矫阳：《创新引领 中国高铁“八纵八横”已建七成》，载《科技日报》2020年9月30日，第1版。

中高铁运营里程居世界第一。在运输经营上，中国铁路的一些主要运输经济指标持续保持世界领先。其中，旅客周转量、货运量、货物周转量、换算周转量、运输密度等指数多年稳居世界第一。而且，我国在航空机场、港口等交通基础设施建设方面也取得了举世瞩目的伟大成就。

2. 我国具备丰富的交通法治实践（特别是铁路法治实践）的研究素材

全国检察机关办事服务综合门户12309中国检察网，以及全国法院公布裁判文书的统一平台中国裁判文书网，提供了大量有关交通法治实践的法律文书资料。而且，司法部司法行政（法律服务）案例库、交通运输部政府信息公开专栏等官方平台，也有许多交通行政法治资料。这些都为我国构建交通法治学学科体系提供了丰富的材料基础和翔实有力的研究保障。

3. 我国交通法治的研究队伍日益壮大，交通法治研究成果逐渐丰硕

尤其是铁路法方向、航空法方向、海商法方向研究生数量逐渐增多，交通法治研究机构数量也在增加，交通法治研究成果数量越来越多，其中一些研究成果及内容也越来越趋于系统化和国际化。

将来条件成熟时，还可以设立中国交通法治学研究会，通过加强学术交流互动，形成良性循环，促进交通法治学学科茁壮成长，并更好地指导交通法治文明发展。

4. 我国交通法治理论研究的专业化和体系化的发展态势，使交通法治领域具有发展成为一门交通法治理论学科的理论基础和学科潜力

例如，曾明生主编的《铁道法治学导论》著作的诞生就是一种重要的局部推动力。交通法治理论，因其特殊的研究对象和使命，具有特有的概念范畴，以及理论上的相对独立性、特殊性和自足性。这些也使其与其他学科区别开来。

三、交通法治学的研究对象、基本问题和基本范畴

（一）交通法治学的研究对象

法治学研究对象的确立，应立足于法治理论和法治实践的发展需要，坚持问题导向、目标导向和学科导向。值得明确的是，法治学与法学不同。目前的法学学科，如民商法学、刑法学和诉讼法学等分支学科，基本上是以部门法为研究对象的学科，主要研究法律文本意义上的“法”，研究如何理解法律规范

的含义，关注的主要是“平面”“静态”的法律体系。而法治学则是把法律置于国家治理体系现代化的历史背景下，以法律的制定、实施、监督和保障等法治活动和法治秩序为研究对象，关注的是整个国家的法治实践活动，主要研究“立体”“动态”的法治体系，研究如何实现“良法善治”。完整的法学研究不仅要研究法律文本，还要研究法律实践；既研究“法”，也研究“法治”。而目前的法学研究在总体上“法多治少”“重法轻治”，甚至“有法无治”。换句话说，在现有的法学学科体系中，尚缺乏以“法治体系在国家治理体系中的地位作用问题及其发展规律”作为直接研究和系统研究对象的学科，而建构法治学则有助于弥补学科发展中的这一空缺。因而，研究法治体系在国家治理体系中的地位作用问题及其发展规律，就成为法治学的研究对象和任务。[1] 这一认识是比较深刻的。法治学不仅研究法治现象，还要研究其本质规律；既要研究法治理论，更要研究法治实践。

交通法治学研究对象的确立，也应立足于交通法治理论和交通法治实践的发展需要，坚持问题导向、目标导向和学科导向。通过研究交通法治理论和实践问题，达成指导法治实践的目的，力求早日建成交通法治学学科体系，进而达到系统化地指导交通法治实践的目标。创建新兴学科不是为了标新立异，而是要通过学科建设更好地指导和服务于实践。亦即，通过研究动态的交通法治理论和实践问题，剖析交通法治现象及其本质规律，再通过运用规律指导交通法治实践。其中，主要研究对象包括交通法治理论问题和实践问题。

（二）交通法治学的基本问题

创建一个学科，首先要明确它的基本的独特问题。从总体来看，中国的法治理论研究和法治建设实践面临一个独特而复杂的基本问题，即“法治中国何以可能”。在新时代的历史背景下，思考和研究“法治中国何以可能”这一基本问题，是法治学是否具有独立的地位、研究对象和理论体系的基础性、根本性问题。而且，中国能否真正实现法治，全面建成法治国家，实现国家治理体系和治理能力现代化的理想图景，是一切关于中国法治发展内在机理和价值取向的理论研究首先要回答的根本问题，也是“法治中国何以可能”这一核心问题的基本内涵。目前，包括法学理论学科在内的所有法学学科，都不是以这个

---

[1] 参见杨宗科：《论法治学的创建及其学科范围》，载《法律科学》2020 年第 5 期。

基本问题作为直接研究对象进行知识创新和理论创新的。而法治学应以“法治中国何以可能”作为基本学术论题展开研究，围绕法治中国的必然性、现实性、实效性、正义性和合理性等问题进行研究和创建新的知识理论体系。必须指出，法治学不可能把法律学的基础理论和基本理论“照搬”过来，而应建立自己独特的基本理论体系。这一体系是在不断回答“法治中国何以可能”这一基本问题的过程中创立的，是经过实践检验并在实践中不断发展和完善的理论体系。这一法治学的基本理论体系，应当是由一个核心理论和四个基础理论构成的。其中，一个核心理论是习近平法治思想中的法治中国理论。这从学理上回答了“法治中国何以可能”，从政治上为法治中国建设决策提供了指导，从实践上为法治中国建设提供了方向指引，是法治学原理的核心内容。关于法治中国的核心理念或价值问题、法治地位作用问题、法治发展模式问题、法治建设目标任务问题，对这些问题的回答，形成了“良法善治理论”“法治本质理论”“法治道路理论”“法治体系理论”。它们与“法治中国何以可能”这一法治中国理论共同构成了法治学的基本理论框架，成为法治学基础理论学科的主体内容。❶

交通法治学的基本问题与法治学相关联，所以不难理解交通法治学的基本问题涉及“交通法治何以可能”“中国的交通法治何以可能”“交通法治中国何以可能”等问题。而对“中国的交通法治何以可能”“交通法治中国何以可能”问题的回答，是以“法治中国何以可能”为基础的。因此，对这些问题的回答，参考前述法治学的理论框架和体系内容可知，会形成“良法善治理论”“交通法治本质理论”“交通法治道路理论”“交通法治体系理论”，并与“交通法治中国何以可能”这一法治中国理论共同构成交通法治学的基本理论框架，成为交通法治学基础理论学科的主体内容。

（三）交通法治学的范畴

一个新兴学科的形成，有赖于独立的概念、范畴体系的形成。创建法治学的范畴体系，深化和拓展法学范畴研究，是构建新时代中国法学范畴体系、知识体系、理论体系、话语体系的学科基础工程，也是深入推进全面依法治

❶ 参见杨宗科：《论法治学的创建及其学科范围》，载《法律科学》2020 年第 5 期。

国实践、推进法治中国建设的理论系统工程。[1] 在范畴体系中，通常认为有一般范畴、基本范畴、核心范畴之分。其中，基本范畴被抽象为某一法学学科的基本概念；核心范畴是对基本范畴的概括总结，也是某一法学学科的基本元素和逻辑起点；一般范畴则是对某一法学学科某一法律现象初步的简单抽象。[2]

对于法治学而言，一切理论知识和思想观点都离不开对"法治"这一最基本概念的理解和应用。虽然"法治"是由"法"与"治"两个概念合成的，包含了依法治理的含义，但是这里的"法治"更加强调"法"与"治"有机融合和共同发展，绝不是二者的简单相加。分别从法学和治理学理论出发，"法"指的是法律和法律体系，有"良法"和"劣法"（恶法）之分；"治"指的就是治理，有"善治"（善政）与"恶治"（暴政）之别。因而，法治学的范畴体系应当以"法"与"治"的关系范畴作为基础性范畴，形成以"法"与"治"、法治、良法善治、法治理念、法治道路、法治体系、法治国家、法治政府和法治社会等概念构成的一般范畴体系。[3]

上述认识对理解交通法治学的核心范畴、基本范畴及一般范畴都有启发意义。此处只重点对核心范畴和基本范畴展开探讨。因为核心范畴是对基本范畴的概括总结，对核心范畴的讨论，有利于从总体上把握基本范畴。

1. 交通法治学的核心范畴

学界通常认为，"范畴"有两种含义，一种是指人的思维对客观事物的普遍本质的概括和反映，另一种是指类型和范围。它的前一种含义近似于"概念"，"概念"是指思维的基本形式之一，反映客观事物的一般的、本质的特征。[4] 核心范畴即为核心概念，交通法治学的核心范畴，是交通法和交通法治。这是交通法治学学科的基本元素和逻辑起点，是对其基本范畴的概括总结。也有学者认为，交通法治学只有一个核心范畴，那就是"交通法治"。但这只是相对而言的。如果把"交通法治"看作一个系统，那么"交通法"又成

---

[1] 参见张文显：《迈向科学化现代化的中国法学》，载《法制与社会发展》2018年第6期。

[2] 参见钱叶芳：《社会法学的法域、核心范畴及范畴体系》，载《法学》2019年第9期。

[3] 参见杨宗科：《论法治学的创建及其学科范围》，载《法律科学》2020年第5期。

[4] 中国社会科学院语言研究所词典编辑室编：《现代汉语词典》（第7版），商务印书馆2017年版，第365、419页。

为其核心范畴。

2. 交通法治学的基本范畴[1]

由前文可知，交通法治学显然不同于交通法治。因此，交通法治学的基本范畴，也不等同于交通法治的基本范畴。法学基本范畴是法学学科的基本概念。但也要注意，交通法治这一特殊的工作系统本身，是交通法治学的研究对象。那么，这一工作系统的基本范畴（基本部件，即要素），也应当是交通法治学的研究对象。换言之，工作系统的基本范畴（基本部件），也可以成为交通法治学学科体系的研究对象。正如“交通法治”本身一样，它既是交通法治学的研究对象，又是该新兴学科的核心范畴。“交通法治（系统）的基本范畴”，既可以是交通法治学的研究对象，又可以转化成该新兴学科的一般范畴甚至是基本范畴。

“基本范畴”中的“基本”，有“根本的”“主要的”“大体上”之意。[2]据此，“基本范畴”，也可以理解为主要的范畴、主要的概念。有学者认为，基本范畴包括本体论范畴、价值论范畴和实践论范畴。[3]这一认识有其合理性和启发意义。本文立足于范畴的第一种含义（概念）进行讨论，因此，交通法治的基本范畴是指交通法治的基本概念与主要术语，即指人的思维在对交通法治的本质概括的反映中，处于主要地位的种类内容。其基本范畴对认识和实现交通法治具有提纲挈领的作用。

如何探寻和确定交通法治的基本范畴？其理由或依据是什么？如果把“交通法治”看作一棵大树，那么它的生长通常有孕育、诞生和发展等过程，即它通常有生根、发芽、发展等过程。因而，交通法治的范畴，通常会有根基性的一级范畴。没有根基，就没有生命；没有其根基性的范畴，就谈不上交通法治。在根基性的一级范畴的基础上，衍生出交通法治的二级范畴（主干性的二级范畴、根基性的范畴），然后继续发展出主要分支性的三级范畴和次要分支性的四级范畴，进而开枝散叶。其中，交通法治的基本范畴，仅限于根基性的一级

---

[1] 参见曾明生：《铁路法治的基本范畴及其理论体系论纲》，载《铁道警察学院学报》2021年第4期。

[2] 参见中国社会科学院语言研究所词典编辑室编：《现代汉语词典》（第7版），商务印书馆2017年版，第603页。

[3] 参见陈东升：《交通运输警务的哲理基础与范畴体系》，载《铁道警察学院学报》2019年第4期。

范畴、根基性的二级范畴（价值论范畴）、主干性的二级范畴以及主要分支性的三级范畴。❶（见图1）

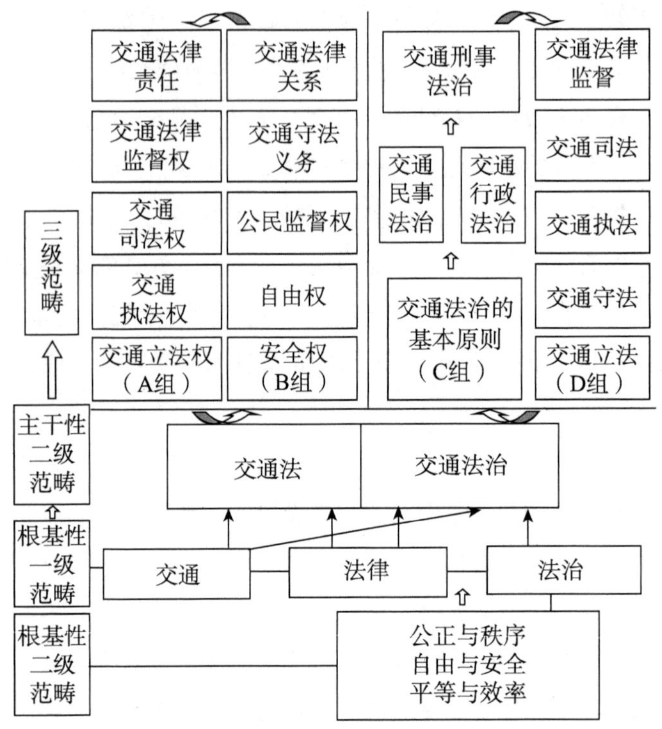

图1　交通法治的基本范畴体系

（1）交通法治中的一级范畴：交通、法律与法治。

这里的一级范畴，是交通法治根基性的范畴，也是交通法治基石性的范畴（又被称为基石范畴）。笔者认为，之所以称其为根基性的范畴，是因为其处于根基部位且属于不可或缺的范畴。离开“交通”“法律”“法治”中的任何一个，“交通法治”都无从谈起。因此，其根基性的一级范畴包括三个：交通、法律与法治。

①交通。根据《现代汉语词典》的解释，“交通”有五种含义：一是“往来通达”；二是“原是各种运输和邮电事业的统称，现仅指运输事业”；三是

❶ 参见曾明生：《铁路法治的基本范畴及其理论体系论纲》，载《铁道警察学院学报》2021年第4期。

“抗日战争和解放战争时期指通信和联络工作”；四是“交通员”；五是“结交、勾结”。[1] 但是，必须注意交通运输部这一国家机关中的“交通”的含义。从交通运输部的职责中可以发现，其管辖国家铁路局、中国民用航空局、国家邮政局、公路局和水运局等相关部门。另外，在我国《交通强国建设纲要》《国家综合立体交通网规划纲要》中的“交通”的含义和范围，均涉及铁路、公路、水运、航空、邮政等方面的内容，这种“交通”，是广义的“交通”，是“大交通”。而狭义的“交通”，是指不包括邮政的其他各种运输。本文所称“交通法治”中的“交通”，是从广义而言的。

②法律。法律是由国家制定并以国家强制力保证实施的，是反映由特定物质生活条件所决定的统治阶级意志的规范体系。也可认为，法律是由立法机关行使立法权，依据法定程序制定、修改并颁布，由国家强制力保证实施的行为规范的总称。[2] 广义的法律，包括宪法、法律、行政法规、地方性法规、自治条例、单行条例、部门规章和政府规章等。而狭义的法律，是指由全国人大或其常委会制定的规范性法律文件。[3] 本文所称“法律”是从广义而言的。

③法治。良法之治是我们所追求的法治。法治既是一种治国方略，又是一种强调法律至上的社会秩序状态。此处值得注意，有学者会认为，“法律”与“法治”不能同时作为一级范畴。因为从起源来看，先有法律，后有法治。法治是良法的统治，良法获得普遍的遵从。没有法律，就没有法治，法治是法律的产物，由法律派生而来。但是，笔者认为，不宜仅从历史视角分析问题，也应注意到，在当代法治社会中，法律和法治的关系已相互联动，法律已经是当代法治系统中不可或缺的重要组成部分，脱离法治谈法律是片面的。正如有学者在阐述法治、法治思维和法律手段三者关系时认为，法治决定法治思维和法律手段，法治思维支配法律手段，法律手段的运用反映和体现法治思维。法治思维和法律手段与一个国家和地区的法治实践具有互动作用。执政者善于运用法治思维和法律手段治国理政，会促进相应国家和地区的法治实践。反之，法治实践又会相应地给执政者更为主动、自觉运用法治思维与法律手段的推动力

---

[1] 参见中国社会科学院语言研究所词典编辑室编：《现代汉语词典》（第7版），商务印书馆2017年版，第650页。

[2] 参见沈宗灵主编：《法理学》，北京大学出版社2000年版，第42~45页。

[3] 参见张文显主编：《法理学》（第五版），高等教育出版社2018年版，第366~368页。

和促进力。[1]

另外，有学者会认为，此处一级范畴是“交通、法律和治理”。其中“法治”的“法”是指“法律”，而“治”是指“治理”。问题是，“治理”并非属于交通法治不可缺少的根基性的范畴。“治理”只是“法治”重要的但并非必需的概念组成部分，“治理”可以被“法治”所吸收。前者类似于“根须”中的“须”，而后者类似于“根”。因而，对比之下，这里更宜确定“法治”范畴的基础地位。[2]

（2）交通法治中的二级范畴：交通法、交通法治以及二级根基价值论范畴。

这里的二级范畴，是由根基性的一级范畴发展而来的主干性的二级范畴（交通法与交通法治），以及根基性的二级范畴（二级根基价值论范畴）。为何有二级根基价值论范畴？这是相对于根基性的一级范畴而言的。如果离开深层的价值追求，那么表层的行动和范畴仍将是无本之木、无源之水。

①交通法这一范畴是由“交通”和“法律”共同衍生而来的。它有最狭义、狭义、广义、最广义之分。最狭义的交通法，仅指某一领域某一部交通类的法律，如《铁路法》。狭义的交通法，不仅包括最狭义的交通法，还包括其他相关的交通法规。广义的交通法，不仅包括狭义的交通法，还包括其他相关的交通规章。最广义的交通法，是指一切与交通相关的法律规范的总称。本文所称“交通法治”中的“交通法”，是从最广义而言的。

②交通法治这一范畴是由“交通”和“法治”结合而生的。也许有学者会质疑这一范畴，认为“交通法”与“交通法治”不能同时作为二级范畴。其理由与质疑“法律”与“法治”不能同时作为一级范畴相类似。因此，需要注意到这两对范畴内部的基本关系，亦即互动关系。另外，“交通法治”本身能否成为它自己的二级范畴呢？这似乎是不可能的。但必须强调的是，此处作为二级范畴使用的“交通法治”是狭义上的概念，它不等同于作为范畴体系的最广义上的“交通法治”。如果把最广义上的“交通法治”看作一棵大树，那么作为二级范畴的狭义上的“交通法治”，就如同其树干中的树皮、韧皮部、形成

[1] 参见姜明安：《再论法治、法治思维与法律手段》，载《湖南社会科学》2012年第4期。

[2] 参见曾明生：《铁路法治的基本范畴及其理论体系论纲》，载《铁道警察学院学报》2021年第4期。

层和边材等部分的有机组合，而与其并行的“交通法”则是树心、心材、髓心等。因此，狭义上的“交通法治”能够同时与“交通法”作为主干性的二级范畴而存在。

③二级根基价值论范畴：公正与秩序、自由与安全、平等与效率[1]。我国有学者认为，法的价值目标是非常丰富的，它包括秩序、民主、自由、平等、法治、人权、权利、理性、正义、人的全面发展等，它们都是法的价值的方向、终点和归宿。[2] 德国学者 H. 科殷认为，法的目的是安全、和平、正义、平等、自由。[3] 英国一些学者认为，西方社会的法律大致有三大基本价值：秩序、公平和个人自由。[4] 可见，价值是多元的，人们的认识并不统一。笔者认为，在认识我国法律目的的价值时，应遵循《宪法》中蕴含的法律价值：自由、平等、民主、法治、人权、安全和秩序等。这些价值目标其实并非全部处于同一层面，如“人权”是广义上的概念。因此，它应当包括自由、平等、民主和安全等基本权利。而这些权利只有被足够的尊重和保护，才能算得上是公正的，而与这种公正结合的法秩序才是良好的法治。[5] 正如美国学者 E. 博登海默所认为的，法律是秩序与正义的综合体。[6] 我国也有学者主张，法律价值内容包括秩序和正义两大基本价值，其中正义价值包含安全、自由、平等和效率等四大主要价值。[7] 因此，自由可以包括要求平等权利的自由、要求效率的自由等。

（3）交通法治中的三级范畴：分四组类型。

这里的三级范畴，是由主干性的二级范畴发展而来的，因此可称之为主要分支性的范畴。其具体内容与依据又会涉及哪些呢？考虑其源流关系和因果关系，其依据必须在二级范畴的相关因素中寻找。因而，可以先分别从二级范畴“交通法”和“交通法治”中厘清其基本关系与基本类型，大概确定其关联因

---

[1] 参见曾明生：《铁路法治的基本范畴及其理论体系论纲》，载《铁道警察学院学报》2021 年第 4 期。

[2] 参见卓泽渊：《法的价值总论》，人民出版社 2001 年版，第 162 页。

[3] 参见［德］H. 科殷：《法哲学》，林荣远译，华夏出版社 2002 年版，第 118 ~ 121 页。

[4] 参见［英］彼得·斯坦、约翰·香德：《西方社会的法律价值》，王献平译，中国人民公安大学出版社 1990 年版，第 35 页。

[5] 参见曾明生：《刑法目的论》，中国政法大学出版社 2009 年版，第 238 ~ 239 页、第 241 页。

[6] 参见［美］E. 博登海默：《法理学：法律哲学与法律方法》，邓正来译，中国政法大学出版社 1999 年版，第 321 ~ 325 页。

[7] 参见李步云主编：《法理学》，经济科学出版社 2000 年版，第 61 页。

素和范围，再从其中探讨和确定具体的范畴内容。从“交通法”来看，这一范畴指“大交通”综合法律体系，其中主要规制的是权力与职责、权利与义务的关系。有关权力涉及法律制定（立法）和法律实施（执法、司法、法律监督等），而守法只是义务，不是权利，更非权力。另外，鉴于交通法律责任和交通法律关系都是交通法不可或缺的基本范畴，应分别将其归入更为相关且合适的类别之中。据此，权力与责任的范畴包含交通立法权、交通执法权、交通司法权、交通法律监督权、交通法律责任等；权利与义务的范畴包括安全权、自由权、公民监督权、交通守法义务和交通法律关系等。

从法治的基本类型（民事法治、行政法治和刑事法治）来看，结合“交通”可联想到新的类型：交通民事法治❶、交通行政法治和交通刑事法治等；从法治动态运行环节的角度来思考，结合“交通”领域，就会相应地产生交通立法、交通守法、交通执法、交通司法和交通法律监督等方面的相关问题。有学者认为，交通立法和交通立法权、交通执法和交通执法权等范畴存在重复。但我们不仅要看到其中的关联，还更要看到它们密切相关却无法彼此替代的关系，且它们处于同一层级的不同侧面。据此，以下分四组类型简略地展开论述。

①A组——权力与责任的范畴：交通立法权、交通执法权、交通司法权、交通法律监督权、交通法律责任。❷

立法权，一般是指立法机关制定、修改和废止法律、法规、规章的权力。一方面，立法机关自己制定法律、法规、规章；另一方面，立法机关授权有关机关制定法规、规章等。❸ 因此，交通立法权，是指有立法权的机关依法制定、修改和废止有关交通的法律、法规、规章的权力。在我国，享有交通立法权的主体，包括全国人大及其常委会、国务院及有关部委、具有法定立法权的地方各级人大及地方各级人民政府等。

这里的执法权，特指行政执法权。因此，交通执法权是指有关交通的行政执法权。其中，包括交通监管部门行政执法权、交通口岸海关行政执法权、交通公安（警察）行政执法权等，这是根据执法权力主体的不同而划分的。

---

❶ 此处主要从“大民事法”的角度以及程序法角度来理解。

❷ 参见曾明生：《铁路法治的基本范畴及其理论体系论纲》，载《铁道警察学院学报》2021年第4期。

❸ 参见葛洪义主编：《法理学》，中国政法大学出版社1999年版，第277、293页。

交通司法权，是指特定的交通司法机关依据法定职权和程序，将相关法律适用于具体案件而拥有的权力。司法权有最狭义、狭义、广义之分。最狭义的司法权，仅指审判权；狭义的司法权，包括检察权和审判权；而广义的司法权，不仅包括检察权和审判权，而且包括刑事侦查权、刑事执行权等。据此，最狭义的交通司法权，仅指交通法院（铁路法院、海事法院等）的审判权；而广义的交通司法权，包括交通公检法的司法权。

法律监督体系，是由国家机关的法律监督和社会力量的法律监督组成的有机整体。其中，国家机关的法律监督包括国家权力机关的监督（尤其是最高国家权力机关的监督）、行政机关的监督、司法机关的监督（包括审判机关的监督和检察机关的监督）等。❶ 还要注意的是，国家机关的法律监督应包括监察委员会的法律监督等。我国《宪法》将检察机关定位为国家法律监督机关。检察权的全部权能在性质上都应当统一于法律监督权。❷ 后来，各级监察委员会成立，检察机关反贪污渎职犯罪的侦查权转由监察委员会接管。而社会力量的法律监督，即社会监督，包括社会组织的监督、社会舆论的监督和人民群众的监督。❸ 学界通常把党政机关的法律监督归入社会组织的监督，这是值得商榷的，因为可能弱化党政机关的监督地位或低估其监督权力的作用。党政机关的法律监督，应当属于广义的法律监督；而社会力量的法律监督，主要是用权利制约权力。这里只从权力角度来考察法律监督权，对用权力制约和监督的部分，将在后文关于公民监督权的内容中述及。据此，这里的交通法律监督权，特指国家机关依法享有的制约与监督有关交通执法权、交通司法权的权力。国家机关的法律监督权，与执法权、司法权有着密切的关联，但是必须注意，执法权与司法权形成的权力制约与权力监督，并不能替代全部的国家机关的法律监督权。

交通法律责任，是指在交通领域具有特定职权的工作人员滥用权力或者失职，以及其他具有交通守法义务的主体，违反守法义务或者违法犯罪所应承担的法律责任。法律责任是指行为人对违法犯罪行为所应承担的具有强制性的法

❶ 参见沈宗灵主编：《法理学》，北京大学出版社2000年版，第582~590页。

❷ 参见石少侠：《我国检察机关的法律监督一元论——对检察权权能的法律监督权解析》，载《法制与社会发展》2006年第5期。

❸ 参见沈宗灵主编：《法理学》，北京大学出版社2000年版，第590~596页。

律上的责任。法律责任同违法犯罪行为紧密相连，只有实施违法犯罪行为的人或单位，才承担相应的法律责任。法律责任分为违宪法律责任、民事法律责任、行政法律责任和刑事法律责任。❶

②B组——权利与义务的范畴：安全权、自由权、公民监督权、交通守法义务、交通法律关系。❷

交通法中的法定权利主要涉及安全权、自由权、公民监督权。

安全权是人权引申而来的权利，即公民享有人身、财产和精神不受侵犯、威胁、胁迫、欺诈和勒索的权利。安全权具体包括乘客及其相关人员的生命安全权、健康安全权和财产安全权等。侵犯安全权的行为包括破坏交通安全的恐怖主义行为，在火车站、飞机场、港口或列车上出售过期的、变质的食品或食品中含有对身体有害的物质，出售伪劣产品以及其他危害交通公共安全的行为等。这些行为可能致使乘客及相关人员的人身安全、财产安全受到损害。

自由权是法律规定或认可并保障公民根据自己意愿进行活动的权利。我国《宪法》确认公民享有广泛的自由权，其中主要包括人身自由、言论自由、通信自由、出版自由、集会自由、结社自由、游行示威自由、宗教信仰自由、居住自由、科学研究自由、文艺创作自由和其他文化活动自由、婚姻自由等。自由是相对于纪律和义务而言的，没有绝对的自由权。行使自由权不能超出法律允许的范围，不得损害国家、社会、集体的利益和其他公民的合法的自由和权利。在交通领域，乘车（船）或登机安检、人脸识别问题以及霸座问题，均涉及自由权的限制问题。

公民监督权是指公民依法通过批评建议、举报和控告等方式进行监督有关交通立法、交通守法、交通执法、交通司法活动的权利。我国《宪法》规定，公民对于任何国家机关和国家工作人员，有批评建议的权利，而且对于任何国家机关和国家工作人员的违法失职行为，有向有关国家机关提出申诉、控告或者检举的权利。例如，在《铁路安全管理条例》中就有关于检举和报告的规定；《民用航空安全保卫条例》中也有相关检举和报告的规定。

交通守法义务，是指与交通有关的守法义务的统称，是“与交通有关的权

---

❶ 参见张文显主编：《法理学》（第五版），高等教育出版社2018年版，第169页。

❷ 参见曾明生：《铁路法治的基本范畴及其理论体系论纲》，载《铁道警察学院学报》2021年第4期。

利”的对称。它也是《宪法》中的守法义务在交通领域的具体化。《宪法》第53条规定的守法义务，是公民的基本义务之一。正常社会中的任一理性公民都有《宪法》规定的守法义务。❶

交通法律关系，是指以交通法为基本前提，法律在交通领域调整人们行为的过程中产生的特殊的权利义务关系，它是以国家强制力来保障的正常的法律关系。当正常的法律关系遭到破坏时，国家将动用强制力进行矫正或恢复。法律关系是指被法律规范所调整的权利与义务关系，是以法律为前提而产生的社会关系，没有法律的规定，就不可能形成相应的社会关系。法律关系由法律关系的主体、客体和内容三要素构成。❷ 相应地，交通法律关系也由这三要素构成。

③C组——法治类型及其基本原则的范畴：交通民事法治、交通行政法治、交通刑事法治、交通法治的基本原则。❸

如前文所述，法治有民事法治、行政法治和刑事法治之分，因此交通法治可以相应地被划分为交通民事法治、交通行政法治和交通刑事法治。这些不同的法治类型都应遵循某些共同的基本原则，即交通法治的基本原则。

交通民事法治，既是交通法治在大民事领域（包括民商经济法领域）的具体化，又是广义的民事法治（包括民商经济法治）中与交通领域有关的部分，也是交通法治不可缺少的重要组成部分。

交通行政法治，是与交通领域有关的行政法治，也是交通法治在行政领域的具体化，是交通法治的基本组成部分。行政法治的要求有：行政权力的取得必须有法律的设定，行政权力的运用必须合法，违法行政必须承担法律责任。将行政权严格置于法律约束之下，正是依法行政的本质要求。这种法治秩序的关键在于行政机关。其中，对行政机关职权法定、依法立法、依法行政和依法裁判四方面的要求，是行政法治的核心内容。❹

交通刑事法治既是交通法治在刑事领域的具体化，也是刑事法治在交通领

---

❶ 参见汪雄：《宪法第五十三条中守法义务的证成》，载《北京行政学院学报》2019年第4期。

❷ 参见葛洪义主编：《法理学》，中国政法大学出版社1999年版，第412~420页。

❸ 参见曾明生：《铁路法治的基本范畴及其理论体系论纲》，载《铁道警察学院学报》2021年第4期。

❹ 参见何海波：《行政法治，我们还有多远》，载《政法论坛》2013年第6期。

域的具体体现与运用，同时又是交通法治的后盾与保障。

交通法治的基本原则，是指为了实现交通法治的目的，在交通法治系统中需要遵循的基本法则和标准。它包括依法治通原则和交通权益保护原则等。依法治通原则，在铁路交通领域表现为依法治路原则；在航空和海事交通领域，则表现为依法治航原则。交通权益保护原则，在铁路交通领域表现为铁路权益保护原则；在航空和海事交通领域，该原则又可分别衍生为航空权益保护原则和海事权益保护原则。

④D组——法治运行的范畴：交通立法、交通守法、交通执法、交通司法、交通法律监督。[1]

在法治大系统中，法的运行就是一种法治运行。它涉及立法、守法、执法、司法和法律监督环节。

立法是由特定的主体，依据一定的职权和程序，运用一定的技术，制定、认可和变动法律规范的活动。[2] 因此，交通立法是由特定的交通运输主体，依据法定职权和程序，运用一定的技术，制定、认可和变动交通法律规范的活动。

交通守法，是指与交通相关的守法行为，包括积极的交通守法和消极的交通守法。守法，即法的遵守，是指一切国家机关及其工作人员、政党、社会团体、企事业单位和全体公民，自觉遵守法律的规定，将法律的要求转化为自己的行为，从而使法律得以实现。守法包括正确行使权利、积极履行义务和遵守禁令等。[3] 守法分为积极守法和消极守法。

交通执法，是指交通行政主体依照法定程序及有关实体法规定，对有关交通的具体事件进行处理并直接影响相对人权利与义务的具体行政法律行为。执法，即行政执法，是指行政主体依照法定程序及有关实体法的规定，对具体事件进行处理并直接影响相对人权利与义务的具体行政法律行为，也是国家行政机关在执行法律时所采取的具体办法和步骤。[4]

交通司法，通常是指交通检察院和交通法院依照法定职权和程序，具体运

---

[1] 参见曾明生：《铁路法治的基本范畴及其理论体系论纲》，载《铁道警察学院学报》2021年第4期。

[2] 参见张文显主编：《法理学》（第五版），高等教育出版社2018年版，第226～227页。

[3] 同注[2]，第255页。

[4] 同注[2]，第247～248页。

用法律处理案件的专门活动。而最狭义的交通司法，仅指交通法院（铁路法院和海事法院等）的司法活动。

交通法律监督，涉及谁对谁的合法性进行监督，即涉及法律监督主体、法律监督对象和法律监督内容。法律监督主体，包括国家机关、社会组织、人民群众。法律监督对象是国家机关、社会组织和公民。法律监督内容，是指对国家机关、社会组织和公民活动的合法性的监督。[1] 这里涉及权力的制约监督和权利的制约监督两个方面。交通法律监督也涉及这两方面。

综上所述，交通法治的基本范畴，包括三级四组，它们相互联系、有机统一，形成基本范畴体系。其中，一级范畴包括交通、法律与法治。二级范畴包括交通法、交通法治以及二级根基价值论范畴（即公正与秩序、自由与安全、平等与效率）。三级范畴包括：A 组 5 个（即交通立法权、交通执法权、交通司法权、交通法律监督权、交通法律责任）；B 组 5 个（即安全权、自由权、公民监督权、交通守法义务、交通法律关系）；C 组 4 个（即交通法治的基本原则、交通民事法治、交通行政法治、交通刑事法治）；D 组 5 个（即交通立法、交通守法、交通执法、交通司法和交通法律监督）。

诚然，前述三级范畴仍然可以衍生出更多的范畴。它们可以形成更加繁盛的理论体系——范畴体系乃至学科体系。在理论上，对有关事物的抽象和归纳，形成理论体系。而实际上，范畴对应的事物本身的工作体系，是理论体系中的研究对象。范畴体系可以分为基本范畴的体系和全部范畴的体系。

值得指出的是，基本范畴体系应当是相对稳定的，各范畴都有一定的概括性，其内涵和外延是可以发展变化的。这是由人的思维的有限性、客观事物的复杂性、事物的联系和发展的特点、对立统一规律等诸多因素综合决定的。

在上述基本范畴体系的基础上，三级范畴可以衍生出四级、五级乃至 N 级范畴。例如，四级范畴可以包括如下内容：由交通立法衍生出交通民事立法、交通行政立法和交通刑事立法；由交通守法衍生出交通民事守法、交通行政守法和交通刑事守法；由交通执法衍生出交通行政执法、交通民事执法和交通刑事执法；由交通司法衍生出交通民事司法、交通行政诉讼和交通刑事司法；由

[1] 参见沈宗灵主编：《法理学》，北京大学出版社 2000 年版，第 574 ~ 576 页。

交通法律监督衍生出交通民事法律监督、交通行政法律监督、交通刑事法律监督，等等。

至于五级范畴，又可以从上述四级范畴推演出来。例如，从铁路交通运输领域的刑事法治衍生出铁路刑事立法、铁路刑事守法、铁路刑事司法、铁路刑事执行、铁路刑事法律监督；[1] 从航空交通运输领域的刑事法治衍生出航空刑事立法、航空刑事守法、航空刑事司法、航空刑事执行、航空刑事法律监督，等等。

由此，学者们可不断探索，加强构建和完善与时俱进的相对科学合理的交通法治理论体系。

四、交通法治学的研究范围和分支学科

交通法治学是关于交通法治的学科知识体系，其学科范围是学科研究对象具体展开的范围。从目前已有的相关法治研究学术成果和研究趋势来看，我们可以适当地划分出交通法治学的研究范围和分支学科。以认识论为标准，交通法治学的知识体系可被划分为交通法治理论学科和交通法治实践学科，前者主要研究交通法治理论问题，后者主要研究交通法治实践问题。这一分类是相对的，理论和实践是相联系的，不宜将其割裂开来。

（一）交通法治学的研究范围

交通法治学的研究范围大致包括两个部分。

1. 交通法治学基础理论

一个学科的创建首先需要专门研究“元理论”[2] 问题。对于法治学的“元理论”——“法治是什么”这一问题的回答，往往需要运用哲学方法进行哲理性分析，形成关于“法治是什么”的原理性、基础性的理论和知识，以成为研

---

[1] 参见曾明生：《铁路法治的基本范畴及其理论体系论纲》，载《铁道警察学院学报》2021年第4期。

[2] 自希尔伯特效法亚里士多德遗著编纂者造出“元数学”一词之后，借助加缀“元”而构成的新概念和新术语不断涌现。例如，元科学、元理论、元逻辑、元哲学和元方法论等。这些接踵而来的新概念诱导人们探讨“一般的”元理论。每一个已有的或者随时有可能再发生的学科名称被冠以“元”的现象，可以看作这种一般元理论的一次具体化：对各个学科理论进行一般元理论研究，就分别形成与该学科相关的元理论。参见李振伦：《元理论与元哲学》，载《河北学刊》1996年第6期。

究其他法治问题的基础理论。因此，相对于法哲学、法理学名称，关于法治学基础理论的学科，可以暂且称之为“法治学基础理论”“法治学原理”“法治哲理学”等。创建法治学“元理论”学科的主要方法是把法哲学、法理学、法社会学、治理学、政治学理论等学科中关于法治原理的内容进行“系统集成”。法治学基础理论的主要内容，包括法治学的研究对象和方法论、中国历史上的法治思想、国外法治思想、马克思主义法治思想、中国特色社会主义法治思想、法治秩序的理论渊源和现实根据、法治的基本概念、法治的基本关系，以及中国特色社会主义法治理论、交通法治伦理等。❶

2. 交通法治学的实践应用理论

交通法治学，除了研究基础理论，还要研究具体实践应用理论（包括相关的交通比较法治理论），研究交通法治现象和基本规律。例如，研究不同交通领域的具体实践，包括铁路法治、航空法治和海事法治实践等。随着交通法治学研究范围的不断拓展以及研究内容的进一步深化和体系化，可以逐渐形成不同的分支学科。

（二）交通法治学的分支学科

有学者认为，党的十八届四中全会将全面推进依法治国作为建设中国特色社会主义法治体系的总目标，就是要形成完备的法律规范体系、高效的法治实施体系、严密的法治监督体系、有力的法治保障体系、完善的党内法规体系。那么，与全面依法治国总目标的实践要求相适应，法治学的分支学科应当包含立法学、法治实施学、法治监督学、法治保障学、治党法规学等法治体系分支学科。❷ 如此推理演绎和开发法治新学科具有一定的合理性和创造性。但是，在交通领域，是否可以进一步开发交通立法学、交通法治实施学、交通法治监督学、交通法治保障学、交通智慧法治学等一系列学科体系呢？笔者认为，虽然这在理论逻辑上可以成立，但是进一步加强分支环节的学科化的必要性或者实际意义还有待商榷。尽管研究交通立法、交通法治实施、交通法治监督、交通法治保障、交通智慧法治等内容具有一定的意义，但这并非等同于这些研究必然会形成相应的学科。理论上提出创立某某学科或者提出某一学科概念，

---

❶ 参见杨宗科：《论法治学的创建及其学科范围》，载《法律科学》2020年第5期。

❷ 参见杨宗科：《论法治学的创建及其学科范围》，载《法律科学》2020年第5期。

不等于其必然会成为现实。即使其分支学科必然会产生，也可能出现在某些不同于交通专业的领域。因此，对其分支学科也可以从其他角度进行考量和探测。

1. 交通法治学的学科体系

学科体系是指一门学科的理论体系，其既可以是该学科基本范畴的理论体系，也可以是该学科全部范畴的理论体系。但是，学科体系不等同于其研究对象本身的工作体系。交通法治（系统）是相关范畴的工作系统，是交通法治理论体系的研究对象。基本范畴体系是概念体系，是一种理论体系。我们探讨交通法治学的基本范畴的理论体系，有利于构建交通法治学的学科理论体系。

值得注意的是，正在创建中的法治学是新兴交叉学科。同时，与政治学理论、法学理论、法律史等学科相比较，法治学属于应用学科。法治学将法学、政治学、治理学中的法治理论交叉融合在一起，强调法治体系建设的实践意义，重视在依法治理实践中遵循法治原理，具有突出的实践导向和应用导向。法治学与学科门类意义上的法学是部分与整体的关系，与法律学则是并列关系。如前文所述，法学研究法律现象，法律现象包括法律和法治。现有法学学科体系之中的分支学科，大多数研究宪法，以及民商法、行政法、经济法、社会法、刑法、诉讼法等部门法问题，是法律学；而正在创建中的法治学，侧重于研究法治体系建设和法治运行问题，是法治学。法治学与法律学二者在研究对象上属于并列关系，在内容功能上属于互补性关系，相互之间不可替代，它们都是研究法律现象及其规律的法学学科门类的重要组成部分。从发展前景看，法治学未来有可能成为与法律学并列的一级学科，并与现有的政治学、社会学、民族学、马克思主义理论、公安学等一级学科，成为法学学科大类的组成部分。[1]在此前提下，法治学之下的交通法治学将来可能成为二级学科。

2. 交通法治学的分支学科

交通法治学，从无到有，由弱变强，在其不断发展壮大的过程中，可能会形成某些分支学科。交通法治学，可以包括综合性的交通法治学，即铁道法治、航空法治和海事法治等在内的大交通领域的法治学；非综合性的交通法治学，

---

[1] 参见杨宗科：《论法治学的创建及其学科范围》，载《法律科学》2020年第5期。

即特殊交通行业的法治学，包括铁道法治学、航空法治学、海事法治学等。铁道法治学，是一门研究铁道法治的基本规律和基本理论的社会科学，是在铁路法学基础上融合铁道学、法治学和铁路法学的有机体，它不仅要研究铁路法本身以及铁路法治的工作系统，还要研究铁道法治的基本运行规律及其基本理论。[1] 航空法治学是一门研究航空法治的基本规律和基本理论的社会科学，是在航空法学基础上融合航空学、法治学和航空法学的有机体，它不仅要研究航空法本身以及航空法治的工作系统，还要研究航空法治的基本运行规律和基本理论。海事法治学是一门研究海事法治的基本规律及法治理论的社会科学，它包含海商法学，是综合了海运学、法治学和海商法学的有机体，它不仅要研究海商法本身以及海事法治的工作系统，而且要研究海事法治的基本运行规律及基本理论。

需要指出的是，正如前文所述，既然法治学与法律学是并列关系，那么铁道法治学与铁路法学、航空法治学与航空法学、海事法治学与海商法学，都应是并列关系。故而交通法治学和交通法学，也是并列关系。

五、结语

在我国学界已提出铁道法治学和法治学学科创建的背景下，我们进一步研讨交通法治学学科的构建问题，具有重要的实际意义。法治学学科的构建，将为交通法治学学科的构建提供学科舞台和理论支撑。我国构建交通法治学学科具有必要性和可行性。其中，必要性体现在：它是大力促进交通法治研究体系化、专业化发展的需要；是强化交通法治研究，适应我国铁路、轨道、海运以及航空等交通运输方式快速发展的需要；是促进我国交通法治研究（特别是铁路法治研究）走向世界甚至引领世界的需要。

交通法治学研究对象的确立，应立足于交通法治理论和交通法治实践的发展需要，坚持问题导向、目标导向和学科导向。通过研究交通法治理论和实践问题，达成指导法治实践的目的，力求早日形成交通法治学学科体系，进而达到系统化地指导交通法治实践的目标。交通法治学的基本问题，涉及“交通法治何以可能”“中国的交通法治何以可能”“交通法治中国何以可能”等问题。

---

[1] 参见曾明生主编：《铁道法治学导论》，中国政法大学出版社2022年版，绪言。

交通法治的基本范畴，不等同于交通法治学的基本范畴。但交通法治的基本范畴，既可以是交通法治学的研究对象，又可转化成该新兴学科的一般范畴，甚至是基本范畴。交通法治学学科是关于交通法治的学科知识体系，其学科范围是学科研究对象具体展开的范围。交通法治学在不断发展壮大的过程中，可能形成铁道法治学、航空法治学、海事法治学等分支学科。

交通行政法基本理论问题研究*

栾志红**

摘　要：中国目前尚无法律对“交通”一词作出具体界定，学界对交通的定义有不同的理解。交通行政主要是指交通行政组织及其活动，但也包括其他行政机关所从事的行政活动中有关交通运输的部分，以及社会团体、企业等进行的交通公共管理、提供交通公共服务的活动。交通行政既运用行政干涉手段，也运用给付行政方式，来实现行政目标。交通行政法属于行政法分论之一，是规范和控制交通行政权的法。国际性、公法与私法混合性是交通行政法的重要特征。

关键词：交通　交通行政　交通行政法

一、引言

2021年6月，在十三届全国人大常委会第二十九次会议上，《国务院关于建设现代综合交通运输体系有关工作情况的报告》中指出，现代综合交通运输体系[1]面临的主要问题之一是综合交通法律法规体系有待完善。而综合交通法律法规体系的完善虽然涉及多个部门法，如经济法、民法、刑法等，但其中许多问题与行政法有关，如交通行政机关的权限管辖与分配、交通行政许可、交通行政处罚都属于行政法的范畴。因此，从行政法的视角来研究交通问题，就成为现代综合交通法律法规体系建设不可或缺的一部分。

交通行政法是以“交通行政”法律为研究对象的部门行政法。中国学者对

---

* 本文系中华人民共和国交通运输部课题“交通运输市场秩序法律制度研究”（J22I00010）的阶段性研究成果。

** 栾志红，北京交通大学法学院副教授，法学博士。

[1] 本文中“现代”与报告中意思相同，故称“现代综合交通运输体系”。

交通行政法的关注最早可以追溯至清末民初。1936 年出版的管欧的《行政法各论》一书将行政法划分为内务行政、财务行政、外交行政和军事行政四部分，其中内务行政又可以分为警察行政和保育行政两类，交通行政则属于后者。❶ 20 世纪 50 年代，我国台湾地区学者刘承汉出版了第一部交通行政法专著《交通行政法原理》，并于 20 世纪 70 年代再版，其全面阐述了交通行政法基本原理。❷ 中华人民共和国成立后，尤其是 20 世纪 90 年代以来，随着国家交通事业的蓬勃发展，大陆地区出版了多部以"交通行政法"命名的著作，如沈开举主编的高等学校法学教材《交通行政法》❸、周河祥主编的《实用交通行政法》❹和李晓明等著的《交通行政法总论》❺ 等。

可以看出，交通行政法在中国的发展主要有三个时期，即民国时期、20 世纪 50 年代至 70 年代、20 世纪 90 年代至今。尤为值得一提的是，刘承汉的《交通行政法原理》详细阐释了交通行政法的基本概念、交通行政的组成、交通经营权的特许、交通事业的特有义务、交通事业的公用负担、利用交通事业的法律关系、交通事业的赔付责任、违反交通法的制裁和交通事件的争讼等，对我们认识和理解大陆法系行政法总论框架下交通行政特有的法理有着十分积极的意义。沈开举教授主编的《交通行政法》则是司法部于 20 世纪 90 年代审定、组织编写的"中国部门行政法"系列教材之一。❻

不过，综观中国有关交通行政法的研究，可以发现一个问题，即关于何谓交通、何谓交通行政和何谓交通行政法等基本理论问题，学者们或者论及较少，或者对这些问题的看法不一致，甚至在理解上存在较大的分歧。近年来，我国部门行政法经历了 20 世纪 80 年代至 90 年代中期的发展、20 世纪 90 年代后期逐渐式微两个阶段之后，又被重新拾起。❼ 警察行政法、经济行政法、卫生行政法、环境行政法、风险行政法、教育行政法等部门行政法正在蓬勃发展。❽

---

❶ 管欧：《行政法各论》，商务印书馆 1936 年版，第 131 ~ 138 页。

❷ 参见刘承汉：《交通行政法原理》，"中国交通建设学会" 1958 年版，自序部分，第 1 ~ 3 页。

❸ 沈开举主编：《交通行政法》，中国人事出版社 1996 年版。

❹ 周河祥主编：《实用交通行政法》，中国政法大学出版社 1992 年版。

❺ 李晓明、邵新怀、崔卓兰：《交通行政法总论》，人民交通出版社 2002 年版。

❻ 余凌云：《行政法讲义》（第三版），清华大学出版社 2019 年版，第 61 页。

❼ 同注❻，第 60 ~ 63 页。

❽ 宋华琳：《中国行政法学分论研究：体系、课题与立场》，载《安徽大学学报（哲学社会科学版）》2020 年第 3 期。

相比之下，行政法学界虽然不乏对道路交通安全法等涉及交通方面法律问题的深入研究，[1] 但总体而言，交通运输领域的行政法问题仍然较少受到关注。

现代综合交通运输体系的建立，意味着交通运输不仅是乘客和货物的载体，而且是社会和环境不可分割的一部分，它既能够改善我们的生活，也会给我们的生活带来困扰。因此，交通行政法应从基本理论、具体制度和行政程序等多个方面对社会有关问题做出回应，而交通、交通行政、交通行政法等基本理论问题则是交通行政法应对挑战、发展变革的起点和基础。

二、何谓交通

（一）交通的定义

对交通和交通问题进行全面、系统研究的是交通运输科学。交通运输中的交通，包括运输和邮电两个方面。运输的任务是运送旅客和货物，目前主要有五种运输方式，即公路运输、铁路运输、水路运输、航空运输和管道运输。邮电是邮政和电信的合称，邮政的任务是传递信件和包裹，电信的任务是传递语言、符号和图像。[2]

但是，从法的角度给交通下一个明确的定义并非易事。这主要是因为，较之交通运输科学，法律上的概念应当有明确的内涵、外延和边界，以保证法律的理解和适用不会出现偏差。目前我国尚无法律对交通的定义做出具体界定，学界对此有不同的看法，大致可以概括为四种。

第一种是最广义的交通。持此观点的学者认为，交通法中的交通，既包括与交通运输及安全秩序有关的事项，也包括由交通行政部门主管、与交通运输及安全秩序无直接关系的事项。例如，中国台湾地区学者李震山指出，一般来说，交通法的研究范围大致可以分为两部分。一部分是与交通安全秩序及运输有关的，包括由公路主管机关或警察机关所管辖的水、陆、空的交通运输与安全秩序，其中还包括交通计划与工程。这里的“水路”包括河、海、湖，“陆路”包括铁路及各种形式的道路，“空路”包括空中、卫星等。另一部分是与交通运输及安全秩序无直接关系，但由交通行政部门所主管的通信、邮电、气

---

[1] 余凌云：《改进道路交通事故纠纷的解决机制》，清华大学出版社 2017 年版。

[2] 参见《中国大百科全书·交通》，中国大百科全书出版社 1998 年版，第 1 页。

象等，范围极为广泛。[1]

第二种是广义的交通。广义的交通包括运输和邮电两部分。我国台湾地区的一些行政法学者持此观点。例如，管欧认为，交通行政的内容包括路政（公路、铁路）、航政（包括船舶的管理监督及航线等事项、航空），以及通信企业。[2] 刘承汉所著《交通行政法原理》中的交通涵盖了铁路、公路、轮船、民航和邮政电信。[3]

第三种是狭义的交通。狭义的交通，仅指运输，或称交通运输，不包括邮政和电信。例如，李晓明等著的《交通行政法总论》指出，由于种种原因，人们心目中的交通多指狭义的交通，也就是交通业或运输业，包括公路运输、铁路运输、水路运输、航空运输和管道运输等多种运输方式，因此，该书从狭义交通的角度对交通行政加以论述。[4] 郑国华主编的《交通运输法概论》一书中定义交通运输为“交通运输是人和物借助交通工具的载运，在一定范围内产生有目的的空间位移。交通运输系统由铁路、公路、水运、航空和管道五种基本运输方式所组成”。[5] 张晓永等编著的《交通运输法》也主要研究了铁路、公路、海上、航空和水运等运输法律问题。[6]

第四种是最狭义的交通，又称“小交通”，即把交通理解为专指公路运输和水路运输，而不包括铁路运输、民航运输和管道运输，更不包括邮政和电信。例如，沈开举主编的《交通行政法》、周河祥主编的《实用交通行政法》和胡继祥主编的《交通行政执法实务》均采用了此说。

（二）交通的内容和范围

法学领域中关于交通观点的分歧主要体现在其内容和范围上，即交通是否专指公路运输和水路运输？交通的范围是否包括邮政？交通的范围是否包括电信和气象等？下面笔者结合对不同观点的分析加以论述。

---

[1] 参见李震山：《道路交通安全行政法制之建构与问题举隅》，载《台湾本土法学杂志》2004年第63期。

[2] 参见管欧：《行政法各论》，商务印书馆1936年版，第131～138页。

[3] 参见刘承汉：《交通行政法原理》，“中国交通建设学会”1958年版，第122页。

[4] 参见李晓明、邵新怀、崔卓兰：《交通行政法总论》，人民交通出版社2002年版，第14页。

[5] 参见郑国华主编：《交通运输法概论》，中南大学出版社2011年版，第1页。

[6] 参见张晓永等编著：《交通运输法》，清华大学出版社、北京交通大学出版社2008年版。

1. 交通是否专指公路运输和水路运输

公路和水路是交通运输的重要方式。有的学者之所以把交通理解为专指公路运输和水路运输，是与我国过去的交通运输管理体制有关的。我国原交通部，只负责公路运输和水路运输的行政管理，其他几种运输方式分别由原铁道部、原中国民用航空总局和国家能源局等部门管理。[1]

但是，经过2008年、2013年两轮交通运输大部门制改革，我国现行交通运输管理体制已经形成了由交通运输部管理国家铁路局、中国民用航空局等的大部门管理体制架构，即综合交通运输管理体制。因此，交通的定义应根据我国现行综合性交通运输管理体制而界定，不应仅限于公路和水路运输。

2. 交通的范围是否包括邮政

根据我国现行交通运输管理体制，在国家层面，交通运输部负责管理国家邮政局。这表明，交通运输和邮政具有一定的共通性和关联性，如二者都含有传递之意，邮政的进步与交通事业的发展密切相关，这些特性在信息需要依附实物载体传送的时代表现得尤为如此。

但是，交通运输和邮政也有明显的区别。邮政业务多种多样，包括邮政通信、快递业务、邮政储蓄等，但作为国家专营的公共事业，邮政主要以信件传递为其表现形式。因此，邮政的实质意义在于传递信息，重点是信件的信息性和信息传递的保密性。[2] 根据《邮政法》（2015修正）第1条的规定："为了保障邮政普遍服务，加强对邮政市场的监督管理，维护邮政通信与信息安全，保护通信自由和通信秘密，保护用户合法权益，促进邮政业健康发展，适应经济社会发展和人民生活需要，制定本法。"国家邮政立法的目的在于保障通信与信息安全、保护宪法上的通信自由和通信秘密。交通运输强调人和物品的流动，交通运输法律的目的包括维护国家主权、保障公民生命财产安全和促进交通事业发展等。尤为值得关注的是，交通运输不仅包括人和物品的运送，还包括使用交通运输工具、设备和设施进行运送，而其中交通运输设施的规划、建设施工和扩展往往与土地征收、规划、环境保护等其他行政事务有着极为密切的关联，这些行政事务因而也成为交通行政法规范的重要内容。因此，交通运输与

---

[1] 参见黄大强：《交通行政管理》，知识出版社1991年版，第2页。

[2] 参见吕世珩：《邮政通信含义的探讨》，载《现代邮政》1989年第3期。

邮政在内容、立法目的、涉及的社会关系等方面明显有区别。基于以上原因，笔者认为，在行政法上将交通运输和邮政分别进行研究较为妥当。

3. 交通的范围是否包括电信和气象等

有学者从交通行政组织的角度，认为交通行政主管部门管辖的运输、通信、邮电、气象等均属于交通法中的交通。但根据我国目前的行政管理体制，国务院信息产业主管部门依法对全国电信业实施监督管理，国务院气象主管机构负责全国的气象工作。如果将电信、气象等由其他行政机关管辖的领域纳入交通的范围，将既不利于行政机关之间职权的划分，又容易导致交通行政法的研究范围与其他部门行政法的研究范围产生矛盾。

综上所述，笔者认为，交通即交通运输，是指使用交通运输工具和设备运送物品或人员从一地到另一地的过程。从运输方式来看，包括公路运输、铁路运输、水路运输、航空运输、管道运输和城市轨道交通运输等。随着科学技术的发展，交通运输的范围还将不断扩大，如近几十年来，涉及航天和太空运输的交通问题也被一些学者纳入交通运输或者交通法的范畴。❶

三、何谓交通行政

交通行政是一个难以界定的概念。除了因为学界对交通含义的认识存在分歧，还有一个很重要的原因是行政本身的复杂性。时至今日，在行政法学中，行政并没有一个具有“通说”地位的概念。❷

在行政法学中，行政的概念通常在三种意义上被运用。①组织意义上的行政，即专门设立的承担行政职能的组织。②实质意义上的行政，即所有管理行政事务的活动，其实施主体不限于行政组织，也包括立法或司法机关内部人员或事务的管理。对实质意义上的行政的界定，存在消极说和积极说两种方法。消极说采取排除法，即从分权原理出发，着眼于立法、行政与司法的区别，认为行政就是国家职能中扣除立法与司法的部分；积极说，是指用文字来明确行政的具体内容与特殊性。虽然许多学者对行政给出了积极定义，但是仍未取得

❶ 参见［美］斯蒂芬：《美国的交通运输》，刘秉镰译，人民交通出版社1991年版，第4～7页；李震山：《道路交通安全行政法制之建构与问题举隅》，载《台湾本土法学杂志》2004年第63期。

❷ 参见章剑生：《现代行政法总论》（第二版），法律出版社2019年版，第1页。

令人满意的成果。❶ ③形式意义上的行政，即行政组织所实施的所有活动。

对交通行政概念的界定还受到学界对行政难以定义的影响，如有的学者对交通行政进行了积极界定，但仍失之抽象，难以描绘纷繁复杂的交通行政现象。在李晓明等所著的《交通行政法总论》一书中曾指出，交通行政是指交通行政机关依法对交通事业进行组织、管理的活动。❷ 同时又指出，其所指的交通包括公路运输、铁路运输、水路运输、航空运输和管道运输等多种运输方式。❸ 但问题在于，根据2001年《石油天然气管道保护条例》（已失效）第5条的规定，国务院经济贸易管理部门负责全国管道设施保护的监督管理工作。国务院经济贸易管理部门不是交通行政机关，其所实施的管道保护监管工作是否属于交通行政呢？

（一）交通行政的定义

从解决交通运输业问题的角度出发，笔者认为，对交通行政的定义的界定，首先可以先从组织和形式意义上出发，即凡是交通行政组织及其活动，均应属于交通行政法研究的交通行政的范围。然后，再将其他行政机关所从事的行政活动中有关交通运输的部分，纳入交通行政法研究的交通行政的范围。❹ 另外，行业组织、企业等社会公权力组织或第三部门基于行政授权、委托及组织自治理念等在国家之外进行公共管理、提供公共服务的活动❺，也应纳入交通行政的研究视野。基于以上认识，我们可以按照以下方式来界定交通行政的定义，如下所述。

1. 交通行政是交通行政机关的活动

为实现交通行政的目的，国家依法专门规定由一类机关和人员来行使相应的交通行政职权，赋予其相应的交通行政职能来组织和管理交通行政事务，这类机关即为交通行政机关，如我国交通运输部管理的国家铁路局、中国民用航空局等。应注意的是，交通行政机关基于民事主体身份所实施的行为（如采购

---

❶ 参见李洪雷：《行政法释义学：行政法学理的更新》，中国人民大学出版社2014年版，第20～22页。

❷ 参见李晓明、邵新怀、崔卓兰：《交通行政法总论》，人民交通出版社2002年版，第15页。

❸ 同注❷，第14页。

❹ 参见李洪雷：《行政法释义学：行政法学理的更新》，中国人民大学出版社2014年版，第22～23页。

❺ 参见余凌云：《行政法讲义》（第三版），清华大学出版社2019年版，第132～157页。

办公用品），虽然也是交通行政机关的活动，但通常认为不属于行政法规范的对象。[1] 至于交通行政是否包括交通行政机关之间、交通行政机关与其公务员之间的关系等内部行政，传统行政法通常认为不包括，但当代行政法则对此持肯定态度。

2. 交通行政包括其他行政机关所从事的行政活动中有关交通运输的部分

例如，根据《道路交通安全法》《铁路安全管理条例》《民用航空安全保卫条例》等法律法规的规定，公安机关负责道路安全管理，以及与铁路安全、航空安全保卫有关的事项。再如，根据《石油天然气管道保护法》第4条的规定，国务院能源主管部门主管全国管道保护工作。

3. 交通行政还应包括社会团体、企业等进行的交通公共管理、提供交通公共服务的活动

传统的行政法学通常只研究国家行政，即国家行政机关的行政。国家行政属于公共行政，但公共行政并不等于国家行政。公共行政除国家行政外，还包括工会等社会团体、律师协会等行业组织、村民委员会等基层群众性自治组织等其他非国家公共组织的行政。这些社会公权力组织通过法律、法规、规章授权，行政机关委托等途径，行使行政权或社会公权力，从而涉及外部相对人的合法权益。20世纪中期以后，世界各国行政法学开始将国家行政以外的公共行政也纳入研究的范围。[2]

在交通运输领域，关于行业组织、企业等基于行政授权、委托及组织自治理念而行使交通行政权的法律规范及相关司法案例，比较常见。例如，《铁路法》第3条第2款规定："国家铁路运输企业行使法律、行政法规授予的行政管理职能。"在"杨某哲侵权案"中，山东省济南市中级人民法院指出，中国铁路济南局集团有限公司以上诉人携带5个打火机进站违反《铁路进站乘车禁止和限制携带物品的公告》的相关规定为由而禁止其进站的行为属于法律、法规授权的组织作出的行政行为范畴，中国铁路济南局集团有限公司在本案中属于适格的行政诉讼主体。[3] 在"刘某萌与上海铁路公安局南京公安处处罚上诉案"中，法院也认为：铁路运输企业在车站执行安全检查系受部门规章《铁路

---

[1] 参见章剑生：《现代行政法总论》（第二版），法律出版社2019年版，第2~3页。

[2] 参见姜明安主编：《行政法与行政诉讼法》（第七版），北京大学出版社2019年版，第2~3页。

[3] 参见山东省济南市中级人民法院（2021）鲁01行终1050号行政判决书。

旅客运输安全检查管理办法》所授权。[1] 在上述场合，铁路运输企业属于行政主体（规章授权的组织），其安全检查行为属于广义的行政行为。

（二）交通行政的特点

交通行政作为行政的一种，具有行政的一般特点，如行政主要是积极的、针对将来的社会塑造活动，行政的出发点是公共利益，塑造活动，行政是为处理事件而采取具体措施或者执行特定的计划的活动。[2] 在这里，有必要强调三点。

1. 交通行政的公益性

交通行政的目的是实现公共利益。这里的公共利益既包括促进交通运输事业的发展、维护交通运输安全秩序、保护公民生命财产安全，也包括加强环境保护等其他合法权益。例如，《海洋环境保护法》（2017 修正）第 5 条第 3 款规定，国家海事行政主管部门负责所辖港区水域内非军事船舶污染海洋环境的监督管理。可见，保护生态环境利益也是海上交通行政的目的之一。

2. 交通行政的社会塑造性与积极主动性

交通行政不同于立法机关制定交通立法的活动，也不同于司法机关解决交通法律纠纷的活动。例如，《铁路法》《公路法》虽然规定了铁路规划、公路规划、土地征收等内容，但并未规定建设铁路和公路的具体地点和时间。交通行政机关应自行预估未来交通发展需求和国家财政能力，制订修建高速铁路、高速公路，或者普速铁路、一般公路的计划，决定通过路线和设立车站的地点等，编制预算、征收土地和建设施工。这些内容体现了交通行政积极主动的特性，与司法消极被动的特性有别。[3]

3. 交通行政的手段多样性

当代交通行政不仅是消极地执行立法机关制定的法律，还兼具了行政立法和通过具体的行政决定解决当事人之间的纠纷的功能。据悉，截至 2016 年年

---

[1] 参见江苏省南京市中级人民法院（2017）苏 01 行终 1049 号行政判决书。

[2] 参见［德］哈特穆特·毛雷尔：《行政法学总论》，高家伟译，法律出版社 2000 年版，第 6 ~ 7 页。

[3] 参见陈敏：《行政法总论》，新学林出版股份有限公司 2013 年版，第 9 页。

底，我国交通运输领域共有300余件部门规章。[1] 在纠纷解决方面，行政调解、行政裁决是重要的方式。例如，《海上交通事故调查处理条例》第20条第1款规定，对船舶、设施发生海上交通事故引起的民事侵权赔偿纠纷，当事人可以申请港务监督调解。在道路旅客运输中，根据《道路旅客运输及客运站管理规定》第74条第3款的规定，客运经营者与客运站经营者在发车时间安排上发生纠纷，协调无效时，由当地县级以上道路运输管理机构进行行政裁决。此外，随着“公法私法化”趋势的发展，交通行政的手段不仅包括行政机关为了维护交通安全秩序而依法采取行政命令、行政处罚和行政强制等权力性形式，而且包括行政机关为了促进交通运输事业发展而采用奖励、补贴等非权力性形式，甚至私法方式。

（三）交通行政的分类

在行政法学中，我们可以根据不同标准对行政进行分类。例如，根据行政依据的法律形式，可以将行政分为公权力行政与私经济行政。根据行政的目的与任务，可以将行政分为秩序行政、给付行政、公课行政、需求行政、财产行政与经营行政。根据行政对私人的法律效果，可以将行政分为干预行政与给付行政等。[2]

交通行政属于哪种类型的行政呢？大多数学者根据行政作用的目的，倾向于认为交通行政属于保育行政或给付行政。例如，中国学者管欧认为，交通行政属于保育行政。保育行政，又称福利行政或助长行政，其目的在于开发文化、增进福利，此与警察行政以维持公共秩序为目的有所不同。保育行政的方法，以生产精神或物质的货物供给于社会作为其特点，不同于警察行政以命令强制等权力作用为要素。保育行政的主体包括国家、公共团体和私法人。[3] 中国台湾地区学者刘承汉认为，交通行政属于保育行政，以福利社会为目的，不以权力行使为中心。[4] 在德国，学者们认为，城市生存照顾领域至少包括了国内交

---

[1] 参见《中国交通运输发展》白皮书，载中国政府网，http：//www.scio.gov.cn/ztk/dtzt/34102/35746/35750/Document/1537404/1537404.htm，2022年5月2日访问。

[2] 参见李洪雷：《行政法释义学：行政法学理的更新》，中国人民大学出版社2014年版，第28~33页。

[3] 参见管欧：《行政法各论》，商务印书馆1936年版，第6页、第93~94页。

[4] 参见刘承汉：《交通行政法原理》，“中国交通建设学会”1958年版，自序部分，第2~3页。

通运输方面，既包括人员运输，也包括货物运输。[1] 在日本，交通行政的一些内容属于给付行政中的供给行政。根据行政作用的目的和内容的不同，一般将行政作用分为秩序行政作用、整备行政作用和给付行政作用三种。给付行政作用又可划分为供给行政、社会保障行政和资助行政三类。供给行政包括设置和经营公共用物、公共设施、公共企业等，其中公共用物方面有道路、河流、海岸等，公共企业包括国铁（日本）等。[2]

但也有学者举例说，中国台湾地区“铁路管理局”及国光客运股份有限公司的运输服务，属于经营行政。[3] 还有学者认为，20 世纪 80 年代在民营化的背景下，原本由国家承担的公共服务，如铁路服务等，转由民营企业来承担，而国家需要承担起担保的责任，被称为担保行政，其不同于服务行政。[4]

笔者认为，在当代，提供公民为了维持日常生活所必不可少的交通运输工具、交通运输设施和设备，发展交通运输事业，已经成为国家的重要任务。在这一意义上，交通行政具有给付行政或服务行政的意义。

但是，仅根据行政作用的目的来认识当代交通行政活动是不够的。笔者倾向于以行政手段对私人法律效果的影响为标准来认识交通行政。根据这一行政分类标准，一方面，维护交通安全秩序、保护公民生命财产安全及其他合法权益是当代交通行政的重要目的，交通行政机关为了实现这一目的而实施交通管理，限制公民的权利，增加公民的义务。在此意义上，交通行政要运用干涉行政手段。另一方面，为了促进交通运输事业的发展，交通行政的行政组织形态呈现出多样化的特点。[5] 例如，承担交通行政任务的行政组织不仅包括交通行政机关，还包括国有交通运输企业和行业协会等第三部门。在法国、德国等大陆法系国家，有关道路、铁路、河川湖泊等的利用法律关系因属于“公产法”“公物法”的范畴而属于行政组织领域。同时，交通行政运用补贴、奖励、建设公共交通设施等手段，实现给付行政，进而发展交通运输事业。

这里有必要讨论的是，交通行政与警察行政或公安行政的关系。在我国，

---

❶ 参见陈新民：《公法学札记》，法律出版社 2010 年版，第 72 页。

❷ 参见杨建顺：《日本行政法通论》，中国法制出版社 1998 年版，第 299～333 页。

❸ 参见陈敏：《行政法总论》，新学林出版股份有限公司 2013 年版，第 13 页。

❹ 参见李洪雷：《行政法释义学：行政法学理的更新》，中国人民大学出版社 2014 年版，第 29 页。

❺ 参见胡敏洁：《给付行政与行政组织法的变革——立足于行政任务多元化的观察》，载《浙江学刊》2007 年第 2 期。

公安机关也行使与交通有关的行政职能，因此从实质意义上说，公安机关行使的与交通有关的行政职能活动也属于交通行政的范围。不过，从历史发展来看，这部分行政作用是警察行政的一部分。例如，我国学者管欧认为，限制道路的通行及防止妨碍交通的行为与道路的计划、修筑、扩展等事项，两者同属于交通的作用，但前者属于警察行政的范围，后者属于保育行政的范围。[1] 目前我国行政法学界一般也把公安机关行使的与交通有关的行政职能作为警察行政或者公安行政的一部分进行研究。因此，交通行政与警察行政或公安行政存在相互交叉的关系，这也是基于不同标准对部门行政法予以划分而难以避免的现象。[2] 笔者认为，鉴于公安机关行使的与交通有关的行政活动已经被纳入警察行政的历史事实与研究现状，交通行政虽然也会涉及公安机关对交通安全的规制，但它并非交通行政的重点。所以，交通行政仍应主要是交通行政机关的活动。

四、何谓交通行政法

（一）交通行政法的概念

"关于行政法概念的内涵，与行政概念一样，也是众说纷纭。"[3] 就交通行政法的定义而言，学者们一般强调它是行政法的一个部门或分支。此外，与对行政法概念的理解一样，学者们从不同角度、基于不同理论对交通行政法进行了定义。例如，有的学者着眼于交通行政法所调整的社会关系，认为交通行政法是调整交通行政机关在行使行政职能过程中发生的行政关系的法律规范的总称。[4] 有的学者则聚焦于交通行政法所包含的主要内容，认为交通行政法是在实现国家交通行政职能过程中，通过对交通行政权的授予、行使与控制，和对相对一方权利的保障与约束来调整交通行政主体与相对方之间的各种交通行政关系及监督交通行政关系的法律规范的总称。[5]

综合上述见解，并结合交通行政法现象的复杂性，笔者认为，交通行政法

---

[1] 参见管欧：《行政法各论》，商务印书馆1936年版，第94页。

[2] 参见宋华琳：《中国行政法学分论研究：体系、课题与立场》，载《安徽大学学报（哲学社会科学版）》2020年第3期。

[3] 参见李洪雷：《行政法释义学：行政法学理的更新》，中国人民大学出版社2014年版，第33页。

[4] 参见沈开举主编：《交通行政法》，中国人事出版社1996年版，第2页。

[5] 参见李晓明、邵新怀、崔卓兰：《交通行政法总论》，人民交通出版社2002年版，第5页。

是行政法的一个分支，是规范和控制交通行政权的法律规范的总称。这个概念可以从以下两个方面来理解。

1. 交通行政法属于行政法分论

行政法包括行政法总论和行政法分论。行政法分论，又称部门行政法、行政法各论或者特别行政法。[1] 它与行政法总论的关系表现为，分论通过解决行政领域的具体问题来丰富和推动行政法总论的发展，行政法总论为分论提供行政法学理论支撑。

依照行政法所涉的领域不同，交通行政法是与公安行政法、环境行政法、教育行政法、工商行政法等并列的部门行政法，其特点在于它以交通行政机关的交通行政管理实践为依托，探讨一般行政法原理在交通行政领域的运用、变化与发展。需要注意的是，交通行政的内容与范围十分广泛，包括公路行政、铁路行政、水路行政、航空行政、管道保护行政和城市轨道交通行政等诸多领域。作为行政法分论的交通行政法，着眼于交通行政法的一般理论，与这些具体的交通行政领域的法律制度设计有所区别。在此意义上，交通行政法也可以称为“交通行政法总论”。

2. 交通行政法是规范和控制交通行政权的法

交通行政权作为行政权的一种，其作用具有行政权的两重性。一方面，合法地行使交通行政权不仅能够维护交通安全秩序，促进交通经济发展，还可以改善和提高人们的物质文化生活水平；另一方面，交通行政权也可能被滥用，会给人民的生命和财产安全、环境保护等带来威胁。此外，随着当代交通运输事业的发展，交通行政权逐渐呈现出膨胀和扩张的趋势，内容上不仅包含交通行政执法，还包含准立法权和准司法权，职权范围上也从个别交通运输领域扩展至所有交通运输活动。基于以上原因，笔者认为有必要对交通行政权进行规范和控制。

（二）交通行政法的特点

中国台湾地区学者刘承汉从交通的定义包括运输和邮电的角度出发，认为交通行政法具有国内法与国际法混合、公法与私法混合，以及实体法与程序法混合的特点。例如，交通行政法被视为公法与私法的中间区域，二者的区分应视其作用和性质而进行判断区别。虽然交通行政法不应属于公法关系，但法律

---

[1] 参见余凌云：《警察行政强制的理论与实践》，中国人民公安大学出版社2007年版，第4~5页。

有特别明文规定的，则属于公法范围。交通行政法是行政实体法与多种程序法的综合体。除其本身多为行政实体法外，交通行政法不仅涉及行政程序法，还涉及民事诉讼法与刑事诉讼法。由于航海与航空方面存在多种国际条约，因此在国际私法问题上也相应地存在很多特殊的规定。[1]

笔者认为，尽管交通行政法规范常常表现为实体法与程序法的混合，但这也是行政法的特点。行政法的特点之一是“实体性规范与程序性规范的一体性”，即实体性行政法规范与程序性行政法规范通常交织在一起，共存于同一个法律文件之中。[2] 因此，笔者认为，国际性、公法与私法混合性是交通行政法的重要特点。

1. 国际性

交通行政法属于国内法，但也包含了国际法的内容，体现出国际性的特点。国家与国家的交往以交通为前提，“交通法与国际法在先天上即有相辅相成的关系”。[3] 例如，海商法是人类海上交通发展的产物，其中船舶在整个海商法中处于中心地位，而船舶登记制度不仅在船舶关系中有着重要地位，同时也是海事行政法的重要内容。[4] 此外，在海事行政法所调整的社会关系中，还有相当一部分是涉外关系，如海事行政相对人是外国人或者是悬挂外国船旗的船舶或外国航运公司。[5]

交通行政法的国际性还体现在其法律效力范围方面。例如，在航空领域，民用航空器的登记国对在域外的本国民用航空器享有管理权。例如，美国的国内法规定，租给外国经营人使用的民用航空器，必须每月两次飞回美国。[6] 而我国则在《民用航空法》（2021修正）专设一章对外国人经营的外国民用航空器在我国境内从事民用航空活动进行规范，其中很多内容，如外国民用航空器的经营人取得我国民用航空行政主管部门颁发的经营许可证后方可经营航空运输等，属于行政法律规范。《民用航空器事件调查规定》（交通运输部令2020年

---

[1] 参见刘承汉：《交通行政法原理》，“中国交通建设学会”1958年版，第14~21页。

[2] 参见杨建顺：《日本行政法通论》，中国法制出版社1998年版，第149~150页。

[3] 参见刘承汉：《交通行政法原理》，“中国交通建设学会”1975年版，第15页。

[4] 参见郑中义、李国平编著：《海事行政法》，大连海事大学出版社2007年版，第148~151页。

[5] 同注[4]，第6页。

[6] 参见董杜骄、顾琳华主编：《航空法教程》（第2版），对外经济贸易大学出版社2017年版，第26页。

第2号）规定，当我国为航空器登记国、运营人所在国或者由我国设计、制造的民用航空器，在境外某一国家或者地区发生事故、严重征候时，民航局或者地区管理局可以委派一名授权代表和若干名顾问参加由他国或者地区组织的调查工作。再如，海事行政法的法律效力范围，不仅适用于本国管辖水域的本国船舶，也适用于本国管辖水域的外国船舶，甚至是外国管辖水域的本国船舶。[1]

另外，一些有关交通的国际公约、协定，对我国交通行政法也有着重要影响。例如，根据《2006年海事劳工公约》的规定，中华人民共和国海事局发布了《推进国内航行海船和500总吨以下国际航行船舶履行〈2006年海事劳工公约〉实施方案》（海船员〔2019〕368号），对我国境内运营的海员招募和安置机构进行严格监管。我国《民用航空法》第5条对航空器的分类参照了1919年《巴黎空中航行管理公约》和1944年《国际民用航空公约》的有关规定，将航空器分为民用和公用航空器、民用和军用航空器，以及民用和国家航空器等。

2. 公法与私法混合性

在大陆法系国家，公法与私法的二元区分奠定了实证法律秩序的基础结构，也构成了行政法的预设前提。[2] 尽管对于公私法的界限及相互关系尚待深入探讨，但我国行政法总体而言也是建立在公私法区分的基础上的。[3] 行政法是公法，这是学理上公认的一个命题。[4]

交通行政法作为行政法分论之一，属于公法。例如，《海上交通安全法》《铁路安全管理条例》《公路安全保护条例》等交通法律法规调整的法律关系主体之间为上下层级关系，是交通行政法的内容。但是，与环境行政法、公安行政法等其他部门行政法相比，交通行政法也表现出公法与私法混合的特征。首先，从立法来看，《民用航空法》《铁路法》《公路法》等交通运输法律，不同于公私法分立框架下的传统部门法体系，这些法律以行为或社会关系发生的行业领域作为划界标准，表现为“一个行业领域一个立法”的模式。一部法律往往由不同性质的法律规范汇集而成，普遍呈现出公法与私法、实体法与程序法

---

[1] 参见郑中义、李国平编著：《海事行政法》，大连海事大学出版社2007年版，第6页。

[2] 参见李洪雷：《面向新时代的行政法基本原理》，载《安徽大学学报（哲学社会科学版）》2020年第3期。

[3] 参见李洪雷：《行政法释义学：行政法学理的更新》，中国人民大学出版社2014年版，第9～11页。

[4] 章剑生主编：《行政法与行政诉讼法》，北京大学出版社2014年版，第15页。

规范交叉混合的样态。❶ 因此，这些法律中只有调整上下层级主体之间法律关系的规范属于交通行政法的范畴，而诸如运输合同、承运人责任以及对第三人损害的赔偿责任等法律问题则不属于交通行政法的范畴。其次，从行政组织来看，在市场经济体制下，随着国家鼓励和引导民间资本投资交通运输领域的政策的实施，私主体越来越多地参与完成国家交通运输任务。此时，运输服务的提供者与使用者是私法关系，交通行政机关则负有监管的职责，如市场准入资格的设立与审查等。最后，从手段来看，私法行为在交通行政领域具有一定的地位。例如，船舶污染清除协议是《防治船舶污染海洋环境管理条例》和《船舶污染海洋环境应急防备和应急处置管理规定》设定的一项海事管理制度。一般认为，船舶污染消除协议属于包含强制性条款的特殊的民事合同，受私法调整。但对于未按照规定签订污染清除作业协议的船舶经营人，《船舶污染海洋环境应急防备和应急处置管理规定》第34条规定了行政处罚的法律责任。此外，交通行政机关有时也会利用私法方式来执行交通行政任务，如海事部门与航运公司签署行政协议以实现航运安全管理目标，❷ 这类行为受公法调整，若引起法律纠纷，应属于行政争议，纳入行政诉讼救济范围。

五、结语

近十几年来，中国交通法治实践取得了明显的进步。一方面，以《铁路法》《公路法》《港口法》《航道法》《海商法》《海上交通安全法》《民用航空法》等为核心的交通法律体系基本形成。另一方面，经过2008年、2013年两轮交通运输大部门制改革，形成了由交通运输部管理国家铁路局、中国民用航空局等的大部门管理体制架构，综合交通运输管理体制初步建立。❸ 交通法律体系、交通行政组织、交通行政任务与职权、交通行政手段与程序、交通行政违法行为的构成等，都成为值得探讨的新领域。但从行政法的视角看，交通行政法作为部门行政法，欲在部门行政法体系中“自立门户”，关键在于其结构

---

❶ 参见宋亚辉：《风险立法的公私法融合与体系化构造》，载《法商研究》2021年第3期。

❷ 参见吴桐：《芜湖海事与16家航运公司签署行政合同》，载《中国水运报》2010年3月1日，第2版。

❸ 参见《中国交通运输发展》白皮书，载中国政府网，http://www.scio.gov.cn/ztk/dtzt/34102/35746/35750/Document/1537404/1537404.htm，2022年4月27日访问。

体例和研究内容能否形成自身的特色。❶ 这种特色根植于充满活力的交通管理实践，但区别于交通行政管理学；这种特色以行政法总论为指导，但不是行政法原理和原则的简单翻版与再现，它不仅是具体应用，更多的是创造性的工作。❷ 而要实现这一目的，无论是在结构还是内容方面，其研究的进路都必然是从交通、交通行政和交通行政法等基本理论问题入手的。本文正是在宏观部门行政法层面上，为寻求交通行政法的特色而进行的努力。

---

❶ 参见余凌云：《行政法讲义》（第三版），清华大学出版社 2019 年版，第 70 页。

❷ 同注❷，第 66 页。

专题二

国际交通运输的理论争议与实务疑难

国际铁路运单物权凭证化研究

张长青　崔　香*

摘　要：由于历史和地缘政治原因，国际铁路运输领域形成了《国际铁路货物联运协定》和《国际铁路货物运输公约》两大公约。二者在法律适用、合同规则、赔偿制度等多领域存在着固有的差别，特别是分属于两大公约的两种铁路运单在国际铁路货运实践中无法通用。同时，国际铁路运单物权属性的缺失使得在长距离运输背景下，企业货物流转困难，贸易融资受限，资金周转压力增大，严重制约了国际铁路运输及相关贸易融资等方面的发展。因此，本文在充分分析目前国际上现存的铁路运单的适用现状及存在问题的基础上，从法律基础、理论基础和实践基础三个具体方面，思考推进铁路运单物权凭证化的法理基础；并进一步从金融风险防范、当事人权利义务及业务实践方面，探寻推进铁路运单物权凭证化需要考量的因素以及需要具备的控货权及可流通性的实体条件。最后，本文对于如何具体推进国际铁路运输物权凭证化，从签发时应确立的内容形式，到流转过程中控货权相应规则的设计，再到严格的提货放货规则的修改与完善，提出了相应建议。

关键词：铁路运单　铁路提单　物权凭证化　控货权

一、引言

第二次世界大战后，美国联合部分资本主义国家构建起北大西洋公约组织（以下简称北约组织），而苏联则带领社会主义国家建立华沙条约组织（以下简称华约组织），双方形成对立。受此历史原因的影响，在国际铁路运输领域形

* 张长青，北京交通大学法学院教授，法学博士。崔香，北京交通大学法学院2020级法学硕士研究生。

成了两大公约，即《国际铁路货物联运协定》（以下简称《国际货协》）与《国际铁路货物运输公约》（以下简称《国际货约》），这两者之间也形成了独立管辖且对抗的状态。如今该格局早已被打破，亚欧大陆之间贸易往来频繁，“一带一路”通道建设正在持续性推进，以中欧班列为代表的铁路交通量逐年大幅增长。当前，我国已有 33 个城市通过铁路连通了欧洲 180 个城市。2021 年，中欧班列已经开通了 15 000 列，相较于上一年增长了 22%。❶ 自从新型冠状病毒感染疫情发生以来，面对海运、航运受阻的窘境，铁路运输安全防疫物资和进出口货物运输全面展开，充分发挥了国际物流的重要战略渠道作用。国际、国内物流需求规模不断扩大，以中欧班列作为示范，铁路运输已逐渐成为拉动地方经济快速发展的重要途径。

可是目前，一方面，分属于两大公约的两种铁路运单在国际铁路货运实践中无法通用，中欧班列经过两大区域要使用两套法律制度，必须在边境站为货物换单，重新办理发运手续，这给国际铁路运输带来了极大的不便。中欧班列从中国到达欧洲之后，需要进行转关手续的办理，将此前国际货协的运单调换成国际货约的运单❷，才能够在欧洲继续前行。后来，经过长期的谈判磨合形成了“国际货协/国际货约运单”，从形式上实现了“一单到底”的直通运输。然而，统一运单因为需要与路线国家的铁路部门达成共同协议，故实践中尚未得到普遍应用。由于国际铁路运输涉及多种不同的分管领域和语言，环节复杂，对统一运单的实施应用提出了更高的要求。同时，统一运单并没有真正处理好铁路联运活动之中存在的法律分歧，以及实践中如何合理使用这一难题。两大公约在责任界定、赔偿界定、争端及诉讼处置方面的很多规定仍然不能同步适用，铁路运单依旧需要换单操作，而这让国际铁路货运效率大打折扣。

另一方面，随着未来亚欧大陆多条铁路通道的建设和开通，我国与相关国家和地区之间通过铁路进行货物运输的潜力巨大，而国内外企业对国际铁路运输融资等方面的需求也将不断显现。特别是在“一带一路”倡议落地后，我国高铁技术迅速进入沿线国家，亚欧大陆桥建设成果显著，铁路直通/联合运输开

---

❶ 参见《新闻联播》，2022 年 2 月 24 日播出，https://tv.cctv.com/2022/02/25/VIDEmWLpA8Oo6StfpjL9BW3C220225.shtml?spm=C31267.PXDaChrrDGdt.EbD5Beq0unIQ.3，2022 年 11 月 10 日访问。

❷ 编者按：国际货协、国际货约作为组织代称时不加书名号，全文同。

始在亚洲和欧洲快速发展，中欧班列就是其中的典型代表。随着中欧班列运行的数量和密度不断增加，物流链不断延伸，辐射范围越来越广，中欧班列相关的流通、质押和结汇的实际需求越来越迫切，铁路运单的局限性逐渐显现。铁路运单具备货物收据功能，并且可以对运输过程中的交易信息进行验证，但是仍存在着固有缺陷。国际海上贸易通常依托海运提单开展，海运提单既是货物已由承运人接收的单据，也是物权凭证，还是海上货物运输合同的证明。海运提单本身带有物权凭证属性；而铁路运单则不具备该属性，只能起到证明运输合同的作用，凭运单不能占有或者处置货物，且铁路运单是不可转让的。[1] 因此，不具备物权凭证功能的铁路运单，在被银行用作申请信用证的运输单据时，往往面临更严格的信用检查要求和更高的资金成本。这在一定程度上限制了银行根据铁路运单提供贸易融资服务的可能性，增加了进口商的财务压力，严重制约了国际铁路运输贸易的发展。以海运提单的物权凭证属性为标杆，借鉴海运提单的建设经验，实现从货运单到提单的转变，这关系到铁路运输的规则创新和可持续发展，意义重大。

本文拟在充分分析目前铁路运单适用的现状及其存在的问题的基础上，分析推进铁路运单物权凭证化的法理基础。在此基础上，本文进一步阐述推进铁路运单物权凭证化需要考量的因素及其需要具备的实体条件。最后，本文对具体推进国际铁路运输物权凭证化相关制度的修改与完善提出了建议。

二、现行国际铁路运单现状及存在的问题

（一）现行国际铁路运单现状

国际上，以《国际货约》和《国际货协》为基础，虽然国际铁路货运领域已经构建出一套相对成熟的铁路运单规则，但《国际货约》和《国际货协》毕竟属于两种意识形态下形成的国际规则，二者在许多领域存在着固有的差别。同为两个公约成员的国家仅为少数，更多国家还处于未同时加入的状态。近些年，以中欧班列为代表的国际铁路运输正面临新的发展机遇。与传统的海上运输和空中运输相比，铁路运输凸显出独特的优势。然而，目前国际铁路运单不

---

[1] Micheal E. crowley, The Limited Scope of the Cargo Liability Regime Covering Carriage of Goods by Sea: the Multimodal Problem, *Tulane Law Review*, June, 2005.

具备物权凭证属性，这导致其在贸易便利化、资金流动和银行结算等方面存在缺陷，严重限制了国际铁路运输甚至是国际铁路联运的发展。

1.《国际货协》中的铁路运单——SMGS 运单

依据《国际货协》第 14 条的规定，铁路运输过程中产生的运单可以作为运输合同的证明，即 SMGS 运单。铁路运单本质上是一组单据，包括正本和副本运单、报关单、货物交付/验收单、货物到达通知单和补充单据。运单正本随货物抵达，运单副本则交付给托运人。SMGS 运单主要包含承运人、货物信息、交货线路、发货人、收货人、交货地点、交货工具、货物等相关内容。❶ 办理海关和行政手续所需的文件往往必须附在运单之后。❷ SMGS 运单是证明铁路运输合同和办理运输行政手续的正式文件。

SMGS 运单作为一种铁路货运单据，是一种记名单证，不允许进行转让交易。货物到达后，承运人会对收货人同时交付运单及货物。尽管这种运单不具备转让功能，但是在特别条件下，运单对应的收货人及货物站点是可以调整的。根据《国际货协》的相关规定，收货人和发货人都可以对收货人和抵达地点进行调整。收货人收到运单后，或承运人收到收货人修改运输合同的请求后，或货物到达抵达国的进口边境站后，托运人的变更权即告终止；收货人仅可在抵达国的限制范围内，且货物仍在抵达国的进口边境站时，变更收货人和/或货物的抵达地点。❸ 因此，无论是对 SMGS 运单的占有还是在 SMGS 运单上记名，都不能保证该唯一人或指定人对铁路运单项下的货物行使控制权。《国际货协》是强制性的，双方不得以双方约定修改其条款。运输合同中直接或间接偏离《国际货协》的任何条款均属无效，但《国际货协》规定的情况除外。❹ 这表明 SMGS 运单并未出现实质性的变化，基于约定对运单实施物权凭证功能的设置是无法实现的。目前想要在《国际货协》和《国际货约》的参与国之间接轨，形成一套统一的、具有提单物权凭证功能的国际铁路运单运输规则，还存在一定的实质性困难，亟须在亚欧各国之间达成共识，形成可以横跨亚欧大陆且具有物权凭证属性的铁路运输单证规则。

---

❶ 参见《国际货协》第 15 条。

❷ 参见《国际货协》第 22 条。

❸ 参见《国际货协》第 25 条。

❹ 参见《国际货协》第 6 条。

2.《国际货约》中的铁路运单——CIM 运单

依据《国际货约》的规定，铁路运单是订立运输合同的初步证据，即 CIM 运单。CIM 运单是不可转让的记名运输单据，其组成和所需的记载事项、转让过程，包括填写有关行政文件的补充和其他要求，与《国际货协》中的 SMGS 运单大致相同。《国际货约》规定了当事人订立合同后的变更权。发货人可以修改、调整运输合同，并可以要求承运人进行特定的操作，如货物的停止和交付。收货人取得运单、接收货物、主张承运人权利或者收货人行使运输合同变更权的，托运人变更权终止；❶ 收货人取得运单、接收货物、向承运人主张对货物的权利，或者通过行使变更权指示将货物交付给第三方，而第三方已向承运人主张对货物的权利时，收货人的变更权即告终止。同时，CIM 运单与实际提单项下权利不同，并不具有与之相同的法律效力。在《国际货约》中，对 CIM 运单设置了强制性规定，即应该参照公约的标准规范来设置运单格式，同时如果运单中出现了不同约定，公约依旧能够对运输项目法律关系进行管理。

3. 国际货约/国际货协统一运单——CIM－SMGS 统一运单

由于源自两大法律体系，SMGS 运单与 CIM 运单虽然在形式和内容上有许多相同之处，但这两种铁路运单仍存在制度上的固有差别，在国际铁路货运实践中无法通用。货物抵达两大组织成员方的边境站之后，不能继续以当前运输单据运输，而需要针对货物进行后续运输手续的重新办理，以保证货物运输在后面的行程中顺利。具体来说，这意味着将 SMGS 运单重新加工成 CIM 运单，或将 CIM 运单再次加工成 SMGS 运单，这不仅降低了运输效率，还浪费了人力和物力资源。以中欧班列为例进行分析，当班列从中国到达欧洲之后，需要进行转关手续的办理；班列在回程中，即货车从欧洲向中国行进时，在出欧边境站也要展开转关申报，同时实施换单操作，班列才能够顺利到达中国。为了妥善处理这种情况，这两大公约组织达成共识，设立了国际货约/国际货协统一运单，即 CIM－SMGS 运单。2006 年 7 月，CIM－SMGS 运单在乌克兰试行。2012 年 10 月，CIM－SMGS 运单在中欧快运（重庆至杜伊斯堡）上试用。从 2017 年 5 月 1 日起，经过阿拉山口、绥芬河等港口的中欧集装箱列车开始使用 CIM－

❶ 参见杨临萍：《"一带一路" 背景下铁路运单与铁路提单的协同创新机制》，载《中国法学》2019 年第 6 期。

SMGS运单，并在统一运单的基础上办理运输手续。然而，统一运单要求同时使用中文+俄文+德文（或英文/法文），这使得文件编制过程烦琐而困难，使用起来也不方便。

CIM－SMGS运单的本质是两个运单的物理集成，并没有从根本上解决两大公约规则相互独立的情况。在适用《国际货协》的范围内采用CIM－SMGS运单时，CIM－SMGS运单是作为CIM运单看待并受《国际货协》调整的；而在适用《国际货约》的范围内采用CIM－SMGS运单时，CIM－SMGS运单则作为SMGS运单使用，并受《国际货约》调整。[1] 两大公约组织的统一运单，只是做了形式层面的融合，并未改变实体内容，这就导致在责任和赔偿等方面，仍然存在基于货物运输所处位置不同而适用规则不同的问题，两大国际铁路货运公约依然处于分列并峙状态。国际铁路运输因跨国界，需要沿途铁路公司共同承担运输职能，虽有相关协定作为运输保障，但各国对货运管控规则规定存异，想要形成一套统一的国际铁路运输单证规则，需要各级管理层共同开展具体研究，以及获得沿线国家的支持，同时也需要在更深层面上审查研究并修改相关国际协议，目前仍然难度极大。

简言之，铁路运单仍然是现行主要国际条约下国际铁路运输所依赖的主要运输单证。铁路运单本质上是国际铁路运输合同的格式条款，其主要目的是使国际铁路货运中当事人之间的权利和义务分配合理化，以提高铁路货运交易的便利性和效率，加强监管。[2] 但是，铁路运单并不具备提单那样的物权凭证属性，记名性质排除了持有铁路运单在控制运单所涵盖的货物方面的法律效力。[3] 铁路运单只是国际铁路货运的合同文件，不能作为物权凭证或商业融资工具。鉴于此，许多实物交易仍停留在传统的陆上国际贸易模式下，远远落后于以单证交易（海运提单）为核心的海上贸易模式。因此，需要对国际陆上贸易进行单证改革，在推进单证一体化的同时，赋予铁路运单以物权凭证功能，以适应国际陆上贸易的发展需要。

---

[1] 参见康颖丰：《亚欧铁路国际联运统一运单应用的探讨》，载《铁道货运》2016年第6期。

[2] 参见杨临萍：《"一带一路"背景下铁路运单与铁路提单的协同创新机制》，载《中国法学》2019年第6期。

[3] Christopher J. Enge, Intermodal Cargo Claims after "K Line V. Regal－Beloit", *University of San Francisco Maritime Law Journal*, 2010－2011.

（二）现行国际铁路运单实践适用中存在的问题

我国四川和重庆在自由贸易试验区业务的办理过程中，尝试探索立足于物权凭证化铁路运单的各种融资机制。四川在探索更多融资路径的过程中，引入了第三方货运代理，即在具体的操作过程中，货运代理负责提单签署，与铁路公司和银行签署关于控货权的相关协议。在提货操作环节，只有当相关主体信用证开证行完成赎单业务后，货物才能被准予放行。为防止我国提单规则缺失导致新的提单模式无法实施，进口企业会结合业务情况与银行签署权责合同，将进口货物作为标的动产，向银行发起质押。[1] 重庆铁路提单在模式方面的创新与四川有一致之处，但是重庆模式增加了第三方担保，即物流金融企业。由这些企业作为担保主体向银行提供货物保证，进口货物在此种情况下就成了担保方的反担保物。[2] 由此可知，立足于当前规则，很多企业已经开始以运输单据融资的方式来推进业务。新型冠状病毒感染疫情发生以来，面对海运和空运受阻的境况，国际铁路运输安全防疫物资和进出口货物运输充分发挥国际物流重要战略通道的作用，国际铁路运输逐渐成为拉动区域经济快速发展的重要途径。而不具有物权凭证功能的铁路运单，与目前我们所要构建的具有物权凭证属性的提单相比较，存在如下问题。

1. 不利于买卖货物再流转

铁路运单本身并不具备物权凭证属性，因此在市场中并不能基于运单达到货物交易的目的，这就让待运/在途货物无法实现高效流转。如果可以提前将铁路运输单证从运单改为提单，被赋予物权凭证化的国际铁路运单作为货物本身，通过铁路买卖双方之间的提单背书就能实现货物的转让，传统的铁路运输方式也将由“单货同行”转变为“单货分流”。承运人交付目的港实现收货时，收货人可以不是最初订立基础合同中的提货人，而是货物再流转、再买卖的单据受让人，这将极大程度地助推国际贸易高效便捷发展。

2. 无法纾解企业贸易融资困境

当前很多企业都在融资方面面临非常多的难题，中小企业在这方面受到的

---

[1] 参见中国人民银行成都分行营业管理部课题组等：《铁路运单融资创新——国际铁路运单物权属性的需求、障碍与建议》，载《中国金融》2019 年第 4 期。

[2] 参见杨临萍：《“一带一路”背景下铁路提单创新的法律正当性》，载《法律适用》2019 年第 1 期。

压力更为突出，原因在于中小企业本身可以支配的资金规模并不大，企业扩张必然会受到约束。在运营过程中，企业为了缓解资金压力，会更多地参与无须承担进口税的加工贸易，或者选择销路比较稳定的加工贸易，这些贸易活动虽然简单，但附加值低。❶ 铁路运单不具备控货权等物权凭证功能，当进口商拒绝支付货款并赎回货物时，持有铁路运单的银行不能持有运单项下的货物，也不能通过扣押运单来保障权益。基于此，银行只能要求进口商向其提交高额保证金，这无疑会增加买方的融资成本。海上贸易交易的发展之所以能够如此快速地推进，海运提单制度的支撑作用是不可缺少的。一方面提单本身带有物权凭证属性，银行拿到提单就能够确认各环节交易信息和交易主体；另一方面，提单可以进行质押业务的办理，企业回转资金更快，银行也有更高质量的担保物，各方交易风险大为降低，信用风险问题也能得到较好的解决。❷ 一般而言，银行对于提单性质的界定，如果与信用证附议单据功能做一致处理，或者与担保物进行相同处置，则其在信用证管控环节对企业贷款的要求就会变得更低。因此，提单制度能让很多企业解决融资层面面临的各种问题。在这种提单制度之上，贸易商能够对在途或者待运货物进行流转，资金能够尽快回笼。❸ 因此，我国要加快铁路运单物权凭证功能的普及，让企业得到更多成本更低的融资，让中小企业在贸易层面实现结构转型，形成更强大的国际贸易竞争力。

3. 交易安全缺乏足够有效的保障

铁路运单不具备物权凭证属性，也不是收货人收到货物的唯一凭据。货物在目的站交付后，收货人只要出示有效的身份证件就能提货。此时，如果已经收到货物的买方拒绝付款，卖方的权益将受到损害。承运人必须在卸货前查看正本，收货人必须在提货之前从银行或发货人处获得正本以成功赎货。在信用证支付机制下，出口商和进口商在与银行的交易中分别实现“钱货两讫”，这在一定程度上降低了交易的风险因素。同时，我国目前的规则非常重视交

---

❶ 参见许和连、王翔宇：《融资约束对企业出口贸易模式的影响》，载《湘潭大学学报（哲学社会科学版）》2018年第4期。

❷ Raymond T. Waid, Piloting in Post – Kirby Waters: Navigating the Circuit Split over Whether the Carmake Amendment Applies to the Land Leg of an Intermodal Carriage of Goods on a Through Bill of Lading, *Transportation Law Journal*, Summer 2007.

❸ Vibe Ulfbeck, Multimodal Transports in the United States and Europ – Global or Regional Liability Rules? *Tulane Maritime Law Journal*, Winter 2009.

易安全的保护，如我国最高人民法院针对未见正本即放行货物的行为，明确指出此前《海商法》对于赔偿的有关规定不适用此种情况。同时，如果出现这种情况，承运人或提货人不能履行自身责任的，要进行连带赔偿。但值得注意的是，正本提单持有者无须承担上述两方连带赔偿责任的证明工作。这些规定都是对正本提单所有者提供的保护措施，因此将物权凭证功能真正赋予铁路运单之上，并参照海运提单制度进行管理，能够让交易安全得到进一步有效保障。

三、法律基础、理论基础与实践基础

（一）法律基础

本文从国际立法、国内立法两个层面论述国际铁路运单物权凭证化的法律基础。

1. 国际立法层面，世界各国立法态度有所松动

虽然目前铁路运单所依据的现行《国际货协》《国际货约》并没有赋予铁路运单物权凭证功能，但其适用范围已经从海上运输扩大到多种运输方式（包括陆上运输）。《联合国全程或部分海上国际货物运输合同公约》（以下简称《鹿特丹规则》）[1] 取消了此前国际公约所使用的“提单”一词，取而代之的是“运输单证”，它包含所有符合条件的单据——提单、海运单、电子提单和多式联运单据等；且这一规则将运输单证做了类型细化，还确定了“可转让”和“不可转让”两类单证。同时，《鹿特丹规则》虽使用了“运输合同的证明”和“货物收据”等表述，但物权凭证功能隐含在相关条款之中，在有关规定中隐含着一种所有权，如《鹿特丹规则》中关于可转让运输单证的表述是“可转让”或“根据指令”，而不是“运输单证中的不转让”或“转让”等词语，此特点为铁路运单物权凭证化留下空间。

同时，在我国的牵头推动下，国际上对推动国际铁路运单物权凭证化也开展了一系列工作。2019 年，我国将《中国关于联合国贸法会就解决铁路运单不

---

[1] 《联合国全程或部分海上国际货物运输合同公约》，又称《鹿特丹规则》（*Rotterdam Rules*），是当前国际海上货物运输规则之集大成者，不仅涉及包括海运在内的多式联运，还在船货两方的权利义务之间寻求新的平衡点，引入了电子运输单据、批量合同、控制权等新内容。此外，该公约还特别增设了管辖权和仲裁等相关内容。因此，该公约被称为一部“教科书”式的国际公约。

具备物权凭证属性带来的相关问题开展工作的建议》递交至联合国国际贸易法委员会（以下简称联合国贸法会），建议形成统一“提单”作为物权凭证。该建议被联合国贸法会第52届会议所采纳，同时联合国贸法会认为该建议具有十分深远的意义，将为推动世界贸易发展做出重大贡献，并据此要求世界贸易组织秘书处对该建议展开细致的研究和摸索。[1] 2019年，世界贸易组织秘书处联合中国商务部举行了“国际贸易中的铁路运单使用及未来法律框架高级别研讨会”，邀请了国际组织领域的诸多代表共同参与讨论，参会代表们围绕铁路运输单证物权化这一创新理念及可能面临的问题展开了深入分析和探讨。联合国贸法会时任秘书长安娜·乔宾·布莱特在该研讨会上明确指出，联合国贸法会针对铁路运单功能所牵涉的各类问题进行了研究，同时已经着手制定配套的国际规则及法律规范来作为支撑。[2] 2020年，商务部、国家铁路局和中国工商银行等多家单位举办了“关于使用铁路提单和国际贸易法委员会今后可能就多式联运所有权凭证开展的工作的专家组会议”。我国国家铁路局特别组建了“铁路运单所有权凭证功能的临时工作组”，并在2020年2月于波兰首都华沙市成功举办首次会议，邀请了俄罗斯、波兰等10个国家代表参与此次会议。第53届联合国贸法会在会议报告中，充分认可了“铁路提单”国际规则的制定成果，指出国际社会在铁路运输方面对可转让单证有着十分旺盛的需求，会议肯定了授权世界贸易组织秘书处负责制定多式联运可转让单证国际法规的决定。[3] 之后，国家铁路局组建的工作组自2021年3月至2022年2月相继组织了数次视频会议来讨论相关问题，俄罗斯、乌克兰、白俄罗斯和匈牙利等国代表均对铁路运单物权化表示支持并提出了提案，会议期间也对《国际货协附件第7号草案》的修改进行了商讨，共同推进了物权性铁路运输单证基本规则的建立。

2. 国内立法层面，我国出现了相关的立法和政策趋势

2017年，中国（重庆）自由贸易试验区（以下简称重庆自贸区）获国务

---

[1] United Nations Commission on International Trade Law, *Work Programme—Possible Future Work Regarding Railway Consignment Notes—Proposal by the Government of the People's Republic of China*, A/CN. 9/998, 2019, p. 4.

[2] 《全球专家在重庆研讨铁路运单功能新需求》，载微信公众号“大海法”，2019年12月13日发布。

[3] United Nations Commission on International Trade Law, *Possible Future Work on Railway Consignment Notes*, A/CN. 9/1034, 2020, p. 11.

院正式批复同意设立。国务院发布的《中国（重庆）自由贸易试验区总体方案》（国发〔2017〕19号）明确指出，重庆自贸区应“依托中欧国际铁路联运通道，强化运输安全，提高运输效率，降低运输成本，构建中欧陆路国际贸易通道和规则体系，发展国际铁路联近”。其中，“构建中欧陆路国际贸易通道和规则体系”的目标与铁路运单物权凭证化的作用相契合。

2017年12月，中国人民银行重庆营业管理部等九部门联合印发《关于推进运单融资促进重庆陆上贸易发展的指导意见》，提出推动物流企业签发多式联运提单和陆运提单。银行应当承认符合相关法律法规的多式联运提单和陆运提单为国际结算和贸易融资的有效凭证。当前铁路运输工作的目标在于提高联运水平，推进运单融资，而该目标的实现离不开铁路运单物权凭证化的助力。

2019年8月，国家发展改革委结合陆海交通构建的实际情况，发布《西部陆海新通道总体规划》（发改基础〔2019〕1333号），对“铁路提单”进行了清楚的概念界定和范围界定，提出要加快提单融资建设，优化国际铁路提单，创造更好的国际贸易环境。

依据《合同法》（已失效）第319条的规定，多式联运的运营主体，如果与托运人办理了货物交接手续，那么就应该进行多式联运单据签发。根据托运人需求，这种单据同时具备转让和非转让功能。自2021年1月1日起正式施行的《民法典》，对该条内容有所保留。该条规定体现了多式联运单据作为交付货物的证明功能和多式联运单据的可转让性，而这些性质与功能恰恰是物权凭证的构成要素。

我国国内立法，从法律到规范性文件、政策，都呈现出赋予铁路运单物权凭证功能的趋势。《民法典》中的相关表达稍显委婉，相较而言，《西部陆海新通道总体规划》中则是直接采用“铁路提单”一词，从政策层面上认可了铁路运单物权凭证功能。

（二）理论基础

1. 国际铁路运单物权凭证化的理论准备较为充分

虽然目前国际上对于铁路运单物权凭证化仍存在争议，但学界支持赋予铁路运单以物权凭证功能的声音越来越多，学者对此从降低交易风险、保障交易安全、促进国际贸易交易便捷、提高国际贸易交易效率、回忆陆上贸易结算融资、加快陆上贸易规则体系完善、强化国际铁路运输法律制度和适用等方面进行了较为深入、系统、全面的研究，为立法和司法实践赋予铁路运单物权凭证功能提供了较为充分的理论准备，奠定了坚实的理论基础。学界普遍认为，与海运提单相似，“铁路提单”也具有以下三大功能。第一，“铁路提单”可作为铁路运输合同的证明。承运人与发货人（收货人）之间的铁路运输合同，是从一国境内通过铁路运输货物到另一国境内的合同。它是证明铁路运输合同存在的凭证，却不能对合同本身的内容进行证明。第二，“铁路提单”可作为承运人已收到货物的证据。承运人签发“铁路提单”表明其已提货。第三，“铁路提单”具有物权凭证功能。持有提单的人可以根据提单向承运人主张交货。我国“铁路提单”相关商业实践的主要目的是赋予“铁路提单”以物权凭证功能。[1]

2. 铁路运单物权凭证化具有成为商事惯例的可能性

从物权凭证产生的历史渊源来看，某一类型单证要被法律承认为物权凭证，一般源于习惯做法。就海运提单而言，其物权凭证功能的取得不是依赖于立法的事先规定，而是随着国际贸易的发展，“海运提单具有物权凭证功能”逐渐成为一项国际商事惯例，并最终通过法院的判决被承认。长期以来，国际贸易领域始终坚持“海洋规则”，但在陆上贸易领域并没有落地专门的“陆上规则”。

2017年12月，重庆在“铁路提单”管理方面构建出世界上第一个国际信用证，并将之应用于进口德国汽车和支付领域，这是“铁路提单”的重大功能突破。之后，重庆在提单使用场景方面展开了多种尝试。例如，重庆于2018年对铁路提单进行了第一次批量操作；同年，“铁路提单”首次在西部陆海新通道中被使用。至2021年重庆在各方面的摸索获得了国内外各方主体的肯定。2021年8月，国务院发布的《关于推进自由贸易试验区贸易投资便利化改革创新的若干措施的通知》（国发〔2021〕12号）提出，支持自贸试验区试点以铁路运输为主的多式联运“一单制”改革，鼓励自贸试验区制定并推行标准化多式联运运单等单证，并明确在风险可控的前提下，逐步探索铁路运单实现物权凭证功能，推动在国际规则层面解决铁路运单物权凭证问题。

---

[1] 参见刘彬、沈敬容：《铁路运单与“铁路提单”收货人权利辨析——以“一带一路”倡议为背景》，载《区域与全球发展》2021年第6期。

2020 年，重庆自由贸易试验区人民法院受理了我国第一例由“铁路提单”引发的物权纠纷案件，这是对提单交易模式的重大肯定，也是“铁路提单”创新在我国法律领域得到支持的具体表现，为后续的司法工作累积了相关经验。在“一带一路”建设的深入推进和陆上国际贸易的繁荣发展大背景下，铁路运单物权凭证化发展成为一项国际商事惯例，指日可待。

3. 在物权法定原则下，铁路运单应属权利质权客体范畴

在谈及铁路运单物权凭证化这一问题时，业内最强烈的反对原因是此种做法违反物权法定原则中的物权客体法定。其理由在于，中欧班列所签发的多式联运提单能质押的前提是该类提单属于我国《民法典》中明确规定的质押的范畴，但是《民法典》在列举质押权的客体时却并未明确提及铁路运单，因此铁路运单不能成为质权的客体。[1]

但是判断运输单证能否作为权利质押的客体，应当从具有物权凭证属性的铁路运单的产生背景和法律解释角度出发，而不能狭隘地将物权法定原则限缩为物权凭证法定。就铁路运单的产生背景看，它是仿照海运提单创制的，除了二者的适用范围不同，其他方面具有实质上的同一性，海运提单可作为权利质权的客体，铁路运单亦可作为权利质权的客体。

从法律解释的角度考察，具有物权凭证功能的铁路运单亦可作为权利质权的客体。首先，从文义解释的角度看，我国《民法典》第 440 条第 3 项并没有将“提单”的范围仅限于海运提单，不仅如此，该条第 7 项的内容采用兜底性的规定，为其他权利进入质权客体范围创造了立法上的适用空间。其次，从体系解释的角度看，《民法典》时代下的物权法定原则呈现出从绝对化到缓和的发展趋势，其在总则编第 10 条中认可了“习惯”的适用空间，规定“法律没有规定的，可以适用习惯，但是不得违背公序良俗”。该条亦可适用于《民法典》物权编中。在国际铁路运输中，近年来采用“铁路提单”的频率激增，用“铁路提单”质押融资的方式已逐渐成为该领域的习惯，且该习惯不违反法律、行政法规的规定和公序良俗原则，因此是可以作为“习惯”来适用的。如前文所言，随着国际铁路运输的进一步发展，该习惯将有可能转变为国际惯例，因

---

[1] 参见黄力华、帅馨：《中欧班列签发多式联运提单之法律瑕疵分析》，载《西南石油大学学报（社会科学版）》2018 年第 3 期。

此其作为质权的客体并不违反物权法定原则。最后，从权利质权这一词语本身的含义出发，其客体实质要件包括两个方面：一是必须是财产权利，二是该财产权利是可以依法转让的。[1] 铁路运单物权凭证化后，拥有物权属性的单据和货物得以分离，该单据的持有人或指示的权利人自然拥有单据项下的货物所有权或者其他权利，但是当持有单据者得到货物所有权时，基于所有权的可转让性，权利人当然可将其权利转让。因此，从实质要件看，物权凭证化后的铁路运单应当属于权利质权的客体范围。

（三）实践基础

1. 采用“铁路提单”的经营实践

蓉欧快铁[2]是中欧班列中的重要参与主体。2017 年 4 月 6 日，蓉欧快铁使用了我国国内首张多式联运提单，该提单被定义为物权质押凭证，支持跨国家信用证结算。这种模式打破了国际铁路运输规则的桎梏，实现了运输单证的实践创新。截至 2017 年年底，蓉欧快铁发出的多式联运提单达到了 20 多份。[3] 2020 年 9 月，成都国际铁路港正式开始使用多式联运提单。其线路立足于成都货运中心，对中欧班列做了连通，构建了“蓉欧 + 日韩”联合交通线。货物从波兰沙夫马克公路运往罗兹，经中欧货运列车抵达成都后，继续使用“蓉欧 + 日韩”货运列车运输，经山东省日照市最终运送到韩国。这种形式属于多式联运，真正实现了“门到门”的运输，实现了“一次委托、一票到底”的管理效果。

如前文所述，重庆在“铁路提单”方面做了很多尝试，2017 年 12 月发出的首张提单信用证，让货物运输形成了海运、铁路都有提单的新格局。[4] 在后续的经营实践中，重庆物流金融服务（集团）股份有限公司积极和各银行机构、大型贸易企业合作，签署提单合作协议。2018 年 3 月，重庆首次采用“铁路提单”。2018 年 7 月，“铁路提单”在西部陆海新通道被正式应用，效果较

---

[1] 参见杨临萍：《“一带一路”背景下铁路提单创新的法律正当性》，载《法律适用》2019 年第 1 期。

[2] 蓉欧快铁，即蓉欧国际快速铁路货运直达班列。2015 年 6 月 8 日，蓉欧快铁正式更名为中欧班列。

[3] 参见王军杰：《破解中欧班列运单物权之困》，载《中国外汇》2017 年第 24 期。

[4] 参见杨临萍：《“一带一路”背景下铁路提单创新的法律正当性》，载《法律适用》2019 年第 1 期。

好。重庆的探索经验得到了国家的认可，2018 年 11 月，国务院推进自贸试验区改革措施生效，允许更多主体对铁路运单的物权属性展开多维度探索。2019 年 7 月，针对中国自贸试验区的发展，商务部在专题研讨会上表彰了 31 个优秀案例，“铁路提单信用证融资结算模式”获得国家认可，国家给予重庆更大空间，让其自由探索国际贸易之中的权属关系。2019 年，我国向联合国提交了针对“铁路提单”赋权建议，这一提议得到了很多国家的认可。此外，重庆推出的立足于“铁路提单”的“信用证融资”模式，于 2019 年、2020 年被连续评为自贸试验区创新“最佳案例”。截至 2020 年 8 月，重庆自贸区相关市场主体已开了 50 多份铁路提单国际信用证。

2020 年，中国（四川）自由贸易试验区青白江铁路港片区依托自身优势，探索“一单制 + 贸易”的金融模式，探索区块链、供应链等的关联性，不断扩大火车段货运结算改革的范围和类别，同时还扩大了运费支付改革的范围和类型，创新了基于“一单制”的循环质押融资和跨境欧共体质押融资，并建立了中欧电子提单管理系统，当年发出的多式联运提单达到了 3000 多单。

2021 年，结合我国国内自由贸易试验区投资便利化的发展形式，我国制定并公布了《关于推进自由贸易试验区贸易投资便利化改革创新的若干措施》，在该文件中明确提出银行业监管主体与交通运输部、商务部等研究自贸区铁路运输融资文件，支持自贸区市场主体、铁路企业和银行进行陆路方面的贸易融资创新。在关注风险的同时，主管部门鼓励各主体尝试探索运单的赋权操作；基于司法实务工作，探寻更多的案例经验，在达到一定条件后推出专门的司法解释，为中国提单管理的各项工作提供法律支持；逐渐展开铁路运输单证、联运单证功能探索，对其进行物权赋权；主动了解国际规则，并对国际规则滞后内容进行调整，构建铁路运单物权凭证方面的研究。

2. 肯定“铁路提单”物权凭证属性的裁判实践

2019 年 2 月，英飒（重庆）贸易有限公司（以下简称英飒公司）在欧洲采购了一批汽车，该公司与承运方及融资担保方达成进口运输协议。在操作过程中，提单成为货物交割的重要证明。货物在抵达重庆前，英飒公司已经将货物的销售权以合同方式转移给了重庆孚骐汽车销售有限公司（以下简称孚骐公司），货物到达后，孚骐公司将英飒公司交付的提单交付给承运人，但被拒绝交接货物，因而引起诉讼。

这是中国“铁路提单”管理中出现的第一个物权纠纷案。[1] 原告孚骐公司提出，提单对应的是货物的提取权，但是承运方提出结合协议约定，只能与英飒公司进行货物交接。重庆自由贸易试验区人民法院受理了此案，庭审后，法院表示，市场主体在铁路货物运输过程中使用的“铁路提单”，持单人有权提货，该行为不违反法律、行政法规的规定，具有强制效力和社会公共利益，是合法有效的。因此，从司法实践的角度分析，法院认为原告对提单中规定的货物拥有所有权，被告要对货物进行交接。该案例让“铁路提单”交易领域的各种权属关系得到了进一步明确，这是对新交易规则的认可，同时借助案件处理经验可以进一步厘清企业、银行及物流等业务主体的法律关系，加快国际铁路联运行业健康高效地发展。

此次案件的判决结果，不只是对“铁路提单”创新的支持，也是在法律层面对“铁路提单”模式的肯定，确定了后续司法实务的基本方向。未来，相关主体可以参照商业、司法的各种经验，对“铁路提单”及其关联贸易、融资规则等进行调整，尝试在合同规则中加入新的“铁路提单”规则，使“铁路提单”得到法律的有效保障。

四、铁路运单物权凭证化的主体权利义务及实体条件

铁路运单物权凭证化有利于改善国际贸易结算融资现状，提高国际贸易的效率，增强国际贸易安全。在此过程中，需要考量主体的权利义务对等性，并赋予铁路运单需要具备的实体条件，以保证物权属性功能法律效果的实现。

（一）主体权利义务对等性

物权凭证管理功能的目的，是赋予货物所有权人在未实际占有货物的情形下，通过单证转移进行控制货物贸易交易或其他处置的权利，因此需要根据各主体在某特定国家法律社会关系中的特定身份和具体应用的法律规范，研究分析各方主体当事人的权利义务并使之对等。当事人的权利义务对等在法理上源于“当事人平等原则”，即从形式和实质上维护当事人主体地位平等、现实能力对

---

[1] 参见“重庆孚骐汽车销售有限公司诉重庆中外运物流有限公司等物权纠纷案”，重庆自由贸易试验区人民法院（2019）渝0192民初10868号民事判决书。

等，具体主要包括诉权平等、举证责任分配对等、私法救济形式对等，等等。❶

1. 承运人

在国际铁路运输业务中，承运人与托运人之间形成了特殊的运输合同，因此铁路运单中不涉及的权利和责任需要双方结合运输合同内容来处理。在正常情况下，承运人有权收取运费，享有留置权及相应的诉讼权；承运人的义务包括按照托运人的指示，履行运输合同，造成货物损失的，有赔偿的义务。

2. 托运人

托运人具有要求承运人签发运输单证的权利，向承运人索赔的权利，以及相应诉权；其义务包括妥善交运货物、保证货物适运，以及对货物危险性、特性的通知说明。❷

3. 收货人

由于具有物权凭证属性的铁路运单具有可转让性，运单上的收货人不一定是现实的持有人，而持单人如果想提货也不一定直接向承运人索要，因此此处收货人仅指持运单主动向承运人要求提货的“积极的、现实的收货人”。承运人和收货人两者之间在法律上存在固有关系，当铁路运单物权凭证化时，收货人的权利有财产请求权、侵权损害赔偿请求权、货物处置权和相应的诉权；其义务主要包括及时交付义务和延误交付给承运人造成损失时的赔偿义务。

4. 持单人

持单人包括进行国际经济贸易及运输相关的各个主体。其中，保险公司和银行是主要主体。铁路运单物权凭证化的前提下，持有人可以对单据进行转让、抵押、投保等金融活动，也享有与收货人权利类似的单据项下物权、提货权和诉权等权利。

总体而言，铁路运单物权凭证化应尽可能地保证当事人权利义务的对等性，以确保制度的公正与平等，并可借鉴海运提单规则来合理分配责任。

（二）应具备的实体条件

铁路运单物权凭证化需要满足两个实体条件——控货权和可流通性。其中，

---

❶ 参见林剑锋：《当事人平等原则解释论功能的再认识》，载《法律科学》2020 第 3 期。

❷ 参见姚新超、冷柏军：《鹿特丹规则下贸易商权利与义务的变化》，载《国际贸易问题》2009 年第 11 期。

控货权的实现是核心要素，而具备可流通性则是铁路运单物权凭证化更具现实意义的保障。

1. 控货权

铁路运单要想实现物权凭证化必须满足“控货权”这一核心要素，即通过持有铁路运单就可以对记载货物实现推定占有。这表明，国际铁路运单物权凭证化立法必须明确控货权的主体识别、行使规则以及行使方式和转让。

所谓控货权主体识别，就是明确控货权的享有者和义务的履行者，这是展开讨论控货权其他问题的基础。就控货权主体而言，在铁路运单现行法律规则体系下，铁路运单的发货人和收货人在满足一定的条件下，可以对货物进行有限控制。《国际货协》和《国际货约》对铁路运单的填写内容有严格的规定，这使得有限的控货权只能由发货人和收货人享有。国际上，铁路运单现行规则没有为发货人、收货人以外的第三人享有和行使控货权预留制度空间，这在一定程度上阻碍了铁路运单作为物权凭证，在贸易过程中促成质押融资、提高交易效率功能的发挥。因此，在完善铁路运单立法的过程中，有必要扩大控货权主体范围，让铁路运单持有人可以成为控货权的权利主体。其具体方式为：一是在签发可转让铁路运单时，铁路运单持有人成为控货权的权利主体，且该主体须持有全部正本铁路运单，此时所遵循的一般运输原则为“谁持有，谁有权”，即铁路运单持有人有权向承运人主张包括控货权在内的单证项下的权利；二是为了契合交易数字化的需求，当签发可转让电子运输凭证时，该运输凭证记录的持有人为控货权的权利主体。

通常情况下，控货权的义务主体为承运人。在铁路货物运输中，控货权的权利主体在行使控货权时，需要承运人在一定条件下执行前者所发出的指示。其中，“一定条件”是指：其一，发出指示者必须享有控货权；其二，该指示送达承运人时具有可以执行的合理条件；其三，该指示不会干扰承运人的正常运营。如果签发的是可转让铁路运单，则承运人将货物送达目的地时，应当将货物交付给运单持有人。因此，在铁路运单控货权机制中，承运人负有双重义务：一是对货物负有妥善保管、运载，并在运输过程中满足一定条件下执行铁路运单持有人指示的义务；二是对单证持有人负有凭单交货义务。

所谓控货权的行使规则，主要包括两部分内容，即控货权行使的条件和范围。具体而言，控货权的行使需要满足三个条件：主体条件、程度条件和时间条件，其中主体条件的识别就是上述控货权的权利义务主体识别问题。控货权的权利行使范围主要有三个方面：其一，就货物本身发出或修改指示的权利；其二，变更收货人的权利；其三，变更货物提取地点的权利。如果可转让铁路运单质押给银行等金融机构，在质押人到期没有履行合同义务或者发生当事人约定的情形时，该金融机构可以通过合法程序对所持有的铁路运单进行处分，就所得价款优先受偿。

在控货权的行使方式上，一般而言，只需要控货权人表明权利主体资格身份，提交全部铁路运单正本或电子运输记录，并向承运人下达符合条件的控货权指示即可。而对于控货权转让问题的探讨，前提为承运人签发的运单可以转让。因为对于不可转让的铁路运单，运单内容已经明确写明了收货人信息，承运人所遵循的交货规则为“见人交货”。

2. 可流通性

铁路运单具备可流通性，是其物权凭证化更具现实意义的体现和保障。铁路运单若想获得更大的贸易实践价值，就需要流通起来。从前文可知，我们之所以要对铁路运单现行规则进行完善，进而赋予其物权凭证功能，目的之一就在于实现铁路运单的质押融资功能，以满足经营者的融资需求。可是，质权的设立要满足两个基本条件：一是权利标的须为财产权，二是该财产权可以让与。[1] 铁路运单作为权利的载体，需要具备可转让性、可流通性。通过铁路运单的流通和转让，实现其所载财产权利的让与。在实践操作中，铁路运单是否具备可流通性，需要根据具体情况进行判断。如果发货人期望铁路运单具有可流通性，以方便发货人和收货人之外的铁路运单持有人有行使控货权的可能，则在形式和实质内容上须满足两点要求：从形式上看，铁路运单不存在“不可流通/转让”字样；从实质上看，交付铁路运单将依据当事人的约定发生移转所有权或者移转占有的法律效果。

五、国际铁路运单物权凭证化制度设计与完善

在铁路运单物权凭证化规则构建的过程中，应完善签发、流转、放货的相关制度，以保证铁路运输的全程安全高效。

---

[1] 参见梁慧星、陈华彬：《物权法》（第六版），法律出版社2016年版，第321页。

（一）签发——具有物权凭证化属性的铁路运单的内容和形式

在铁路运输单据具备物权凭证功能的前提下，铁路运输单证和海运提单拥有相同的性质：承运人或其代理人签发的货物收据、物权凭证、托运人和承运人之间运输契约的证明。[❶] 因此，在编制符合银行开具信用证议付条件的铁路运输单据时，既要结合其作为运输单据应具备的信息，又要结合其作为物权凭证特有的相关要素。本文参照海运提单的相关规则，即《跟单信用证统一惯例（2007年修订本）》（以下简称UCP600）[❷] 和《关于审核跟单信用证项下单据的国际标准银行实务》（以下简称ISBP745）[❸] 两大文件，结合重庆自由贸易试验区人民法院作出的（2019）渝0192民初10868号判决书及其附件中的“铁路提单”样本。为顺利实现结汇，充分发挥铁路运单的物权凭证功能，在签发具有物权凭证功能的铁路运输单据时，应注明如下相关事项。

1. 铁路运输单据的基本信息

（1）铁路运输单据的名称和编号。

在海路运输中，存在海运单、海运提单和运输单据三种形式的单据，但仅有海运提单具有物权凭证的功能。为了实现物权凭证功能，在现有铁路运输单据中，需补充增加一联，即“提货凭证”联，标明“凭指示”字样。在“重庆孚骐汽车销售有限公司诉重庆中外运物流有限公司案”中，法院认可了商业实践中创造的“铁路提单”。信用证下结汇的前提是单证相符，即单单相符，通过“提货凭证”联，不仅方便指示铁路运单持有人提货，也方便议付行审核单据。不仅如此，铁路运输单据的编号具有唯一性，是此单据区分于彼单据的重要标志。在写明运输单据的名称时，要标注其编号，以便更好地提升审单效率。

（2）铁路运输单据的正、副本数量。

运输单据存在正本和副本两种形式，这两种形式以及各自对应的数量，会影响承运人将货物交给何人以及银行审单的相关注意义务。UCP600第17条

---

❶ 参见傅龙海主编：《信用证与UCP600（第二版）》，对外经济贸易大学出版社2014年版，第132页。

❷ 《跟单信用证统一惯例（2007年修订本）》是由国际商会起草，并于2006年10月巴黎年会上通过的新版本。其自2007年7月1日起实施，是信用证领域最权威、影响最广泛的国际商业惯例，包括39个条款。

❸ 《审核跟单信用证项下单据的国际标准银行实务》简称《国际标准银行实务》（ISBP645），国际商会2002年制定，2007年修订为ISBP681，2013年修订为ISBP745。

（a）款对于正本数量有最低的要求，即必须满足至少一份正本。我国《最高人民法院关于审理无正本提单交付货物案件适用法律若干问题的规定》（法释〔2020〕18 号）第 10 条规定："承运人签发一式数份正本提单，向最先提交正本提单的人交付货物后，其他持有相同正本提单的人要求承运人承担无正本提单交付货物民事责任的，人民法院不予支持。"这进一步明确了多份正本指示运单并存时的交货责任：任何一份正本指示运单持有人将货提走，都视为承运人符合放货条件，不承担相应的违约或侵权责任，即每份正本指示运单的效力相同，持一份正本提货后，其他正本、副本即为失效。

因此，如果运输单据上没有注明正本和签发的份数，则视为已提交全套正本原件。ISBP745 总则第 6 条提出，UCP600 涉及的运输单据内容，只有在提交正本单据时方可使用。如果信用证能够立足副本取代正本，那么信用证需要对特定细节加以明确。因此，如果存在副本，应当说明副本的数量和副本是否可以作为原件接收的问题。ISBP745 总则第 29 条提出，正本单据数量应当最少是信用证或 UCP600 要求的数量，若单据注明已出具的正本数量时，应当提交该单据注明的正本数量，除非另有规定。综上分析，如果存在多份正本，单据上应记载正本的数量和标明"正本"字样，以防对正本和副本判断不明时引起争议；如果未标明"正本"及其数量，则视作该单据为正本，且只有一份。

（3）单据的签发时间。

ISBP745 总则第 11 条提出，汇票、运输单据和保险单据必须注明日期，即使信用证没有作出具体规定；第 14 条规定，任何单据都不得显示其在交单日之后出具。《国内信用证结算办法》（2016 修订）第 54 条第 1 款规定，所有单据必须在信用证到期日、交单期截止日和实际交单日期之前出具。UCP600 第 6 条（d）款提出，信用证需要清楚标明单据时效；第 14 条（i）款对单证签发时间作了更为具体的规定，规定出单时间可以比信用证出具时间更早，但不得迟于信用证规定的交单日期。因为运输单据的出具日期和信用证规定的有效期紧密相连，如果不满足上述条件，可能会发生倒签提单和预借提单的情形，引发交易风险和议付困难。

（4）铁路运输单据的语言和信用证保持一致。

ISBP745 总则第 21 条规定，结合国际银行通用操作，受益人单据应该与信用证语言保持一致。若信用证对使用语言种类作了规定，目标银行在对其进行通知时，可对单据语言作出数量规定，并以此作为信用证责任件。因此，铁路运输单据的语言和信用证的语言应保持一致。

2. 相关主体的信息

（1）标明托运人名称。

运输单据需要受益人（卖方托运人）向承运人交付或装运货物后才能取得，[1] 此运输单据必须标明托运人的身份。在信用证法律关系下，托运人一般为出口方（卖方）。信用证中的受益人，只有履行了交付货物的义务，才有可能取得信用证下的款项。因此，在运输单据上必须标明托运人的名称，方便后期议付行审核相应的单据，防止信用证欺诈情况的出现。在铁路运输领域，相关主体除出具铁路运输单据外，还会签订相应的买卖合同、运输合同和申请开立信用证的相关协议。在这些文件内容中，将清楚地记载托运人、承运人、收货人和通知人的名称、住所地以及联系方式。基于运输单据的简明性要求，在单据上只需标明这类主体的名称即可。

（2）标明承运人名称。

承运人在铁路货物运输过程中扮演着重要角色，是货物的实际控制人，其主要义务是将货物运往指定地点并交付指定收货人。只有在运输单据上注明承运人名称，才能明确货物在运输中造成损失的情况发生时，收货人行使请求权的对象。在承运人签字时，需要特别注意其是否存在代理人，以此决定签名的不同，但不管其是否存在代理人，其中的住所和通信地址都应该填写承运人本人的。因为即使存在代理人，代理的义务亦直接归属于承运人承担。承运人的名称可以遵循下列规则：①承运人及具名代理人以签发、批注等方式对货物收讫进行确认；②承运人及具名代理人如果要对收货单据进行签署操作，须对身份进行标明；③代理人如果要针对单据加以签署，或作出批注等操作时，须对自身身份进行标明；④如果单据之上并未载明具体的承运人，则运输公司负责人签字及印戳与签署证明效力等同。

（3）标明收货人名称。

在物权凭证化的背景下，运输单据必须是具有可流通性的，因此只存在不记名运输单据和凭指示运输单据两种形式。不记名运输单据中不存在收货人的

---

[1] 参见邓旭：《跟单信用证法律与实践》，学林出版社2010年版，第20页。

姓名，因此该单据持有人可直接请求承运人交付货物，请求信用证项下的议附行结汇；凭指示运输单据中必须标明收货人的上述信息，以明确承运人应听谁指示、将货物交付给何人。具体如何填写以及是否填写收货人的名称，关系到货物所有权的占有和转让，须结合信用证的规定。

（4）标明通知人名称。

信用证上如果需要标明通知人，则应标明其名称等相关信息，使通知人能够及时通知运输单据持有人提货，防止货物在卸货地积压而产生不必要的费用。

3. 货物基本情况

货物是整个运输法律关系中的核心标的物，只有将货物在规定的时间内运往规定的地点，承运人才完成其义务，据以请求结算运费。实践中，信用证应用时，不法分子可能会做出一些欺诈行为，如受益人对原本应该交付的货物故意拒绝进行交付，或者交付物与预期价值不符。在运输单据上，应明确货物的名称、种类、数量、毛重、尺寸，才能有效杜绝前述欺诈情形，这也是明确卖方是否按照买卖合同全面真实地履行交货义务的判断标准。

在铁路货物运输中，沿途经过的国家或地区数量众多，可能会产生各方对同一词语的不同理解。以中欧班列为例，沿途经过的国家或地区存在语言、文化等方面的差异，加上各行业在货物名称界定方面有所差异，因此口岸通关时，应当将货物的名称完整、准确地写明，并防止由于语言文字的差异而导致同一词汇在理解上的偏差，进而影响后续的结汇。结合 ISBP745 总则第 1 条和第 2 条的内容，不仅仅是在描述货物名称时，在所有的用词上，都应当避免使用缩略语或是不被国际普遍认可的缩略语，否则将承担因单据不符而被拒付的后果。虽然在现行的国际贸易中，信用证的审单标准从“严格相符原则”向“实质相符原则”转变，但实质相符原则在实践中很难把握。[1]

（二）流转——增加确立控货机制规则

铁路运输单据是单据物权效力形成的依据，而控制方的货物控制权（即控货权）是相应铁路运输单据具有物权凭证功能的具体体现，因此使用物权凭证时采取的控货机制是关键规则。本文建议参照《鹿特丹规则》的相关规定补充完善控货机制的相关具体规则，包括控货权的主体即控制方的识别和确定，控

---

[1] 参见慕德升：《跟单信用证若干法律问题研究》，中国政法大学2004年博士学位论文。

货权的转让，控货权行使的范围、期限及基本要求等，具体分析如下。

1. 明确控货权的权利与义务主体

（1）控货权的权利主体。

讨论谁可以享有控货权的问题，也就是讨论控制方的识别规则，这是货物控制权的基本问题。在铁路货物运输中，如果当事人选择签发可转让运输单据，结合贸易法和运输法中的大部分单证体系，托运人有双重义务：①托运人有保管、运输和交付货物的义务，这是由运输合同确定的；②单据持有人根据单据履行交付义务，这一义务来源于签发的物权凭证化的铁路运单，是单证法律制度的一般要求。托运人、收货人、持单人和承运人之间的法律关系应当根据相应的运输单据建立。❶ UCP600 第 5 条规定，在信用证结算中，银行只处理单据，不处理货物、服务或其他行为。因此，对于不同类型的运输单据，有必要采用不同的识别方法来识别控制方，以确定在特定情况下享有控货权的主体。具体操作可参照如下方法加以识别：可转让运输单据在签发环节，持有人属于控制方，控制方应同时具备所有单据正本。根据一般的运输规则，可转让的物权凭证是“谁持有，谁有权”，单据持有人有权向承运人主张包括控货权在内的单据项下权利。

可转让物权凭证是当事人之间法律关系的核心关键点。可能持有可转让运输单据的主体，包括但不限于托运人、收货人、托运人和银行。单据持有人有权凭运输单据占有货物，承运人有义务凭可转让运输单据向其交付货物。对于持有文件的托运人，不应免除这一交付义务。换言之，托运人通过完成转让而失去了对运输单据所涵盖货物的控制，无法就收货人或目的地的变更向承运人发出指示，从而保护了唯一持有人的利益。这就是可转让运输单据的合法持有人是控制人的法律逻辑。在商业实践中，文件的占有非常重要。单据的合法持有人不仅可以凭单据取得货物，还可以通过对货物的控制权，以拟制占有、拟制交付等形式，取得货物的所有权。这也是货物控制权独立于提单权利和所有权单独存在的意义。❷

---

❶ 参见邬先江、陈海波：《货物控制权之研究》，载《中国海商法年刊》2003 年第 1 期。

❷ 参见李小年：《国际海商法前沿问题文萃》，中国法制出版社 2008 年版，第 87 页。

（2）控货权的义务主体。

《鹿特丹规则》第52条规定，当满足条件时，承运人应执行控制方发出的指示，其中承运人一般是指与托运人订立运输合同的一方。承运人签发的运输合同、单据或者电子运输凭证可以作为控制人行使控货权的依据。因此，承运人有义务遵守控制人的指示。但从司法实践的层面进行分析，在实际操作中，也有一些货物运输，是由与托运人订立运输合同的承运人来实际完成的。在该方面，我们可以参照《鹿特丹规则》第1条，以“履约方”的概念来取代“实际承运人”。履约方必须直接或间接地受承运人的委托，货物运输合同关系也必须与承运人确立；履约方对托运人或承运人以外的控制人不承担任何义务。如果控制人发出货物控制指示，承运人必须将指示转交履约方，以便货物控制指示生效。因此，履约方不属于货物控货权的义务主体。❶

2. 明确控货权的行使规则

（1）行使控货权的条件。

行使控货权时，应充分考量义务人能力的有限性，不能超出承运人能力范围。行使控货权必须满足以下三个条件。

①主体条件。即发出指示的人是有权行使控货权的。这是对货物控制权主体的认定，以及如何证明其为控制人的问题。这个问题已在前文详细描述，不再赘述。

②程度条件。在指示送达情况下，承运人可以合理执行该指令的内容。承运人行使控货权时，不应对商业活动造成任何干扰。在国际铁路运输中，一趟列车上不仅服务会受客观条件（如气候变化等）的影响，还往往会运载多个托运人的多种货物。承运人应当考虑到指示对其自身和其他托运人货物的风险和影响，如果指示超出了合理执行的范围或干扰了正常操作，如要求承运人进行“不正常的改道”或执行指示会损害其他货主的利益，承运人有权拒绝执行。

③时间条件。即承运人仅在责任期享有控货权，期满则控货权终止。承运人责任对应的时效期应该遵循《鹿特丹规则》的相关规定，即自承运人或履约方为运输而接收货物时开始，至货物交付时终止，俗称“门到门”模式。同

---

❶ 参见傅廷中：《对货物控制权制度若干法律问题的解读》，载《中国海商法年刊》2009年第1期。

时，这一时间范围内的规定保持一定的灵活性，双方可以达成协议，将货物控制权的行使时间缩短到法定期限。

（2）控货权的行使范围。

控货权涉及的内容很多，除了就货物发出指示、更改指示等权利，还包括明确提货位置和提货人的变更权。

①就货物本身发出或者修改指示的权利。控制人发出指示或修改指示等均应当依据运输合同中的约定。《鹿特丹规则》在如何理解“不构成对运输合同的修改”上并没有明确界定，根据一般的理解，合同变更可以从广义和狭义上进行区分。从广义上看，合同变更并不涉及当事人，而是仅针对合同内容做出改变。变更合同内容的范围包括标的物、价格、附随义务等。从狭义上看，控货权的行使属于履行条件变更的范畴。此外，根据性质不同，合同变更也可以被区分为实质性合同变更与非实质性合同变更。《鹿特丹规则》第54条规定，当承运人认为合同内容确有必要变更的，必须和控制方协商确定。

对于国际铁路运输合同中控货权下的合同变更的性质认定，学界基本上形成了统一定论，认为其不属于实质性变更，这是因为此种情况下将导致旧合同灭失而新合同成立，进而造成合同之前成立的基础消灭（新合同与旧合同的当事人是可以变更的，并非完全一致）。因此，“不构成对合同的修改”一语指的是，货物控制权的行使应当以运输合同不被实质性修改为前提，而仅是对运输合同的部分修改或者增加内容，主要包含调整合同履行地、修改货物交付人，以及根据合同其他约定对运输过程中货物具体如何保存、温度及通风等保存条件进行变更。

②修改收货人的权利，即控制方有权对货物进行处分，能够自主决定将货物交由其他代理人或新的交易对象。如此约定，能够赋予卖方在无法得到偿付时恢复占有和支配货物的权利，进而通过行使中途停运权进行权利救济，或另外寻找新的买方重新出售货物，或交由分支机构或代理人将货物提取保存。

③变更提货地点的权利，即货物抵达预定地点前，控制方途中可以对目的地加以调整的权利。其主要涉及货物目的地的变更和合同的提前终止，但必须强调的是，这并不代表指示绕行。提货地点的变更通常与收货人的变更同时发生，因为一旦目的地发生变化，提货人通常不再是必须在预定停靠地提货的收货人。收货人简单变更而不改变提货地点的，实质上仅构成运输合同的变更，

而变更提货地点能够达到提前终止运输合同的法律效果。从本质上看，两者都属于中途停运权在国际铁路运输领域的提升。该两项权利赋予了控制人自由处分货物的权利，它们互相作用，形成了货物控制权的核心内涵。根据相关法律的规定，这两项权利有助于卖方在第一时间采取措施，有效地降低销售合同中买方不履行或不完全履行义务而造成的风险。

3. 控货权的行使方式和转让

控货权的行使方式与转让，建立在确认控货权主体的基础之上，进而发挥控货权的作用。

（1）控货权的行使方式。

一般来说，当控制方标明权利持有人的身份，就能够依法行使货物控制权，即通过递交完整的电子运输单证或运输单据，可以向承运人发出符合执行条件的控货权指示。参照《鹿特丹规则》第 52 条的规定，承运人有权要求控制人提供与货物同等数额的担保，行使控货权通常需要在相应的运输单据或电子运输单证中完成“登记或并入”，由承运人或者代理人“签字”来实现。

（2）控货权的转让。

关于控货权的转让，应采用权利主体的识别方法。一方面，对于能够转让的运输单据，持有该单据是证明自身具备控货权的唯一途径，因此运输单据的流转就意味着实现了货物控制权的转让。但是，正本超过一份的，必须将所有正本单据统一转让，这样受让人才能具备控货权。另一方面，如果电子运输凭证对应的签发权是可以转让的，那么转让操作中，承运人只有对单据的持有者展开转让操作签发以替换此前凭证，其中应包含替换单据的具体声明，控货权才算完成转让。这样既可以有效提高电子化提单的流转速度，又可以保障电子单证的安全性和可靠性。

（三）严格的凭单放货制度

在铁路运输中形成的凭单放货制度，目的在于确保提单持有人对货物的控制权。只有将运单物权化，运单持有人的利益才能够最大化地得到保障。同样，基于运单物权化，持有运单就能够产生控制货物的法律效果，银行才会为持有人提供信用证明，并提前代买方支付购货款。正是因为存在控货权，银行在买方未向其支付对价货款时，有权凭借其获得的运单来依法处分该运单下的相关货物，以此来维护银行权利。但这必须建立在承运人充分遵守凭单放货义务的基础之上，否则该权利将无法实现。如果承运人在无运单的情况下违规放货，则运单持有人的控货权就会沦为一纸空文。此外，无单放货会让交易双方及承运主体面临极大的货物风险。

第一，从承运人角度来看，无单放货本身就是违约，如果提货主体不是收货人，承运人应当对自己的违约行为承担责任。此外，运单持有人本身也是货物的所有人，其可以依靠运输单据向承运人主张侵权责任。

第二，从买方来看，凭单放货制度无法严格得以执行，将导致其货物所有权人的地位受到冲击。为了掌握单据正本，买方履行了支付货款义务，能够根据正本提单依法提取相关货物，而如果承运人拒不执行提单放行的义务，将货物违规发放给没有提单的第三人，那么作为货物所有人的买方则根本不能实现凭单提货。收货人为了能够顺利收货，通常都进行了充分准备，也为此付出了巨大成本，承运人无单放货将直接导致收货人前期投入的损失。

第三，运单具有物权化凭证的法律效果，如果在没有运单的情况下违法放货，银行及卖方的权益将受到损害。如果不论是否持有运单，承运人均可以将货物交由买方的话，买方也能够拒不支付对价，而银行也可以随意从承运人处撤走货物。此时卖方及银行手中的提单实际上就成为毫无用处的“废纸”，控制方的货物控制权也就被架空了。控制方权益被恣意侵犯，而不得不采用诉讼途径来维护权利，但诉讼需要付出巨大的成本，且所有推进铁路运单物权凭证化所带来的货物再流转、融资抵押等功能效益也将无从谈起。

总之，无单放货对于交易各主体都存在巨大风险。建立健全严格单证放行制度，能够最大限度地控制物权凭证化运单风险，包括信用风险和法律风险，同时也为物权凭证化运单信用机制提供制度保障，能够尽可能地降低运单欺诈产生的可能性。为此，应当在《国际货协》及《国际货约》的基础上，建立健全严格的凭单放货机制，打击无单放货的违法行为，突出对物权凭证化国际铁路运单持有人货物控制权的保护。

“铁路提单”规则设计与海运提单的比较探讨

杨　军　潘　华*

摘　要：国际铁路货运单证物权化对国际贸易和我国贸易发展都具有重大意义。通过私法自治、指示交付和物权法定缓和理论的组合论证，国际铁路货运单证物权化在理论上是可以实现的。目前，司法实践和各级政策也都倾向于支持国际铁路货运单证物权化的实现。为完成该目标，国际铁路货运单证物权化的最佳选择应该是构建起类似海运提单的“铁路提单”制度。而从语义分析和国际货运单证的命名习惯来说，“铁路提单”是最合理的名称选择。参考海运提单，并结合“铁路提单”作为物权属性的国际铁路货运单证的现实，“铁路提单”不仅应当具备运输合同及其凭证和货物收据等传统货运单证的基本内涵，更应当具备物权凭证属性的关键内涵。由此出发，“铁路提单”起码应当具备提货、流转、融资和证据等功能属性，以实现“铁路提单”的物权内涵。

关键词：国际铁路货运单证　铁路提单　物权凭证　提货功能

一、引言

不断推进国际贸易发展是世界经济社会发展的重要主题，而畅通的国际货物运输通道则是实现该主题的关键前提。铁路作为国际贸易重要的运输方式之一，以其成本低廉、运力大、污染少、耗能低、气候适应性强等优势在中远距离的大宗货物运输上占有重要地位。作为陆上货物中远距离运输的最佳方式，

---

* 杨军，北京交通大学法学院副教授，法学博士。潘华，北京交通大学法学院2019级法学硕士研究生。

铁路运输对内陆国家和地区尤为重要。从理论上说，通过陆地相互连接的亚洲、非洲和欧洲各国和地区之间，最经济、快捷和合理的货物运输方式就是铁路运输，但由于地缘政治等诸多历史和现实因素影响，过去多年来亚欧非修建的铁路并没能形成直通运输通道，而中欧班列的开行无疑是建设亚欧非大陆国际铁路运输的一次有益尝试。

应当注意的是，相对于国际海洋运输而言，国际铁路运输仍是新兴事物，其相关制度规则，尤其是法律制度规则仍不完善，这极大地制约着国际铁路运输的发展。在相关问题中，探索具备物权属性的铁路货运单证制度，因涉及提升路上国际贸易效率和安全性以及结算融资效益等问题，被最先被提了出来，亟待解决。因此，本文以中欧班列铁路创制具备物权属性之铁路货运单证为契机，拟对铁路运单物权化问题进行研究，以期为保障和推动中欧班列自身的顺畅运行和发展、为国际铁路运输法律制度完善做建设性的讨论。

国际铁路货运单证物权化是否应该推行？是否能够被实现？目前国内外的意见并不统一。一方面，部分学者质疑国际铁路货运单证物权化的必要性，他们认为国际铁路货运的运输时间并不如国际海运运输时间那么长，如中欧班列运行全程不过十五天左右，基本上不存在需要以在途货物进行交易或进行融资的需要。另一方面，还有部分学者质疑国际铁路货运单证物权化实现的可能性，他们认为国际铁路货运单证物权化既面临着理论支撑不足的困境，又需要面对国际铁路货运两大公约对立的挑战，这在理论和现实层面都是难以实现的。[1]因此，就国际铁路货运物权化问题，亟须进一步研究和探讨。

二、“铁路提单”可能性之证成

（一）私法自治、指示交付与物权法定缓和之理论支撑

国际铁路货运单证物权化主要是为了解决单一实物交易模式下的融资困难、资金压力大和在途货物流转不便等问题，其关键是货物控制权可否通过单证表征的问题。若单证能够可靠地表征货物控制权，则银行和其他商事主体就可以

[1] 参见李大朋：《论“一带一路”倡议下以铁路运输为中心的国际货运规则重构》，载《武大国际法评论》2017年第1期；黄力华、帅馨：《中欧班列签发多式联运提单之法律瑕疵分析》，载《西南石油大学学报（社会科学版）》2018年第3期。

放心地接受单证作为增信手段或交易对象，此时其参与铁路货运单证交易的积极性便会极大地提升，铁路货运单证也就实现了推动陆上国际贸易由单一的实物交易模式向实物交易/单证交易双模式转变的历史使命，前述问题也将迎刃而解。于是，国际铁路货运单证便成为问题的关键所在。

要解决国际铁路货运单证物权化问题，首先要考虑的是在何种条件下国际铁路货运单证才能物权化，即需要具备哪些必备要素？作为已经成熟的具有物权属性的国际贸易运输单证，海运提单的经验具有借鉴意义，可作模板参考。关于海运提单属性为何在学界仍存有争议，目前有物权说、阶段论说、债权关系说和有价证券说等诸多见解，[1] 但物权说一直是学界主流观点。[2] 在物权说内部，各家又有不同认识，存在占有权说、所有权凭证说和物权凭证说等不同观点。应注意的是，虽然上述学说名称各异，内涵和外延也不尽相同，但通过比较研究，它们至少有以下两个核心要素是相同的。第一核心要素，正本提单是提取货物的唯一凭证，承运人未核对正本提单而放货须承担责任。第二核心要素，交付提单可以产生与交付货物同等的法律效果，且无须通知承运人。换言之，上述两个方面系海运提单具备物权属性各学说的公约数，可以视作海运提单具备物权属性的核心要素，也就是海上国际贸易所认可的海运提单可靠表征货物的必备要素。因此，以海运提单为仿制对象的国际铁路货运单证理应也具备上述两个核心要素。

在确认了国际铁路货运单证物权化的条件后，需要进一步考虑的就是国际铁路货运单证理论上是否存在具备上述两个核心要素的可能性问题。

(1) 凭单交货。我国《海商法》明确规定，提单是承运人保证据以交付货物的单据。"据以交付货物"便是指承运人必须凭单交货。由于《海商法》是民事特别法，且《民法典》的相关规定系任意性规范，故海上货物运输据此获得了突破一般货运合同交货规则的合理性和合法性。我国目前并没有特别法对铁路货物运输中承运人可以凭单交货进行规定，因此在国际铁路货物运输中要求承运人凭单交货而非凭人交货面临着缺乏法律支撑的风险。但应当注意的是，

---

[1] 参见陈芳：《提单法律性质诸论评议》，载《江西社会科学》2013 第 1 期。

[2] 参见司玉琢、汪杰等：《关于无单放货的理论与实践——兼论提单的物权性问题》，载《中国海商法年刊》2000 年第 11 卷；傅廷中：《〈鹿特丹规则〉视角内提单的物权凭证功能之解析》，载《中国海商法年刊》2010 年第 2 期。

民法以私法自治为核心理念，强调“法无禁止皆可为”，民事主体可在法律未明文禁止的范围内依自己的意思表示自由选择，形成最有利于自己的民事法律关系。在铁路货物运输领域，《民法典》并未就货物交付问题作出强制性或禁止性规定，故当事人只能完全基于自愿作出承运人应当凭单交货而不得仅凭收货人身份交货的约定，从而形成优先于任意性规范适用的“自己的法律”。因此，国际铁路货运单证可以具备“凭单放货”这个第一核心要素，只需当事人约定即可。

（2）无须通知承运人，交付单证也可产生等同于交付货物的法律效果。根据《民法典》第224条的规定，动产物权变动通常自交付时发生效力；第227条规定，动产物权变动可通过指示交付完成。在国际铁路货物运输中，货物由承运人事实上管领控制，此时托运人只需与其他人达成转让返还原物请求权的合意，就可以通过指示交付的方式完成货物流转。因而，似乎只要当事人各方约定转让国际铁路货运单证，就意味着转让了货物的返还原物请求权，进而可以使国际铁路货运单证符合“交付”这个第二核心要素。但根据《民法典》第546条规定，债权人转让债权时未通知债务人的债权转让行为，对债务人不发生效力。运输合同中货物物权设立和转让一般应当按此处理，铁路运输货物亦然。[1] 故转卖人为使流转行为发生完全的法律效力，必须履行通知承运人的义务。作为保护债务人合法权益的强制性规范，该规则一般不能为当事人约定所排除，故第二核心要素似乎难以成立。然而，最高人民法院在“中国建设银行股份有限公司广州荔湾支行与广东盛粤能源发展有限公司、索来粤东电力燃料有限公司信用证开证纠纷案”[2] 中明确认可了海运提单交付将产生与交付提单下货物同等法律效果这一规则。最高人民法院通过案例的形式肯定了《海商法》这一特别法中特殊的债权债务转移规则。作为参照，其仿制的国际铁路货运单证类推适用该特别法的规则具备相当的合理性。因此，国际铁路货运单证具备第二核心要素在实践中是可能实现的，可以通过法律、法规、司法解释、判例等明示或默示准许其在特别法领域适用无须通知债务人规则。因此，国际铁路货运单证具备可靠表征货物控制权的理论可能，亦即推动创设具备物权属

[1] 参见邢海宝：《“一带一路”背景下铁路提单的法律支撑》，载《河北法学》2021年第4期。

[2] 参见最高人民法院作出的〔2005〕民提字128号民事判决书。

性的国际铁路货运单证，在制度本身的内在理论逻辑上，是可行的。

实践中，需要解决的是，在法律尚未明确规定的情况下，国际铁路货运单证物权化是否会面临无效风险的问题，这也是当前银行最关心的问题之一。[1] 绝对物权法定主义理论下，物权种类仅限于法律规定，违反物权种类法定的约定无效，即当事人绝对不得创设具有物权属性之权利。该理论以"法律所提供的物权种类和内容符合社会永远的需要"为假设，[2] 是在19世纪为了整理旧物权以彻底推翻封建财产制进而有效构建资本主义财产制的过程中产生的一项新制度，[3] 在特定历史时期内也取得了非常好的效果。但随着社会的发展，僵化的物权法定制度已难以适应当代交易发展的需要，而严格固守物权法定可能会扼杀应现实需要产生的新兴物权，进而阻碍社会发展和经济进步。民法坚持物权法定原则的目的是保护权利而绝非限制权利，[4] 更毋庸说直接拒绝新权利的产生，故有学者号召应当确立物权法定缓和原则，[5] 以免使特物权法定原则成为阻碍社会进步的绊脚石。[6] 实际上，以非典型担保和承认习惯法所创设之物权效力等为切入口，[7] 物权法定的解释已日渐宽松，物权法定缓和已成趋势。而体系解释、比较法解释、沿革解释，均可以支持物权法定缓和的观点，故该观点的确立在我国并不存在制度障碍，甚至更符合立法意旨。[8] 我国原《物权法》虽最终坚持了严格物权法定主义的立场，但在其立法过程中物权法定缓和原则也曾取得过短暂的胜利，即被直接规定在草案当中。[9] 在《民法典》中，虽然并未出现类似原《物权法》直接承认物权法定缓和原则的规定，但《民法

---

[1] 参见中国人民银行成都分行营业管理部课题组：《铁路运单融资创新——国际铁路运单物权属性的需求、障碍与建议》，载《中国金融》2019年第4期。

[2] 参见杨立新：《民法分则物权编应当规定物权法定缓和原则》，载《清华法学》2017年第2期。

[3] 参见尹田：《物权法定原则批判之思考》，载《法学杂志》2004年第6期。

[4] 同注[3]。

[5] 参见杨立新：《物权法定原则缓和与非法定物权》，载《法学论坛》2007年第1期。

[6] 参见谢在全：《民法物权论》（上册），中国政法大学出版社2011年版，第32～36页。

[7] 参见张欢：《物权法定原则的缓和趋势研究》，华东政法大学2013年硕士学位论文，第15～28页；夏静：《物权法定原则的缓和趋势研究——以非典型担保物权为视角》，载《知识经济》2015第4期。

[8] 参见张志坡：《物权法定缓和的可能性及其边界》，载《比较法研究》2017年第1期。

[9] 《物权法（草案）》第五次审议稿的第3条规定："物权的种类和内容，由法律规定；法律未作规定的，符合物权特征的权利，视为物权。"《物权法（草案）》第六次审议稿第5条规定："物权的种类和内容，由法律规定；法律未作规定的，符合物权性质的权利，视为物权。"

典》第388条第1款[1]明确承认了“其他具有担保功能的合同”的法律效力，该规定的价值不仅在于认可了法律未规定但实质上具有担保功能合同的设立担保物权的法律效力，[2] 更在于“确立了我国民法的物权法定缓和规则”。[3] 据此，物权法定缓和原则已有了法律的支撑。理论上，物权法定缓和原则的效果之一，是对具有一定物权效果且能够符合社会发展需要的，可适当赋予其物权效果，即适当放宽物权种类法定的范围。[4] 因此，依据当事人之自由合意创设国际铁路货运单证物权化以满足社会需要，具有相当的适法性和合理性。

（二）政策、司法与经验之现实支撑

1. “铁路提单”之政策支撑

在我国，立法与政策保持着十分紧密的联系，政策是法律的依据，法律是政策的规范化表达，或称之为政策的法律化。[5] 因此，研究我国的立法动向就得先从我国的政策着手。关于创设国际铁路货运单证物权化的创新性举措，因其涉及物权性设计，目前能否得到法院认可、能否得到立法支持等态度问题，即立法动向问题，必须考虑政策取向。

2017年国务院发布的《中国（重庆）自由贸易试验区总体方案》（国发〔2017〕19号）第16条明确规定，重庆应该依托地处中欧国际铁路联运通道腹地的优势，积极发展国际铁路运输，推动“构建中欧陆路国际贸易通道和规则体系”。原文相关表述虽略显隐晦，但结合同年12月22日重庆自由贸易试验区企业开出全球首份“铁路提单”信用证的举动，不难看出所谓“规则体系”肯定包括国际铁路货运单证物权化的创设，即“铁路提单”。可予佐证的是，该“铁路提单”由重庆物流金融服务股份有限公司监制，这是一家以推广应用“铁路提单”、促进陆上贸易发展为使命的国有控股企业，[6] 其成立仅一周后便

---

[1] 《民法典》第388条第1款规定：“设立担保物权，应当依照本法和其他法律的规定订立担保合同。担保合同包括抵押合同、质押合同和其他具有担保功能的合同。担保合同是主债权债务合同的从合同。主债权债务合同无效的，担保合同无效，但是法律另有规定的除外。”

[2] 参见杨立新、李怡雯：《中国民法典新规则要点》，法律出版社2020年版，第240页。

[3] 参见杨立新：《物权法定缓和的绝处逢生与继续完善——〈民法典〉规定“其他具有担保功能的合同”概念价值》，载《法治论丛》2021年第1期。

[4] 参见谢在全：《民法物权论》（上册），中国政法大学出版社2011年版，第37~38页。

[5] 参见梁慧星：《梁慧星谈民法》，人民法院出版社2017年版，第372页。

[6] 参见杨临萍：《“一带一路”背景下铁路提单创新的法律正当性》，载《法律适用》2019年第1期。

监制了上述"铁路提单"，故其政策意味不可谓不强。2017 年 12 月 28 日，重庆市九部门联合发布的《关于推进运单融资促进重庆陆上贸易发展的指导意见》明确规定，推动企业签发陆运提单，并要求各银行接受其作为贸易融资和国际结算的有效单证。由此，重庆自由贸易试验区有意支持国际铁路货运单证物权化应无异议。

2018 年发布的《国务院关于支持自由贸易试验区深化改革创新若干措施的通知》（国发〔2018〕38 号）直接表示，支持赋予国际铁路运单物权凭证功能，支持将其作为信用证议付票据。根据学者解释，此处所指的铁路运单应当是代指国际铁路货运单证，因为从现行国际铁路货物贸易规则并比照海运规则来看，铁路运单没有具备物权属性之可能。❶ 2019 年国家发展改革委发布的《西部陆海新通道总体规划》（发改基础〔2019〕1333 号）更是明确，要"推动并完善铁路提单融资工程"。所谓"铁路提单"在当前的学术研究语境下仅有一个所指，即可用于融资的具备物权属性的新型国际铁路货运单证。《西部陆海新通道总体规划》正式提出"铁路提单"的概念，意味着我国在国家政策层面正式承认了"铁路提单"这样一种具备物权属性的国际铁路货运单证的地位。此外，在《西部陆海新通道总体规划》出台之前召开的十三届全国人大二次会议上，就有提案建议明确"铁路提单"的物权凭证功能。

我国相关部门在国内努力推动建立物权属性"铁路提单"规则的同时，还在国际上不断做出尝试。例如，2019 年 6 月中国在联合国国际贸易法委员会第 52 届会议上提交了《中国关于联合国贸法会就解决铁路运单不具备物权凭证属性带来的相关问题开展工作的建议》，以期建立国际铁路货运单证物权化规则。2019 年 12 月，商务部推动与国际贸易法委员会共同举办"国际贸易中的铁路运单使用及未来法律框架高级别研讨会"，推进国内外有关铁路单证物权化创新的研究。之后，商务部经过调研，发布了《关于建立铁路国际联运单证物权凭证问题工作机制的函》，以期推动从国际层面解决国际铁路货运单证缺乏物权属性的问题。❷ 此外，国家铁路局牵头向铁路合作组织委员会提交了《关于成立"赋予国际铁路联运运单物权属性"问题临时工作组的提案》并得到回

❶ 参见杨临萍：《"一带一路"背景下铁路提单与铁路运单的协同创新机制》，载《中国法学》2019 年第 6 期。

❷ 参见林备战：《中欧班列：需求旺盛 稳定增长》，载《中国远洋海运》2021 第 2 期。

应，该工作组在2019年10月的《国际货协》组织例会上成立，旨在专门解决国际铁路货运单证的物权属性问题。[1] 该工作组自2021年3月至2022年3月举行了数次视频会议以专门讨论相关问题，俄罗斯、乌克兰、白俄罗斯和匈牙利等国均对铁路单证物权化问题表示支持，并提出了自己的提案，会议对《国际货协附件第7号草案》进行不断修改，明确了要设计物权性铁路运输单证基本规则的倾向并为之不断努力。

2. “铁路提单”之司法支撑

根据物权法定缓和原则，司法和习惯是实现物权法定缓和的主要手段——或是通过司法承认法外物权，或是直接认可形成习惯之新旧物权形式的效力。[2] 我国以“铁路提单”为代表的国际铁路货运单证物权化尚未形成商事习惯，[3] 故国际铁路货运单证物权化之路需要更多地借助司法之力。实际上，作为一项新的物权类型，即使不直接被司法承认，也必须得到司法的支持，毕竟具备法院认可的效力是任何新型民事法律关系得以发展的必要条件。因此，司法态度对新兴的具备物权属性的国际铁路货运单证来说，意义重大。

2020年6月24日，全国首例乃至世界首例的“铁路提单”物权纠纷案在重庆宣判，引起学界和实务界关注。[4] 该案中，第三人英飒（重庆）贸易有限公司（以下简称英飒公司）委托被告重庆中外运物流有限公司（以下简称中外运公司）将两辆奔驰车通过中欧班列从德国运送至我国重庆市，并约定中外运公司签发的“铁路提单”是无争议的排他性提取货物的提货凭证，中外运公司接收货物后依约签发了“铁路提单”。而后，英飒公司将案涉奔驰车出售给原告重庆孚骐汽车销售有限公司（以下简称孚骐公司），约定“铁路提单”的交付视为车辆的交付，并将“铁路提单”交付给孚骐公司。但孚骐公司凭案涉“铁路提单”向中外运公司请求提货时遭到拒绝，孚骐公司遂起诉要求确认自己享有案涉“铁路提单”项下奔驰车的所有权并判令中外运公司依法依约向自

---

[1] 参见中国海事仲裁委员会：《首届中欧班列法治论坛综述》，载微信公众号“中国海事仲裁委员会”，2021年2月3日发布。

[2] 参见张鹏：《物权法定原则的肯定与否定——评〈物权法草案〉对物权法定原则的新近修改》，载《法学》2006年第12期。

[3] 参见邢海宝：《“一带一路”背景下铁路提单的法律支撑》，载《河北法学》2021年第4期。

[4] 参见“重庆孚骐汽车销售有限公司诉重庆中外运物流有限公司等物权纠纷案”，重庆自由贸易试验区人民法院（2019）渝0192民初10868号民事判决书。

已交付车辆。该案最主要的争议焦点是，原告持有“铁路提单”是否意味着其有权提取提单项下的车辆，以及交付“铁路提单”是否产生货物交付效力。最终法院结合案件事实，认为本案各方根据原《物权法》第26条预设的交付规则中，“铁路提单”的交付与车辆的交付具有对应性，支持了原告孚骐公司凭单提货的请求。即法院既认可了当事人约定将“铁路提单”作为排他性提货凭证的效力，也认可了当事人直接通过背书转让“铁路提单”以移转提货请求权的效力。其裁判要旨有三：①当事人在法律范围内的意思自治应被充分尊重；②各方约定“铁路提单”持有人享有提货请求权的前提下，“铁路提单”的转让应视作提货请求权的转让，是指示交付的特殊形式；③当事人均应在“铁路提单”上背书以完成指示交付。[1] 该案审判法官表示：在该案中，当事人在国际铁路货运中约定使用具有排他性提货功能的“铁路提单”，承诺持有人享有见单放货的权利，这就是一种特殊的指示交付形式，因该做法没有法律规定的无效或其他效力瑕疵事由，故而应被认定为合法有效。基于上述考虑，法院确认原告享有“铁路提单”赋予的请求交付车辆的权利，被告须依法依约向原告履行义务。法官进一步表示，该案的判决结果，是法院对“铁路提单”及其基本交易模式的肯定，有助于厘清“铁路提单”相关的法律问题。[2] 因此，国际铁路货运单证的物权效力首次得到了司法的肯定。实际上，重庆自由贸易试验区人民法院已对“铁路提单”是否具备质押功能进行了论证，认为“铁路提单”可以解释为具备物权属性的“提单”。[3]

3. 试点与域外之经验支撑

“法律的生命在于经验而非逻辑”，虽然美国的霍姆斯大法官的本意是指在法律实施中经验的重要性，但实际上该判断在新制度创设推进过程中也同样可靠。我国向来注重立法前的经验积累和借鉴，广泛推行试点制度，并取得良好效果，故对国际铁路货运单证物权化立法推进也予以坚持。

我国首先在蓉欧快铁线路上试点了多式联运提单改革，尝试赋予多式联运

[1] 参见中国海事仲裁委员会：《首届中欧班列法治论坛综述》，载微信公众号“中国海事仲裁委员会”，2021年2月3日。

[2] 参见新华社：《一张“铁路提单”背后的“重庆探索”》，载微信公众号“重庆市高级人民法院”，2020年8月25日。

[3] 参见中国（重庆）自由贸易试验区：《“铁路提单”信用证融资结算》，转引自邢海宝：《“一带一路”背景下“铁路提单”的法律支撑》，载《河北法学》2021年第4期。

提单以物权效力。2017 年 4 月 6 日，首张多式联运提单的签发突破了既有国际铁路货运规则限制，被赋予物权功能，使国际铁路货运顺利实现由实物交易向单证交易的转变，进而释放其物权质押及信用证结汇等功能。同年 7 月 26 日，第二张多式联运提单则在保证第三方对货物实施全程监控的同时，尝试引入开证公司提供资金，从而顺利实现了多式联运提单的议付功能。这一举措极大地提升了发货人的回款速度，有力地激发了出口商选择铁路运输作为国际贸易运输方式的积极性。实际上，蓉欧快铁在多式联运提单金融模式的深化改革上尝试了不同方案：①引入保险公司，由保险公司向开证行提供履约保证保险来担保开证方部分信用证敞口金额，以使其能在减少资金压力的情况下顺利开设信用证；②引入开证公司，由开证公司代理企业开设信用证或提供议付；③引入担保公司，由担保公司担保开证方部分信用证敞口金额，使其得以顺利开设信用证。需要注意的是，上述方案都有赖于货运公司全程监控货物来保证货物真实且安全。

在蓉欧快铁试点多式联运提单改革后不久，重庆自由贸易试验区则开始创设具备物权属性的新型铁路货运单证，以解决通过国际铁路货运进行国际贸易的进出口企业的融资和信用证结汇问题的实验。2017 年 12 月 22 日，全球首张以“铁路提单”为议付单据的信用证由中国工商银行重庆市分行开具。[1] 相关负责人介绍，“铁路提单”运作的基本架构如下：①当事人之间约定“铁路提单”为唯一排他的提货凭证，由货运公司签发；②货运公司承担货物验收和全程监控责任；③托运人凭“铁路提单”办理质押、信用证结汇等服务；④进口方履行义务后方能取得“铁路提单”并据此提货；⑤“铁路提单”随货运输，但收货人为货运公司。[2] 一言以蔽之，上述机制其实是跟单信用证下以“铁路提单”为标的的权利质押结算金融模式。

综上所述，我国对国际铁路货运单证物权化试点早已开展，在实践的数年内积累了相当多的经验，可以有效地支撑相关制度创设工作的开展。实际上，成都在 2019 年就在商务部协助下对改革经验进行了全面梳理和总结，并形成了一套相对成熟的规范，例如以下规范性文件：《多式联运单证规则》《多式联运

---

[1] 参见黄光红：《首创“铁路提单”国际信用证》，载《重庆日报》2017 年 12 月 26 日，第 13 版。

[2] 参见林备战：《推进中欧班列铁路多式联运运单物权化》，载《中国远洋海运》2019 年第 7 期。

提单正反面条款》《铁路提单正反面条款》《提单质押融资合作协议》《货物运输代理协议》《进口货物项目合作协议》《进口货物委托协议》和《铁路货物运输保险协议》等。而且，国外也不乏赋予海运提单以外的陆运单证以物权效力的经验，完全可以为相关工作的开展提供经验借鉴。例如，美国、加拿大及墨西哥之间的公路运单在实践中常被用作物权凭证。[1] 又如根据美国《统一商法典》的规定，[2] 是否具备物权属性只要符合法律要求之实质要件即可，名称为何并不重要，[3] 故具备物权属性的单证理论上并不限于海运提单，[4] 可以包括各类符合条件的运输单证，也可以包括"铁路提单"。

三、"铁路提单"之基础规则设计

（一）"铁路提单"之名称设计

目前，关于如何创设具备物权属性的国际铁路货运单证的路径并不一致，故其名称也存在差异。一种观点认为，应当通过改造当前铁路运单赋予其物权凭证的方式实现国际铁路货运单证物权化，此时其名称继续为铁路运单应无异议。[5] 另一种观点则认为，应当在铁路运单之外单独创设一种新的具备物权属性的国际铁路货运单证，有学者将这类新的货运单证称作"多式联运提单"，[6] 也有学者称为"铁路提单"。[7] 应当注意的是，铁路运单和多式联运提单的名称都有其固有弊端，难以有效承担顺利推动国际铁路货运单证物权化的责任。在当前，"铁路提单"的名称应当是不二之选。

---

[1] Stephen G. Wood, Multimodal Transportation: An American Perspective on Carrier Liability and Bill of Lading, *The American Journal of Comparative Law Supplement*, vol. 46, pp. 403 - 420 (1998).

[2] 《统一商法典》第 1 - 201 条第 15 项的规定：物权凭证是指提单、码头提货单、码头收据、仓单或提货单，以及其他任何单据，此种单据在通常交易或融资过程中被视为可充分证明其占有人有权接收、持有及处置该单据或者其所代表的货物。单据若要成为所有权凭证则必须标明系由承储人签发或者系签发给承储人的，并且标明代表着由承储人所占有之货物，该货物已经特定化或者特定化整体之可识别部分。

[3] 参见刘斌：《物权证券的法律结构与立法选择》，载《法学杂志》2018 年第 8 期。

[4] 参见孙妍：《"铁路提单"规则的构建路径与法律适用》，载《社会科学研究》2020 年第 5 期。

[5] 参见秦淑敏：《国际铁路货物运单物权化研究》，北京交通大学 2020 硕士学位论文。

[6] 参见孙彬：《中欧班列国际铁路联运采用多式联运提单对策的研究》，载《铁道运输与经济》2016 年第 4 期。

[7] 参见邓翊平：《签发具有物权凭证属性"铁路提单"的思考》，载《金融理论与实践》2018 年第 6 期。

1.“铁路运单”不适之证成

在讨论铁路运单的名称是否合理之前，我们有必要先讨论一下通过铁路运单改革实现国际铁路货运单证物权化路径的可行性问题。目前，国际铁路货运规则基本是《国际铁路货物联运协定》（本文以下简称《国际货协》）与《铁路货物运输国际公约》（本文以下简称《国际货约》）二分天下的格局。两大公约诞生在社会主义与资本主义两大阵营对立的背景下，故二者在具体规则和内容上割裂明显。虽然当前的国际格局已经发生了巨大变化，且国际社会也一直试图推动二者的统一，但二者割裂的状态一直未能发生实质性改变，各国经济政治差异明显，改革将不可避免地冲击部分既得利益者的既得利益。因此，作为二者合作最重要成果的统一运单也仅是两大公约运单规则的合并，而并未改变其割裂的现状。[1] 由此，在《国际货协》与《国际货约》均未赋予铁路运单物权属性的背景下，试图直接推动创设统一的有违运单制度本质的物权属性制度几乎无可能。实际上，参照海上运输规则体系，铁路运单也不应具备物权属性。据此，有学者直截了当地表示，铁路运单不可能具备物权属性。[2] 铁路运单改革的路径似乎并不可行。

铁路运单不适合作为具备物权属性的国际铁路货运单证名称的根本原因在于，不具备物权属性的铁路运单无论是在改革推进过程中还是在改革之后，都有其独立价值。一方面，目前普通的铁路运单依然是国际铁路货运的必备单据，故为了保证货物运输工作能够顺利开展，在改革推进过程中必须同时签发一张不具备物权属性的铁路运单和一张具备物权属性的国际铁路货运单证，即不具备物权属性的铁路运单在改革过程中仍不可或缺。另一方面，海运运单因具备预防欺诈、快速交货和减少开支等优势，在国际海上运输中逐步发展起来，成为海运提单的有益补充。与之类似，为了满足国际贸易中短途运输快速提货和减少费用等的需要，不具备物权属性的铁路运单仍有必要独立存在。而且，赋予当事人选择适用具备物权属性或不具备物权属性的铁路货运单证的自由，还可在一定程度上减少改革推进的阻力。亦即，在改革之后，不具备物权属性的

---

[1] 参见李大朋：《论“一带一路”倡议下以铁路运输为中心的国际货运规则重构》，载《武大国际法评论》2017年第1期。

[2] 参见杨临萍：《“一带一路”背景下“铁路提单”与铁路运单的协同创新机制》，载《中国法学》2019年第6期。

铁路运单作为具备物权属性的国际铁路货运单证的有益补充，仍有其继续独立存在的价值。因此，为了区分的需要，并不适宜将具备物权属性的国际铁路货运单证也称作铁路运单。

2. "多式联运提单"不适之证成

虽然我国《民法典》关于多式联运单据可转让的规定一定程度上赋予了多式联运单据物权属性，可作为国际铁路货运单证物权化的国内法支持，但将单纯的具备物权属性的国际铁路货运单证称为多式联运提单是不科学的，因为多式联运提单实际上另有所指。

尽管《民法典》对多式联运单据进行了规定，但并未说明多式联运单据何指，其他法律也并未明确具备物权属性的可转让多式联运单据何指。但根据我国《海商法》的规定，多式联运是指采取必须包括海上运输在内的两种及以上方式的货物运输模式。因此，单纯的国际铁路货物运输并不能被称为多式联运，所以在我国具备物权属性的国际铁路货运单证理论上也就不能采用多式联运提单的名称。

在国际层面上，虽无生效的强制性公约对多式联运单证进行统一规定，但也不乏对其开展的制度探索。1973 年国际商会发布的《多式联运单证统一规则》（以下简称《联运规则》）第 2 条将其定义为多式联运合同之证明，1975 年国际商会将其修订为从事货物联运工作或组织相关合同之证明；又根据此条规定，（多式）联运是指利用诸如海运、空运或铁路运输等当中的两种及以上方式进行的货物运输模式。因此在《联运规则》的语境下，多式联运单证是包括两种及以上不同运输方式的运输合同存在或履行之证明。1980 年《联合国国际货物多式联运公约》（以下简称《联运公约》）第 2 条则指出，多式联运单证还是承运人接收货物并保证依约交付货物的单证。实际上，多式联运的概念在其诞生之初，就指的是利用两种不同工具进行的国际货物运输。[1] 综上，在国际法语境下，单纯的国际铁路货运也不能被称作多式联运，因此具备物权属性的国际铁路货运单证在国际理论上也就不能采用多式联运提单的名称。

应当注意的是，经手多家承运人的国际铁路运输只能被称作国际铁路联运，与必须采取海、陆、空等多种方式运输的多式联运存在本质区别。[2] 因此，即

---

[1] 参见陆水官：《联运提单与多式联运提单的区别及应用》，载《上海海运学院学报》1997 年第 3 期。

[2] 同注[1]。

使《联运规则》《联运公约》和我国《民法典》的规定赋予了多式联运单证物权属性，可有效降低国际铁路货运单证物权化过程中来自国际和国内的阻力，但多式联运作为一类独立存在的运输方式，[1] 其名称被强行转移到国际铁路运输领域，大有狐假虎威之嫌。更何况，《联运规则》作为国际惯例不具备强制力，《联运公约》则被预言永远不会生效，[2] 二者能为铁路运单改革提供多大的助力尚存疑问。

3. “铁路提单”恰当之证成

根据上文分析，为应对现实需要而意欲创设的具备物权属性的国际铁路货运单证最重要的特点在于凭单提货。《说文解字》记载：“提，挈也。从手、是声。”挈，在古汉语中有提取、拿之意。《现代汉语字典》显示：提，有提取之意。因此，以“提”字来表征单证的提货功能最能符合中文语义。又由于该单证仅针对铁路运输设计和使用，以“铁路”而非“多式联运”命名更显合理。所以，用“铁路提单”来表述国际铁路货运中具备提货功能的单证，无疑在文字逻辑上是合理的。

通过制度对比可以发现，在国际货物运输中，人们习惯以“运单”来指代仅具备运输合同功能和货物收据功能的货物运输单据，如海运运单、多式联运运单等；而以“提单”来表征具备提货功能的货物运输单证，如海运提单、多式联运提单等。因此，基于避免造成混淆的考量，遵循上述命名规则以“铁路提单”指代国际铁路货运中具备提货功能的单证可谓恰当。实际上，几乎所有学者都认为，国际铁路货运单证物权化应当以国际海运单证制度为参考，充分借鉴海运单证的成熟经验来架构铁路运输的单证制度，因此采用“铁路提单”的名称更能反映二者之间的吸收借鉴关系。

应当注意的是，若充分考虑名称中每个字词的指代，对照海运提单的名称，“铁路提单”应当称作“铁运提单”更合理。但我国学界和实务界都习惯以铁路运单作为不具备提货功能的铁路运输单据的名称，故采取就近原则，沿用“铁路”取代“铁运”来指代铁路运输并无不妥。更何况在实践中试点地区已经采用了“铁路提单”的名称，且该名称已被正式写入国家公文。

---

[1] 参见张丝路、李志文：《“一带一路”战略下多式联运运输规则研究———以〈鹿特丹规则〉为借鉴》，载《兰州学刊》2017年第6期。

[2] 参见邢海宝：《“一带一路”背景下“铁路提单”的法律支撑》，载《河北法学》2021年第4期。

综上，"铁路提单"从理论和现实的角度都是指称具备物权属性的国际铁路货运单证名称的合理选择，《国际货协附件第7号草案》也采用了提单的表述并获得了工作组的支持。

（二）"铁路提单"之内涵设计

关于"铁路提单"制度内涵的设计，可参考海运提单的相关内容，二者产生的目的和需求相近。有学者认为，"铁路提单"就是参照海运提单进行设计的，❶ 起码应当参照海运提单进行设计，❷ 这也是学界的共识。因此，"铁路提单"制度的内涵理论上可以以海运提单的制度内涵为范本。根据我国《海商法（修订征求意见稿）》第71条对提单（海运提单）进行的专门规定，提单是指用以证明海上货物运输合同和货物已经由承运人接收或者装船，以及承运人保证据以交付货物的单证。海运提单至少具备三重法律内涵：一是证明运输合同存在和部分内容的证明文件；二是证明承运人已将货物装船或接收货物的证明文件；三是承运人保证见单交货的保证书。质言之，海运提单是运输合同凭证、货物收据和物权凭证。❸ 实际上，根据《联运公约》和1991年版《联运规则》，具备物权属性的多式联运单证的基本内涵也与此大体相同。❹ 由此，将具备物权属性的国际铁路货运单证设计为运输合同及其凭证、货物收据和物权凭证具有相当的合理性。

1. 运输合同凭证及其组成部分内涵之证成

"铁路提单"的运输合同及其凭证内涵，是指"铁路提单"是国际铁路货运合同存在和内容的初步证明文件，且其自身构成货物运输合同的组成部分。据此，相对人可以根据"铁路提单"直观判断合同内容和效力。"铁路提单"作为特殊的运输合同，其效力可以突破合同相对性和债权移转的通知规则，直接及于货运代理人和提单受让人。

海运提单是海上运输合同的证明凭证，这一认知在学界和实务界并无异议，

---

❶ 参见杨临萍：《"一带一路"背景下"铁路提单"与铁路运单的协同创新机制》，载《中国法学》2019年第6期。

❷ 参见邢海宝：《"一带一路"背景下"铁路提单"的法律支撑》，载《河北法学》2021年第4期。

❸ 参见杨良宜、杨大明：《提单与其他付运单证》，大连海事大学出版社2016年版，第152页。

❹ 1991年版《联运规则》规定，多式联运单证是证明多式联运合同的单证，该单证可以在适用法律的允许下，以电子数据交换信息取代，并且以可转让方式签发，或者标明记名收货人，以不可转让方式签发。

但海运提单是否属于运输合同的组成部分仍存有争议，值得在此简要分析。反对海运提单是运输合同的主要理由有以下两点。①在提单签发之前，运输合同就通过订舱这一合同行为成立，签发提单的行为只是承运人依据运输合同履行的义务，而不是订立运输合同这一民事法律行为，故提单并不是运输合同（组成部分）。❶ 该观点源自“阿登内斯轮案”中 Goddard 法官关于合同先于提单存在的论述。❷ ②承运人签发提单的过程中并未体现要约—承诺的要素，签发提单是承运人的单方民事法律行为，不符合大陆法系合同成立理论，故难称其为合同。实际上，许多海商法教材都坚持提单并非运输合同（组成部分）的观点。❸ 但也有学者在坚持上述观点的同时，认为提单在转让至善意第三人后，实际上发挥了运输合同的功能。❹ 支持提单是合同组成部分的观点主要有以下三点：其一，提单是托运人和承运人意思表示一致的产物，符合合同成立要件。其二，提单具备合同主要条款。其三，提单即合同（组成部分）是趋势。❺ 也有学者认为，提单功能因社会发展异化而取得特定条件下运输合同（组成部分）的身份。❻ 还有学者主张，将提单权利性质改造为“意思表示法定说”，以突破海运合同的相对性限制，根据该观点，提单所记载的内容具有合同性质。❼ 由于对此问题，学界和实务界并无统一规定和认识，进而导致法院在案件审理中存在司法适用不统一的问题。❽

笔者认为，反对提单是运输合同（组成部分）的观点并不能站得住脚，理由如下所述：其一，提单签发过程中体现了要约—承诺的要素。其理由在于，提单内容通常是公开、公知的，托运人请求承运人签发提单的行为通常意味着其愿意受提单条款约束，除非其明示拒绝，即托运人的请求行为构成了以提单

---

❶ 参见王义源、曾凯：《远洋运输业务》，《人民交通出版社》2003 年版，第 68 页。

❷ 参见赵德铭：《国际海事法学》，北京大学出版社 1999 年版，第 231 ~232 页。

❸ 参见贾林青：《海商法》，中国人民大学出版社 2003 年版，第 114 ~ 115 页；司玉琢：《海商法》，法律出版社 2003 年版，第 126 页。

❹ 参见倪学伟、陈益文：《提单与海上货物运输合同》，载《政法论丛》1997 第 3 期。

❺ 参见隋平：《浅论提单的合同性》，载《安徽理工大学学报（社会科学版）》2004 第 1 期。

❻ 参见马得懿：《作为海上货物运输合同证明之提单的功能异化》，载《当代法学》2005 年第 4 期。

❼ 参见李天生：《提单对海运合同相对性的突破及其解释——基于提单权利性质学说的研究视域》，载《东南学术》2012 年第 6 期。

❽ 例如，天津海事法院（2003）海商初字 68—72 号民事判决书认为提单不具备合同条款效力，但厦门海事法院（2004）厦海法事初字第 51 号民事判决书又认为提单具备合同条款效力。参见刘萍：《对“提单非合同”观点的质疑》，载《法学》2008 年第 11 期。

条款为内容的适格要约，而承运人同意签发提单的行为就构成适格承诺。因此，提单实质上是承托双方经要约—承诺程序后意思表示一致的结果。其二，以运输合同与提单签发的先后顺序来说明提单不是运输合同（组成部分）的观点。在逻辑上并不合理。一方面，实践中存在大量先履行而后订立合同或直接不订立合同（即事实合同）的情况，其合同效力也是被认可的；另一方面，即使有先订立的运输合同，提单也可作为补充协议存在。值得注意的是，反对派学者为了坚持观点，指出提单对合同的证明效力仅限于一致的部分，与提单记载不一致的特别约定不得约束提单受让人。根据该观点，提单转让后在受让人与承运人间实质上发挥着运输合同的效力。因此，通过运输合同与提单签发的先后顺序来论证提单并非运输合同（组成部分）的观点略显牵强。此外，否认提单的合同身份将冲击提单作为合同证明文件的理论周延性，因为在承托双方未事先订立运输合同时，提单将无合同可证明。❶

在现代的各种法律规制中，很少强调表面的形式，而是更多强调事情的实质。❷ 提单本质上就是运输合同的有效组成部分，即使其形式上存在瑕疵，也不能就此否认其合同效力，否则容易损害交易市场信心，不利于对相对人权益的保护，进而阻碍国际贸易的发展。因此海运提单应当具备运输合同的身份，这也是目前各界观点的主流和趋势。我国《海商法》第 78 条规定，承运人同收货人、提单持有人之间的权利义务关系依据提单的规定确定，这完全可以视作提单内容就是合同条款的法律依据。因此，“铁路提单”应同时具备运输合同凭证及运输合同（组成部分）之证据的双重身份。

2. 物权凭证内涵之证成

“铁路提单”的物权凭证内涵，是指“铁路提单”是承运人保证见单交货和提单持有人凭单提货的书面文件。这是“铁路提单”最重要的制度价值，也是其产生和创制的目的。其实，关于提单是否能够或是否应该被称作物权凭证，学界的观点并不统一。

否认提单被称作物权凭证的观点主要有以下五种：①否认提单的物权属性，

---

❶ 参见庄加园：《提单上的请求权移转与货物物权变动——以德国法为视角》，载《东方法学》2015 年第 1 期。

❷ 参见［英］阿蒂亚：《合同法概论》，程正康等译，法律出版社 1992 年版，第 134 页。

认为提单仅是代表托运人享有的再次占有货物请求权的设权证券，性质上为债权。[1] 既然提单是债权，自然不能被称作物权凭证。②认为提单表征货物所有权，提单的合意流转实质上就是货物所有权的移转，[2] 因此应当称为所有权凭证更为恰当。该观点又有绝对说、相对说和代表说的区分。[3] ③认为持有提单本身并不能代表对货物享有完全物权或其他物权，仅是对货物享有占有的权利的证明。就该占有的性质，也有的学者主张其为间接占有，有的学者主张其为拟制占有。[4] 由此，提单应当被称作占有凭证而非物权凭证。进一步来说，就该占有凭证的属性问题，又产生了证明性占有凭证和设权性占有凭证之争。[5] ④认为提单具有抵押融资或担保的功能，体现抵押效力，故可称为抵押权凭证。[6] ⑤认为将提单称为物权凭证既于法无据，又不符合国际贸易的实践，是翻译过程中的历史误会，应当根据"document of title"的原意将其译为权利凭证。[7] 产生该争议的原因在于，对提单作出明确定义的《汉堡规则》和我国《海商法》，均仅指明提单是"承运人保证交付货物的单证"，但提单持有人所享有的对承运人的交货请求权性质如何并未予以明确，其权源为何也难以确定。由于《鹿特丹规则》较《汉堡规则》缺少了"保证交付货物"的表述，学界又一次掀起了关于提单是否为物权凭证或提单物权凭证属性是否弱化的讨论。[8]

可以确定的是，反对观点①②④目前得到的支持较少。根据我国《最高人民法院关于审理无正本提单交付货物案件适用法律若干问题的规定》（2020修正）第3条第1款的规定，承运人因无正本提单交付货物造成正本

---

[1] 参见林一、张进：《提单法律性质的再分析》，载屈广清主编：《大连海事大学法律论坛》2004年第2卷，法律出版社2004年版，第125~132页。

[2] 参见李守芹：《论提单的法律性质》，《中国海商法年刊》1995年第6卷。

[3] 参见王文军：《提单物权效力的法律构成》，载《清华法学》2010年第4期。

[4] 参见梁山：《提单物权效力推定论》，载《中国海商法年刊》2005年第16卷。

[5] 参见吴仁坚：《解析提单物权凭证功能的内涵》，载《中国海商法年刊》2007年第18卷。

[6] 参见胡正良、曹冲：《对提单的物权凭证功能的再思考》，载《中国海商法年刊》1996年第7卷。

[7] 参见李海：《关于"提单是物权凭证"的反思——兼论提单的法律性质》，载《中国海商法年刊》1996年第7卷。

[8] 参见姚莹：《〈鹿特丹规则〉对承运人"凭单放货"义务重大变革之反思——交易便利与交易安全的对弈》，载《当代法学》2009年第6期；傅廷中：《〈鹿特丹规则〉视角内提单的物权凭证功能之解析》，载《中国海商法年刊》2010年第2期；韩立新：《〈鹿特丹规则〉下记名提单"物权凭证"功能考探》，载《华东政法大学学报》2010年第6期。

提单持有人损失的，正本提单持有人可以要求承运人承担违约责任，或者承担侵权责任。据此规定，无正本提单可导致违约责任和侵权责任的竞合。因违约责任系基于运输合同之债发生，而侵权责任只能是侵害绝对权的救济手段，由此提单持有人基于提单享有的提货请求权系物权而非债权应无异议。又根据最高人民法院指导性案例 111 号[1]确立的裁判规则，提单持有人并不因持有提单而自动获得货物所有权，其能否取得物权及其能够取得之物权类型均有赖于约定。据此，提单并不必然表征货物所有权，因而也就难以称其为所有权凭证。同理，也不能将提单称作抵押权凭证。前述重庆"铁路提单"物权纠纷案中，法院也认为提单受领人能否因受领取得物权及其能取得何种物权并不必然，而是决定于提单交付的基础法律关系。该案判决最终认可了提单持有人基于提单享有的排他性提货请求权。按照德国通说理论，提单也仅使持有人获得提货请求权，而非获得货物物权。[2]

我国学界对提单物权凭证的表述源自英美法系的"document of title to goods"，因此从语言的精确性来说，译为"（货物）权利凭证"更为合理。从理论上来讲，英美法系并无物权概念，而"title to goods"也仅是英美财产法中一个并不精确、严密的概念，指的是对物之权利；而"document of title to goods"最初也仅是指代托管制度中表征寄托人权利的凭证。因此将"document of title to goods"翻译为"物权凭证"明显是不合理的。另外，英美法在案件和理论中使用"document of title to goods"都意在强调其占有和控制的功能，并不直接表征货物之上的财产权，[3] 因此将其称为"占有凭证"也显合理。

实际上，无论用何种学说来解释提单"保证交付货物"的内容，其制度内涵的主体都是物权性的提货请求权，目的都在于融资和流通，核心都在于控制货物。因此，该制度内容名称为何并不那么重要。提单在不同基础法律

---

[1] "中国建设银行股份有限公司广州荔湾支行诉广东蓝粤能源发展有限公司、惠来粤东电力燃料有限公司等案"，最高人民法院（2015）民提字 126 号民事判决书。

[2] 参见庄加园：《提单上的请求权移转与货物物权变动——以德国法为视角》，载《东方法学》2015 年第 1 期。

[3] 参见李海：《关于"提单是物权凭证"的反思——兼论提单的法律性质》，载《中国海商法年刊》1996 年第 7 卷；韩立新：《〈鹿特丹规则〉下可流通提单"物权凭证"功能沦丧抑或传承?》，载《中国海商法年刊》2010 年第 3 期。

关系下会展现出所有权、质押权和占有权等不同权利特性，[1] 使其精确化命名变得困难。但无论是所有权，还是质押权，或是占有权，其都能涵盖在大陆法系的物权体系之下，故称其为物权凭证似乎并无不妥。在过去的数十年中，学界一直都在使用物权凭证的称谓指代提单保证交付货物的内容，可谓已经形成了路径依赖，因此在无重大理论漏洞的情况下继续坚持这一表述更显恰当。

3. 货物收据内涵之证成

“铁路提单”的货物收据内涵，是指“铁路提单”是承运人接收到提单记载货物的凭证。货物收据是提单的固有内涵之一。收据作为表征接收特定财物的书面确认，[2] 有以下两层含义。①接收到财物。承运人签发“铁路提单”即意味着承认其已经接收到托运人委托其托运的货物。②接收的财物具有特定性。承运人认可其接收到的托运人交由其运输的货物重量、数量、种类等表面描述与“铁路提单”记载一致，并保证将具有“铁路提单”记载外观描述的货物运输到指定地点交付给特定收货人。

根据我国《海商法》第73条的相关规定，提单应当记载货物的数量、重量等表面状态，承运人无须探求货物内在品质或挖掘其他与运输无关的事项。[3] 亦即，承运人仅需对通过合理检验手段所观察到的货物外在状况负责，而不承担因货物内部原因或与运输无关的原因造成损失的责任。此外，提单还应记载货物的接收日期，以向收货人提供第三方确认的可靠的交货时间。

根据《海商法》第46条的相关规定，承运人因运输货物不同而使责任期间不同，这直接影响到提单货物收据属性的认定。根据该条规定，集装箱货运责任期间始于货物接收，故收货待运提单和装船提单都可作为货物收据。这是为提单信用证惯例所接受的。而且非集装箱货运责任期间始于上船，故此时收货待运提单并不能起到货物收据的作用。因此，对于非集装箱货运而言，只有装船提单是货物收据，当事人取得收货待运提单后还必须取得换发的装船提单才能真正保障其权益。

需要注意的是，虽然多数人可能将作为货物收据的提单签发依据指向大副

---

[1] 参见梁山：《提单物权效力推定论》，载《中国海商法年刊》2005年第16卷。

[2] Garner B. A., *Black's Law Dictionary*. 8th ed. Minnesota State: Thomson/West Group, 2004, p. 1296.

[3] 参见傅廷中：《提单的货物收据功能之辩证》，载《中国海商法研究》2014年第3期。

收据。[1] 但大副收据实际上只是一份初步单证而非最后单证，[2] 它也被英国学者称作临时收据或简易收据，[3] 其并不是法律意义上的货物收据，而是海运业务流程中的普通业务单据，故其并不是提单签发的法定依据。我国《海商法》第71条规定，提单是"用以证明……货物已经由承运人接收或者装船……"，《汉堡规则》表述与此基本相同，因此提单可以作为货物收据的依据实质上是法律的直接规定。由此承运人在签发提单时虽然可以参考大副收据，但更应该尊重客观事实，对大副收据中不符合实际或无关的记载予以更正或删除，对漏载的事项进行添加。

在实践中，应当注意区分提单的货物收据属性和国际贸易中的货物收据。因为二者在记载事项和形式上与提单相近，且在一定条件下可以相互转化，[4] 故极易产生混淆。国际贸易中的货物收据虽在一定情况下可成为运输合同的证明，[5] 但它更多的只是一种接收货物的收据，不具备物权属性和流通性。因此托运人在实践中十分注重二者的区别，以避免因混淆造成损失。

（三）"铁路提单"之功能设计

1. 提货功能之证成

"铁路提单"的提货功能，是指收货人享有凭"铁路提单"向承运人提取货物的权利，承运人有向收货人见单放货的义务。提货功能是"铁路提单"最重要的功能，是作为具备物权属性的国际铁路货运单证的"铁路提单"创设的根本原因。"铁路提单"的提货功能源于其物权凭证属性，依据是《海商法》第71条的相关规定。虽然该条并未直接明示提单具有提货功能，但明确了承运人负有将货物交付给出示提单之收货人的义务，因此收货人享有凭提单向承运人提取货物的权利。

"铁路提单"的提货功能包括以下两层含义。一是承运人必须见单才能放货，一般不得向没有提单的人交付货物。其理由在于，若无相反证据，持有提

---

[1] 参见傅廷中：《提单的货物收据功能之辩证》，载《中国海商法研究》2014年第3期。

[2] 参见杨良宜：《提单及其付运单证》，中国政法大学出版社2001年，第56页。

[3] 同注[1]。

[4] 参见薛介年：《海上货物运输中"货物收据"的法律性质》，载《政治与法律》1999年第3期。

[5] 姚新超、李欣：《国际贸易中"货物收据"（FCR）的认定及出口商的因应策略》，载《国际贸易问题》2013年第3期。

单就意味着享有提货权，即使其无法证明真正的货物物权人的身份，甚至无法证明持有人是否享有占有权，但承运人最稳妥的选择仍然是凭正本提单放货。[1]根据我国《海商法》和国际惯例，虽然承运人可以一次签发一式数份的正本提单，但承运人在将货物交付给提单持有人后，就可认为其所负担的运输合同项下的交货义务业已履行完毕，[2] 即使事后出现真正权利人向其主张提取货物，承运人也不承担赔偿责任。德国和美国也确立了这一规则。[3] 该规范源于英国确立的两项规则：①承运人凭正本提单放货无过错；②承运人见一份正本提单交货后，其余正本提单自动失效，作为多数提单条款的该规定是有效的。[4] 应当注意的是，根据我国《最高人民法院关于审理无正本提单交付货物案件适用法律若干问题的规定》和《鹿特丹规则》等，在特定条件下可以减免承运人的无单放货责任，[5] 但在理由不充分等情况下，承运人仍须向货物的真正权利人承担不凭正本提单交货的赔偿责任，而即使承运人最后可以追偿，也是得不偿失的。[6] 实际上，凭单交货规则是提单物权凭证属性的必然要求，且其在一定程度上可以避免收货人提货后转让提单的商业欺诈行为，故而应严格遵循。二是收货人必须向承运人交出提单。虽然根据我国《海商法》的相关规定，无法直接得出收货人必须向承运人交出提单的结论，但根据《汉堡规则》对提单定义的表述，承运人放货的前提是收货人交出提单，故将我国《海商法》中的"据以"解释为承运人"据"收回之提单交货和收货人"以"交付提单提货为宜。

实际上，承运人收单交货已是公认的。[7] 各方对不记名提单和指示提单持有人必须通过出示提单提取货物并无疑问，但对持记名提单的收货人是否也必

---

[1] 参见杨大明、范崴等：《论无正本提单交付货物——潜在的各种危险》，载《中国海商法年刊》2000年第11卷。

[2] 参见刘寿杰：《解读〈最高人民法院关于审理无正本提单交付货物案件适用法律若干问题的规定〉》，载《中国海商法年刊》2009年第3期。

[3] 参见邢海宝：《"一带一路"背景下"铁路提单"的法律支撑》，载《河北法学》2021年第4期。

[4] 参见杨大明、范崴等：《论无正本提单交付货物——潜在的各种危险》，载《中国海商法年刊》2000年第11卷。

[5] 同注[2]。

[6] 参见谷浩：《论收货人及其权利、义务和责任》，载《中国海商法年刊》2001年第11卷。

[7] 参见胡正良：《海运提单项下的提货权与承运人无单放货责任的认定》，载《大连海事大学学报（社会科学版）》2003年第2期。

须交单提货似乎尚存争议。其原因在于，记名提单通常不具备可转让性，因而其是否具备物权凭证属性被质疑，进而产生了记名提单持有人是否必须交单提货的争议。2002 年，我国法院作出了两份支持承运人对记名提单无须凭单放货的判决，更是引起了学界的争论。[1] 根据我国《海商法》的相关规定，记名提单的收货人也必须凭单提货，法律无例外规定。国际上，除美国以外的多数国家和国际公约都要求记名提单人交单提货，[2] 而我国法院支持对记名提单收货人无单放货的两则案例正是参照美国法的结果，我国法院仍坚持的是记名提单收货人也必须交单提货的判决思路。[3] 因此，无论是记名提单收货人、不记名提单收货人，抑或是指示提单收货人，其适用“铁路提单”收货功能的前提均是必须向承运人交付正本提单。

2. 流转功能之证成

“铁路提单”的流转功能，是指“铁路提单”可以无须通知承运人即可进行转让，且提单的转让意味着提单所代表的权利同时发生移转。提单具有可转让性是提单流转功能产生的基础，也是提单能够用以从事担保和结汇等业务的前提。但应当注意的是，“铁路提单”具有的是流转功能，具备的是可转让性，与流通性或流通功能并不同。“铁路提单”在严格意义上并不具备流通性，也不具有流通功能。

虽然流通和转让在语义上均有将某物从某地移转至其他地方的基本内涵，但二者并不完全一致。在英美法体系中，转让是指通过买卖等方式放弃或出让某项财产或利益、占有、设定留置的行为；流通是指使受让人成为单证持有人的行为。二者在移转的标的、方式等方面均存在差异，[4] 但总体而言，转让可以涵盖流通的内涵，即流通在此意义上是一种特殊的转让。在我国理论界，通常认为可转让即意味着受让者只能得到不优于出让人的权利，而可流通则表明

---

[1] 参见“江苏轻工诉江苏环球、美国博联公司无单放货案”，武汉海事法院（1999）武海法宁商字80号民事判决书；“美国总统轮船公司与菲达电器厂、菲利公司、长城公司无单放货纠纷案”，载《最高人民法院公报》2002 年第 5 期。

[2] 参见韩立新：《〈鹿特丹规则〉下记名提单“物权凭证”功能考探》，载《华东政法大学学报》2010 年第 6 期。

[3] 参见“东方海外货柜航运有限公司记名提单无单放货案”，最高人民法院（2002）民四提字 10 号民事判决书。

[4] 参见谢静：《国际海上货物运输中提单转让法律问题研究》，大连海事大学 2004 年硕士学位论文。

受让者的权利不会受出让人权利瑕疵影响，即受让人可能受让优于出让人的权利。[1] 国际贸易法专家施米托夫也持相同观点。[2] 因此，虽然我国有部分学者主张提单具有流通性，但也不得不承认其不完全符合流通性的特质而称其具有不完全流通性。[3] 实际上，可转让性的表述更符合提单的特性，也更能准确描述提单的流转功能和特点，即提单受让人通常不能获得优于前手的权利，而这也是符合我国《海商法》用语的选择。

“铁路提单”的流转功能体现了提单的可转让性，在适用中需要注意以下四个问题。①并非所有“铁路提单”都具有流转功能，只有指示提单和不记名提单具备可转让性，具有流转功能，记名提单则不宜具备流转功能。根据我国《海商法》第79条的规定，记名提单不可转让，指示提单和不记名提单可以转让。在美国，根据《统一商法典》的规定，只有在提单是凭指示或无记名时，才可流转。②不同类型的“铁路提单”的流转规则不同。根据上述条文规定，不记名提单无须背书，完成交付即可转让；指示提单则需要经过空白背书或记名背书，再完成交付，才发生转让的效果。但在美国，指示提单未经背书仍可发生转让的法律效力，只是受让人的权利将会受到限制。[4] 这是更符合比例原则和鼓励交易原则的立法选择，应当为“铁路提单”立法所借鉴。③“铁路提单”的流转效力优于货物实际流转的效力，即提单所表征的物权优先于货物实际物权。在美国，根据货物“锁定”在提单中的原理，通过提单取得的货物物权（包括所有权、担保物权等）可排斥货物实际买卖中的物权，但不优于货物留置权和优先权。④“铁路提单”应当类推适用善意取得规则。根据当下理论，提单不属于动产，[5] 不能适用善意取得。但考虑到“铁路提单”须通过表征货权（控制权）以实现和强化其融资结汇及流转功能的现实需要，有必要准许其类推适用善意取得规则。

3. 金融功能之证成

“铁路提单”的金融功能，是指“铁路提单”是设立权利质权的适格客体，

---

❶ 参见尹东年、郭瑜：《海上货物运输法》，人民法院出版社2000年版，第248页。

❷ 参见隋军：《论提单的可转让性》，对外经济贸易大学2000年硕士学位论文。

❸ 参见李守芹：《论提单的法律性质》，载《中国海商法年刊》1995年第6卷。

❹ 参见美国法学院、美国统一州法委员会：《美国统一商法典及其正式评注（2）》，李昊译，中国人民大学出版社2005年版，第422页。

❺ 参见田土城、王康：《〈民法总则〉中财产权的体系化解释》，载《河北法学》2018年第12期。

也是据以开设信用证的有效单证。以提单作为银行质押或信用证开设的客体是国际海上贸易的惯常选择,❶ 也是提单具备物权属性和流转性的结果。"铁路提单"具备金融功能以缓解企业的资金短缺问题，正是"铁路提单"创设的直接目的之一。

根据《民法典》第 440 条的规定，提单可以作为权利质押适格客体进行出质。但多数观点认为，此处的提单仅限于海运提单，故以"铁路提单"进行权利质押似乎存在现行法上的障碍。实际上，《民法典》并未对提单的范围进行界定，上述认为权利质押之提单限于海运提单的论据系目前我国仅有《海商法》对提单进行了规定，故根据法律规范的统一性，《民法典》第 440 条提到的提单也应仅限于海运提单。但应当注意的是，根据《民法典》第 840 条的规定，多式联运中承运人可以签发可转让单据，而在理论上，具备可转让性的单证即具备物权凭证效力，因而可转让多式联运单证是符合权利质押要求标的是可转让财产权的要求的,❷ 属于权利质押的适格客体。也就是杨良宜教授所说的，在满足特定条件时，可作为海运提单来对待多式联运单证。❸ 并且在《海商法》第 73 条中也直接出现了"多式联运提单"的表述。据此，在我国法律体系内将《民法典》规定之"提单"作广义解释是可取的。实际上，无论是可转让的海运提单、"铁路提单"，还是多式联运提单，其本质都是可转让性质的财产权利，三者除在运输方式上存在区别外，并无其他法律层面的实质性区别，故没有理由在赋予海运提单质押功能的同时将同质的"铁路提单"排除在权利质押体系之外。更何况，我国法院对非典型担保一直都持相对开放的态度，对仅内容不符且有公示手段的非典型担保通过归于相似典型担保承认其效力。❹ 因此，认为"铁路提单"是《民法典》第 440 条所称"提单"应为于法理、于法均有据。

在以"铁路提单"进行权利质押（质权）时，要注意以下两点问题。一是

---

❶ 参见姚洪秀、王千华:《浅论跟单信用证支付条件下海运提单的作用——质押与信托占有》，载《上海海运学院学报》1997 年第 4 期。

❷ 参见胡开忠:《权利质权研究制度》，中国政法大学出版社 2004 年版，第 54 页。

❸ 参见杨良宜、杨大明:《提单与其他付运单证》，大连海事大学出版社 2017 年版，第 117 ~ 118 页。

❹ 参见刘贵祥:《〈物权法〉关于担保物权的创新及审判实务面临的问题（下)》，载《法律适用》2007 年第 9 期。

质权以交付“铁路提单”为设立依据。因此仅双方达成以“铁路提单”进行权利质押的书面协议并不能发生提单质权设立的法律效果，还必须满足提单持有人以设立质权之意思交付提单的条件。实际上，根据海上贸易中信用证的交易惯例，提单质权的设立不以书面形式为必要，这也是《民法典》第 441 条规定的依据所在。需要注意的是，此处的交付应当理解为转让，因此指示提单还必须进行质押背书，而不记名提单无须进行质押背书。二是根据《民法典》第 442 条的规定，当提单记载的提货日期早于主债权到期，质权人可以选择提货并就此与出质人协商提前清偿或提存。其一，“可以”表明这是属于质权人的权利而非义务，故提货与否取决于质权人的现实考量和判断，但质权人一旦放弃提货，就可能面临质权无法实现及其他担保人在质物可实现价值范围内免责的风险。当然，在质权人还有其他足额担保时，完全可以为了权利实现的简便和节约费用选择不提取货物。需要明确的是，提货是质权人的合法权利，若质权人选择行使权利，则承运人和出质人都负有配合义务，不得以债权实现期间尚未届满为由拒绝其提货请求。其二，在质权人依法凭单提取货物后，质权人可以与出质人协商以货物提前清偿债务或将其提存。此处的“可以”对质权人和出质人具有不同的法律内涵。对质权人而言，“可以”意味着选择的权利，即质权人可以选择向出质人提出提前清偿或提存的请求，并就此与出质人协商；但对出质人而言，“可以”应当理解为必须，即出质人必须二选一，不能既不允许质权人就货物提前清偿，又不允许其提存。由此认为，若出质人拒绝质权人提前清偿的请求，则质权人有权将货物提存；若出质人拒绝质权人提存货物的请求，则质权人有权依法拍卖、变卖货物进行提前清偿。

需要注意的是，目前企业以“铁路提单”进行融资还存在授信条件不足的问题。在实践中，企业以海运提单等适格单证从事信用证融资等业务以达到银行要求的授信门槛为前提，但我国通过铁路进行国际贸易的企业绝大多数还难以达到银行的授信要求，其原因主要包括以下两点：①规模小。以重庆为例，近百家国际货运代理公司中有 90% 是中小企业。[1] ②成立时间短。这导致企业往往会存在实收资本不足、供应链不清晰等问题。为此，我国必须采取措施支持上述企业的发展。目前可供考虑的有叠加动产质押模式（即提单权利质押叠

---

[1] 参见吴光豪：《构建西部陆海新通道物流金融服务体系的重庆实践、问题及建议》，载《海南金融》2020 年第 4 期。

加货物动产质押的模式）和引入核心企业提供授信或补足保证金的模式，这二者各有优劣。❶ 但考虑到银行就货物转卖能力较低和权利实现成本较高等问题，引入核心企业为中小企业提供授信或补足保证金的模式更为合理，且更符合市场化运作的要求，有利于推动发展一批新兴、有影响力的国际陆上贸易企业。在核心企业提供授信和补足保证金的选择中，又因直接提供授信有利于提高资金使用效率，能够减轻中小企业的资金压力，且不会影响银行的权利实现，所以成为理论上更合理的选择。

4. 证据功能之证成

"铁路提单"的证据功能，是指"铁路提单"的记载事项和条款可以作为诉讼中证明待证事实的证据使用，即"铁路提单"本身是适格证据形式。"铁路提单"的证据功能是其运输合同凭证和货物收据属性的直接体现，是对提单主体部分权利义务内容和货物表面状况的公示，有利于推动提单的流转。"铁路提单"的证明内容主要体现在两方面，即合同条款和记载事项，与提单运输合同凭证和货物收据属性息息相关。

"铁路提单"的背面条款是运输合同内容的证明。因为我国法律和国际公约均未规定提单的绝对必要记载事项，故其证明内容应以记载为准，并不能绝对对某一事项发挥证明作用。根据我国《海商法》第 73 条的规定，并结合运输实践，提单通常既可以对交货日期、运费支付等相对记载事项进行证明，也可以对提高或降低承运人责任限额、扩大或限缩承运人责任等任意记载事项进行证明。实际上，只要提单条款不存在无效事由或效力待定事由等瑕疵，且符合提单本质，就可以生效，进而发生证明效力。在适用"铁路提单"的证据功能时，应注意以下问题。未记载事项通常推定为未约定，故"铁路提单"应尽可能明确运费及其支付，否则按照证据推定效力将初步推定承运人未收取费用，使承运人获得货物留置权。其中，根据《海商法》第 69 条的规定，提单未特别载明时，运费应推定由托运人负担。作为例外，在提单未约定装货港发生费用的承担时，推定由承运人承担。这是《海商法》第 78 条的直接规定。上述费用包括滞期费、亏舱费等。应当注意的是，法律并未直接规定卸货港发生费

---

❶ 参见胡小渝：《"一带一路"背景下"铁路提单"质押融资金融服务发展对策研究——以重庆市为例》，载《现代商业》2020 年第 24 期。

用的承担，但根据《海商法》第73条规定的反面解释，似乎可以得出由收货人或提单持有人承担的结论。因此，应当尽量在“铁路提单”上对相关信息予以明确约定。

“铁路提单”的正面记载是货物表面状况的证明。根据《海商法》第73条的规定和运输实践，其可证明的事项包括但不限于货物的数量、体积、种类、重量及包装。根据《海商法》第77条的规定及《海牙—维斯比规则》《汉堡规则》，提单对正面记载事项的证明效力因提单持有人的身份不同而有所不同。对托运人而言，提单仅具有推定的初步证据效力。亦即，在承运人与托运人发生争议时，法律推定提单记载的货物状态（包括是否装船及货物表面状况等）为真实，但允许承运人举出相反证据予以推翻。对非托运人的持有提单的善意第三人而言，提单具有绝对证据效力。质言之，当托运人将提单转让给第三人，且该第三人不知道提单记载与实际货物状况不符的，在该第三人与承运人就货物状况发生争议时，法律认可提单记载为真实，即使承运人可以举出相反证据予以证明，法律也不予认可。这是出于保护交易相对人的考量而作出的制度安排，对提单流转功能的实现至关重要。实践中，《海牙规则》和美国的《海上货物运输法》都只认可提单的初步证据效力，❶ 但事实证明该选择是不符合实际需要的。需要注意的是，提单的上述证据效力都是以提单未进行批注为假设基础的，当承运人及其代理人由于现实原因客观上无法核对提单记载、合理怀疑或明确知道提单记载与实际不符时，可通过批注无法核对、存在不符之处或怀疑根据等来否定提单原始记载的证据效力或削弱提单记载的证据效力。其中，与批注不符的，新批注取代原始记载成为货物状况的证据；批注怀疑根据和无法核对的，以提单记载货物表面状况来证明承运人接收货物或货物装船时表面状况的证据效力被削弱。

需要进一步讨论的是，“铁路提单”的初步证据效力和绝对证据效力是否同样适用于背面条款？因为《海商法》第77条从文义上来看仅适用于提单的正面记载事项。从《海商法》第41条和第78条的规定来看，结论应该是肯定的：根据第41条的规定，承运人和托运人之间的权利义务关系由运输合同调整；根据第78条的规定，承运人和提单持有人、收货人之间的权利义务关系由

---

❶ 参见徐明：《论提单记载事项的效力》，载《大连海事大学学报（社会科学版）》2009年第8期。

提单调整。据此，提单对合同条款的绝对证明效力甚至要强于对正面记载事项的证明效力，因为《海商法》第78条并未要求此时的收货人或提单持有人为善意第三人。但从理论上来说，若上述第三人知道或应当知道承运人与托运人另有约定，且在受让时未明确表示反对的，应当受到该特别约定的约束。因此，“铁路提单”在运输合同条款的证明效力上，也应遵循与正面记载事项一致的初步证据效力和绝对证明效力的区分。

四、结语

铁路货运是世界货物运输的主要方式之一，但因为无法满足市场对在途货物安全性、流转性和融资功能发挥的需求，其能量一直未能得到真正地释放。因此，创制并推广物权属性的国际铁路货运单证就成为发展国际铁路货运及陆上国际贸易的关键所在。应当予以承认的是，具有物权属性的国际铁路货运单证是符合私法自治精神和指示交付制度内核的，并且是适应物权法定缓和发展趋势的新创造，因此在理论层面上，该创制并不存在任何障碍。而且，我国目前在政策和司法层面上，对创制具有物权属性的国际铁路货运单证都持积极支持的态度，相关试点工作也取得了相当的成效，因此该工作的开展至少在我国是现实可行的。铁路合作组织成立相关临时工作组及召开相关临时会议表明，国际铁路货运单证物权化在国际上也是得到了积极响应的，实际上俄罗斯等国的铁路部门都明确表示同意相关工作的开展和推进。因此，国际铁路货运单证物权化在现实层面也是具备相当的实现可能性的。国际铁路货运单证物权化，从语义分析和国际货运单证的命名习惯来说，“铁路提单”是其最合理的名称选择，因为铁路运单和多式联运提单都词难达意，更何况各自还有其独立的内涵和价值。“铁路提单”作为具有物权属性的国际铁路货运单证，不仅应当具备运输合同（组成部分）及其凭证和货物收据等传统货运单证的基本内涵，更应当具备物权属性凭证的关键内涵，这正是“铁路提单”诞生的初衷和目的。基于上述内涵，“铁路提单”起码应当具备提货、流转、融资和证据等功能，以实现“铁路提单”的创设使命。

论航班超售中优先登机规则的疏失与完善

孟小桦*

摘　要：优先登机规则具有规范超售处置工作和保护旅客合法权益的价值，后者又可衍生出保障与拉减的双重功能。2021年交通运输部发布的《公共航空运输旅客服务管理规定》正式生效，其针对优先登机规则提出了全新的法定要求。然而，实践中部分承运人的优先登机规则依然存在内容上的问题，包括未对内容细化、内部顺序欠佳、拉减功能缺失；还有形式上的问题，即脱离运输总条件的超售处置规则。优先登机规则的完善，首先应从承运人入手，要求承运人制定内容完备的优先登机规则，并谨慎采用单独规定的形式。其次，主管部门应加强监管职能，要求承运人的超售处置规则在实施前上报审批，确保优先登机规则符合公序良俗原则以及兼具保障和拉减功能，并且及时惩治擅自适用其他优先登机规则的承运人。

关键词：航班超售　优先登机规则　完善路径

一、引言

2017年4月9日，美国联合航空公司（以下简称美联航公司）的某航班发生超售，需要征询4名乘客自愿换乘次日的航班，即便美联航公司给出了可观的补偿，但依然无人同意换乘。于是，美联航公司通过电脑随机抽选了4名乘客，强制拒绝他们登机。但是，其中被抽中的一名男子坚持要搭乘本次航班，并且声称自己是位医生，翌日要去医院会诊病人，不能耽误。几经交涉无果后，美联航公司安保人员便暴力地将这名男子拖离座位，由此引发了轰动一时的

* 孟小桦，兰州大学法学院2020级法学硕士研究生。

“4・9 美联航驱逐乘客事件”。这一事件的发酵不仅引发了公众对航班超售的质疑，还引起学界对于优先登机规则的关注。

在当前航空运输业快速发展以及市场环境竞争激烈的情形下，航班超售的现象几乎每天都在发生，且已然成为一项国际惯例。倘若航班超售使得实际值机旅客人数超过了航班上的可利用座位数，就会产生部分旅客无法登机的后果。在这种情况下，航空公司的拒载显然会给不能登机的旅客带来极大不便，尤其是拒载非自愿放弃行程的旅客。虽然承运人尝试通过一系列“诱人”的补偿方案来征询自愿下机的旅客，试图以市场化的方式解决航班超售问题，但仍可能没有旅客自愿下机。作为最后的手段，承运人只能被迫主动拒绝部分非自愿下机的旅客登机，以确保航班能够达到正常起飞的要求。为尽可能规范超售处置工作，避免因承运人恣意拒载而侵害旅客的合法权益，优先登机规则便成为重要的控制手段。换言之，当征询自愿者程序无法解决航班超售问题时，承运人就应当严格按照优先登机规则确定被拒绝登机的旅客人选。可见，优先登机规则的重要价值在于，保证旅客在面临因航班超售而被拒载时得到公正对待。我国在解决航班超售问题的进程中，对优先登机规则已提出一定的规范要求。随着 2021 年我国《公共航空运输旅客服务管理规定》（以下简称《客规》）的出台，我国优先登机规则渐趋完善，这也标志着我国航空法治建设迈出了历史性的关键一步。

然而，我国优先登机规则焕然一新的同时，还存在些许问题。现阶段，针对优先登机规则开展研究的相关文献内容主要集中在优先登机规则的域外经验、立法建议等方面。这是由于在《客规》出台前，我国对优先登机规则尚未有完备的规范要求。但在《客规》生效之后，我们应围绕其中的最新要求进行研究，规范适用的实践问题也须通过解释学的路径尽量来补足，而非遵循既有的立法论的建构路径。本文将在厘清优先登机规则的价值功能和法定要求的基础上，充分检视优先登机规则的实践样态，通过剖析优先登机规则，提出针对《客规》中优先登机规则的完善路径，以期为学界和实务界提供些许参考。

二、优先登机规则的规范逻辑

（一）价值功能

优先登机规则意指发生航班超售后，承运人经征询自愿者程序未能寻找到足够的自愿者时，用以保证某些特殊旅客不被拒绝登机以及确定被拒绝登机的旅客人选的规则。伴随航班超售现象的增多，优先登机规则的价值也逐渐凸显。它不仅具有规范超售处置工作的作用，还可以根据合理的规则设计保障旅客的合法权益。

1. 规范超售处置工作

诚然，航班超售具有一定的合理性，同时具有自益性与公益性。[1] 但鉴于航班超售确实造成了承运人和旅客之间的利益失衡，处置工作的规范约束至关重要。尽管社会公众正在逐步接受航班超售的事实，但仍无法回避其带来的不利后果。与法定拒载或约定拒载不同，航班超售所要拒载的旅客不存在任何过错，只是不幸地被选为航班超售的“牺牲品”。承运人的拒载行为构成了对航空旅客运输合同的违反，[2] 故而必须对承运人的航班超售行为予以适当的限制。一般来说，承运人对于超售处置工作办法会详细地规定在其运输总条件之中。运输总条件通常会成为航空运输合同的主要内容，这使得其中的条款内容具有了格式条款的属性，适用关于格式条款的法律规范的调整。[3] 这就为承运人提出了较高的条款拟定义务，要求承运人遵循维护公平、保护弱者的正义理念要求，否则就将面临条款无效的后果。为体现合同双方之间公平合理的权利义务关系，承运人必须以规范的处置工作来确保航班超售的合法性，尽可能地缓和双方的矛盾，弥补受损旅客的损失。[4]

优先登机规则作为超售处置工作中的重要组成部分，担负着举足轻重的规范作用。一旦实际值机旅客人数大于航班可利用座位数，承运人的首要做法是征询自愿放弃行程的旅客。旅客自愿下机，必然是和谐解决航班超售问题的最佳途径。但如果征集自愿者程序受阻，承运人就须进一步适用优先登机规则，以满足强制性的航空安全要求。可是，征询自愿者程序的失效已经表明，航班中的大多数旅客或多或少都有不能下机的理由。无论这些理由是否符合常理，

---

[1] 参见张子川：《“超售”问题中的法律关系分析和解决之道》，载《中国民用航空》2008年第12期。

[2] 参见刘伟民：《论航空运输延误和“超售”拒载的违约责任》，载《北京航空航天大学学报（社会科学版）》2011年第6期。

[3] 参见刘海安：《航空运输法》，法律出版社2019年版，第103～105页。

[4] 参见于丹、王乙伊：《中国航空机票超售行为的合法性探讨》，载《北京航空航天大学学报（社会科学版）》2018年第3期。

这些旅客都期望承运人可以按照既定的航空旅客运输合同提供服务，实现合同目的。承运人要在这些不愿意主动放弃乘机的旅客中确定部分人以拒载，就必须拿出令人信服的理由，促使被选中的旅客积极配合下机，否则将难以杜绝“4·9美联航驱逐旅客事件”的重现。承运人首先应保障程序正义，否则即使满足对旅客合法权益有效维护的实质正义也无济于事。[1] 假设没有优先登机规则，就可能使承运人的拒载行为处于无序状态，也无法判断承运人的拒载标准是否统一、合理。因此，优先登机规则规范着承运人的超售处置工作，避免承运人随意拒载旅客。

2. 保护旅客合法权益

在保护旅客合法权益方面，优先登机规则具有双重功能，即保障功能和拉减功能。尽管单从文义上理解，优先登机规则只是保障部分旅客可以优先登机的规则。但作为超售处置工作中的关键环节，优先登机规则还承担着直接确定被拒绝登机旅客的重任，也就是拉减功能，属于合理范围内的功能扩张。

（1）优先登机规则的保障功能，即保障哪些旅客不会被拒绝登机。优先登机意味着旅客之间会存在一定的登机顺序，而非完全平等。虽然旅客与承运人订立航空旅客运输合同，表明这些旅客享有形式平等的登机权利以及机会，但因为航班超售导致部分旅客无法登机，需要在形式平等的旅客中筛选出个别被拒载的旅客，此时就需要考虑实质平等的问题，从而允许合理差别的存在。而优先登机规则暗含了符合某些特殊的优先登机因素的旅客可以优先登机的内涵要求，也就是这些旅客不应被拒绝登机。在众多不愿下机的旅客之中，总有部分旅客会被承运人优先考虑认定为不被拒载。譬如，某些旅客作为弱势群体，基于人文关怀的考量，承运人往往就会予以优先考虑，保障其登机的权利。此外，这种特定标准是承运人预先设计的，是在斟酌权衡之后所确定的优先登机顺序。承运人为保证优先登机规则的合法性，必然会制定相对公平合理的标准，这就为部分旅客排除了被拒绝登机的风险，首先保障了这些旅客登机的合法权益。

（2）优先登机规则的拉减功能，即确定哪些旅客会被拒绝登机。在保障部

---

[1] 参见李伟平：《机票“超售”中的经营者义务与消费者权益保护》，载《北京化工大学学报（社会科学版）》2016年第4期。

分旅客优先登机之后，承运人针对其余旅客同样需要做到公平拉减。通常来说，一趟航班上不会所有旅客均有极为特殊的情况，普通旅客占绝大多数。那么，承运人就需要在普通旅客中继续筛选，直至确定被拒载的旅客。在这一过程中，优先登机规则应当持续发挥作用，确保甄选程序井然有序，避免其余旅客遭到不公平的对待。承运人也须根据一些考量因素来为普通旅客排序，并且这种考量因素必须精确到个人，以此保障所有旅客都遵循优先登机规则。否则，如果考量因素过于宽泛，就会导致承运人无法通过优先登机规则精准确定被拒绝登机的旅客。这也从侧面要求优先登机规则必须尽可能详尽，决定了优先登机规则能否实现拉减旅客的功能。

（二）法定要求

我国默许航班超售的实施已有一段时间，但在法律层面上，从未对其作出专门的规定。随着我国航空运输业跨入高速发展的新时期，进一步监管航班超售成为重中之重，而优先登机规则的规范也必然是题中之义。

1. 过去的行政指导要求

过去我国对航班超售一直采取比较温和的规制方式，多体现在行政规范性文件之中，仅发挥了行政指导作用。早在2007年，原中国民用航空总局运输管理司便下发了《关于规范客票超售有关问题的通知》，督促承运人做好航班超售的各项服务工作，要求承运人制定航班超售实施细则，其中就包括优先登机规则。随后，原中国民用航空总局消费者事务中心参考美国以及欧盟的相关立法，并结合我国航空运输业的特点，于2014年发布了《公共航空运输航班超售处置规范》（MH/T 1060—2014），标志着我国开启了规范航班超售的新阶段。需要说明的是，《公共航空运输航班超售处置规范》之中“承运人应按优先乘机规则拉减部分旅客”的措辞表述，在一定程度上承认了优先登机规则的拉减功能。但该规范却没有硬性规定优先登机规则的具体内容，只是提出了一些建议性的参考因素。[1] 这赋予了承运人更多的自主经营权，允许承运人自由制定优先登机规则。

这些行政指导规则为承运人实施航班超售提出了原则性的要求和倡议性的标准，但其弊端也显而易见，即缺少强制约束力和明确指向性。当时，由承运

---

[1] 详见《公共航空运输航班超售处置规范》第5.3.1条和第5.3.2条。

人制定的优先登机规则的具体内容差异巨大，大体可分为“先到先得”规则和“综合衡量”规则两类，并且表现出部分优先登机规则的制定主体有利益倾向，缺乏对弱势群体倾斜保护等有失公平的现象。[1] 因此，承运人各行其政、优先登机规则混乱不堪的局面，亟待通过更加合理的法定要求予以解决，以切实规范实践中承运人的优先登机规则。

2. 时下民航规章要求

《客规》第46条摒弃了以往对优先登机规则的传统规制思路，创新性地提出了兜底原则和开放列举的要求，即要求优先登机规则不仅要符合公序良俗原则的底线，也强制保留了某些优先登机因素。

（1）承运人优先登机规则的考量因素应当符合公序良俗原则。美国要求优先登机规则必须符合非歧视原则，而我国公序良俗原则的范围则更加广泛，因为公序良俗原则也不允许歧视现象的存在。公序良俗是公共秩序和善良风俗的合称，公序良俗原则作为当代民法的重要基本原则，系指一切民事活动应当遵守公共秩序及善良风俗。[2] 一方面，公序良俗原则为承运人制定优先登机规则开拓进路、指引方向，要求承运人谨慎确定优先登机因素；另一方面，公序良俗原则成为审视承运人优先登机规则的重要阀门，是对承运人自主经营权的合理限制。虽然《客规》允许承运人自由制定优先登机规则，但其总体价值取向应契合当今主流社会的核心观念。也就是说，公序良俗原则作为兜底标准，杜绝了一切与之相悖的优先登机规则，避免承运人将某些不合理的优先登机因素纳入其中。当然，如果承运人的优先登机规则不符合公序良俗原则，公序良俗原则也可以用来否定承运人的优先登机规则，成为旅客寻求救济的额外路径。

（2）承运人优先登机规则的考量因素应当至少包括优先保障老幼病残孕等特殊旅客的需求、后续航班的衔接情况等。这一要求带有强制性规范的性质，意味着承运人的优先登机规则必须涵盖上述所列的考量因素。而“等”字在法条中存在“等内等”和“等外等”之别，但“至少”这一措辞就说明了“等”应是“等外等”，即取“未列举穷尽”之意，也就是允许承运人对优先登机规则加以适当改造，增添其他考量因素。不过，“老幼病残孕等特殊旅客的需求

---

[1] 参见何怡君：《优先登机规则在航班超售拒载中的适用》，载《北京航空航天大学学报（社会科学版）》2021年第5期。

[2] 参见王利明：《民法》，中国人民大学出版社2020年版，第47页。

和后续航班衔接情况”是法定的考量因素，承运人的优先登机规则必须将其纳入。这不仅是对公序良俗原则的一定展开，也明确了这两类法定考量因素的优先地位。特殊旅客诸如老幼病残孕等，是主要根据旅客年龄和生理情况所划定的范围，但不限于这五类主体，还可以是与其类似的其他群体。加入后续航班衔接的情况，是考虑到这类旅客迫切需要搭乘本次航班，否则会因后续航班难以及时衔接而造成旅客的额外损失。这当然需要限定在旅客不搭乘本次航班就必然会错失后续航班的情况，若旅客换乘下一趟航班依然能够顺利衔接上后续航班，在不具有其他特殊要求的情况下，就不应作为优先登机的旅客。除这些法定考量因素，承运人还可以自主将符合公序良俗原则的考量因素规定在其优先登机规则内，将之作为优先登机因素。

（3）《客规》也对优先登机规则的形式提出了一些要求。《客规》第8条规定，“运输总条件至少应当包括下列内容……（四）超售处置规定……前款所列事项变化较频繁的，可以单独制定相关规定，但应当视为运输总条件的一部分，并与运输总条件在同一位置以显著方式予以公布”；第43条规定，“承运人应当在运输总条件中明确超售处置相关规定，至少包括下列内容……（三）优先登机规则……”这意味着承运人的运输总条件必须包括优先登机规则，并且容许承运人将包含优先登机规则在内的超售处置规则与运输总条件在同一位置以显著的方式予以公布，且将之视为运输总条件的一部分。因此，优先登机规则既可以只规定在运输总条件中，也可在此基础上单独规定。

三、优先登机规则的实践缺憾

随着我国《客规》的正式生效，各方承运人自2021年9月1日起相继按照规范要求对优先登机规则进行了修订。在我国，航空承运人一般为航空公司，包括运输航空公司和通用航空公司。而《客规》中的承运人系指以营利为目的，使用民用航空器运送旅客、行李的公共航空运输企业，[1] 况且考虑到航班超售只发生在旅客运输的过程中，因此本文所指承运人的范围就限定在从事公共旅客运输的航空公司。截至2022年5月1日，根据中国民用航空局对于航空运输企业的名单汇总，除去货运航空公司和官网无法找到优先登机规则的航空

---

[1] 详见《客规》第63条第1项。

公司，本文共选出41家航空公司作为考察样本，就检索出的优先登机规则进行比较分析。考察样本承运人名单（简称）：国际航空公司、南方航空公司、贵州航空公司、重庆航空公司、海南航空公司、长安航空公司、天津航空公司、金鹏航空公司、联合航空公司、四川航空公司、成都航空公司、春秋航空公司、华夏航空公司、吉祥航空公司、河北航空公司、西部航空公司、东海航空公司、西藏航空公司、大连航空公司、瑞丽航空公司、长龙航空公司、青岛航空公司、乌鲁木齐航空公司、福州航空公司、湖南航空公司、九元航空公司、北部湾航空公司、天骄航空公司、幸福航空公司、东方航空公司、上海航空公司、一二三航空公司、祥鹏航空公司、深圳航空公司、山东航空公司、奥凯航空公司、昆明航空公司、桂林航空公司、龙江航空公司、厦门航空公司、江西航空公司。

（一）优先登机规则内容上的现存问题

1. 未对内容细化

极个别承运人仅在运输总条件中宽泛地写明会适用优先登机规则，却未再给出额外的解释，考察样本中只有一家承运人，即昆明航空公司存在该问题。[1]这显然是违反了《客规》第6条规定的“细化相关旅客服务内容”的要求。

（1）不透明的优先登机规则会让旅客处于信息不对称的不公平地位，侵犯旅客的知情权。知情权意味着旅客既有权知悉承运人的优先登机规则，也有权要求承运人及时准确地履行披露信息的强制性义务。[2]否则，旅客无法提前获知承运人的优先登机规则，难以采取有效措施来规避航班超售的拒载风险。

（2）这也有碍他人对承运人优先登机规则的监督。无法监督便可能滋生承运人对优先登机规则的滥用，不利于优先登机规则的规范化。

2. 内部顺序欠佳

详细写明优先登机规则的承运人，无一例外地采用了综合考量因素。这表明，我国承运人大力响应《客规》的号召，积极探索符合公序良俗原则的各种考量因素，并适用复合标准来确定被拒绝登机的旅客人选。而在软规制时期，我国部分承运人还存在“先来后到”的优先登机规则。譬如，在修订规则之

---

[1] 详见昆明航空公司《旅客、行李国内运输总条件》第33条。

[2] 参见张军：《航空旅客知情权探微》，载《西南石油大学学报（社会科学版）》2009年第2期。

前，海南航空公司的优先登机规则就采用“先来后到”的标准——以值机的时间为标准奖励先来者，惩罚后到者。虽说这使承运人在具体操作中更易于客观、准确地进行判断，也有助于催促旅客尽快到达机场进行值机，从而提高航班的登机效率。但是，相较于综合考量因素，以单一因素作为标准的优先登机规则缺乏灵活性，机械僵硬地固守“先来后到”的标准存在诸多不足。综合性的优先登机规则矫正了形式正义的偏差，进而保证更加合理地选出拒载对象，满足实质正义的要求。具体而言，承运人的综合性优先登机规则是对《客规》第 46 条的展开。这些承运人不仅尊重了法定考量因素，将老幼病残孕等特殊旅客和有后续航班衔接问题的旅客纳入其中，还充分发挥了主观能动性，在扩充法定考量因素的同时加入了其他考量因素。譬如，国际航空公司将特殊旅客解读为经其同意并事先做出安排的、有特殊服务需求的老弱病残孕旅客以及无成人陪伴的儿童旅客，明确有后续航班衔接问题的旅客是已经定妥后续联程航班座位且不可通过前序航班的变更衔接后续航班的旅客。且国际航空公司增添了其他考量因素，具体包括：执行国家紧急公务的旅客；携带人体捐献器官的人体器官获取组织的工作人员；持有有效身份证件的现役军人、警察及消防救援人员；头等舱和公务舱的旅客；常旅客。❶ 其他承运人也增设了如罪犯旅客、团体旅客、证明有特殊困难急于成行的旅客等考量因素。

然而，部分承运人试图通过优先登机规则给予支付了高票价的旅客或常旅客一定的特权，尽可能地吸引这些“优质旅客”，抢占航空市场。譬如，长龙航空公司将“VVIP、VIP、CIP 及其随行人员”置于优先登机因素的首位。❷ 这表明长龙航空公司更为注重保障“优质旅客”的合法权益，只要旅客的身份等级高就能比在客观上不便或更需要登机的旅客优先。虽然这并不能断言长龙航空公司的优先登机规则违反了公序良俗原则，但至少其不完全契合人性化的服务理念。

3. 拉减功能缺失

大部分承运人的优先登机规则无法实现拉减功能，而是过分强调了保障功能，如国际航空的优先登机规则。这种优先登机规则无法对承运人拒载旅客的

❶ 详见国际航空公司的《旅客、行李运输总条件》第 7. 3 条。

❷ 详见长龙航空公司的《旅客、行李运输总条件》第 10. 3 条。

行为进行全方位规范，因为其只顾及了特殊旅客的登机需要。承运人在适用这种优先登机规则后不能直接选出拒载对象，只能保障哪些旅客不会被拒载，而不符合优先考虑因素的旅客均会成为潜在的拒载对象，还需要进一步被筛选。即便承运人再通过随机方式来选出拒载对象，这种无差别的选择也不一定是最公平的。因此，拉减功能的缺失导致承运人拒载旅客的行为存在“真空地带”，没有明文规则的强制拘束。调查中发现，仅有 7 家样本承运人兼顾了优先登机规则的保障功能和拉减功能。❶

此外，有的承运人还在优先登机规则之外额外规定了拉减旅客规则，试图与优先登机规则互相配合。样本承运人中共有 3 家主体采取了此种方式，包括青岛航空公司、天骄航空公司以及龙江航空公司。❷ 这些承运人专门制定了拉减旅客规则，并采取了别出心裁的适用思路：先确定旅客的拉减顺序，再明确不在拉减范围内的旅客。显然，这两者的结合就使得规则的重心偏向了拉减功能，包括拉减因素和拉减顺序，而优先登机因素便不存在顺序问题。从实用与效率的角度考虑，这样的规则设计或许比单纯的优先登机规则适用起来更加便捷。因为承运人只需要从大量的旅客中挑选出个别旅客来拒载，采用以拉减为核心、优先为补充的方式，可以高效地确定出具体的被拒载旅客，而非仅从具有优先登机因素的旅客开始逐一排序。但这种方式是否符合《客规》的要求有待商榷，沿用《客规》的优先登机规则是目前更为稳妥的方案。

（二）优先登机规则形式上的现存问题

大部分承运人的优先登机规则规定在运输总条件之中，也有单独规定的形式。值得注意的是，单独规定的优先登机规则，实践中又有两种不同的表现形式。有 6 家样本承运人不仅在运输总条件中简单说明适用优先登机规则，还在其他地方就整个航班超售问题单独作出规定，其中就包括了优先登机规则的具

---

❶ 详见贵州航空公司的《国内运输总条件》第 3 章第 5.6（3）条；华夏航空公司的《旅客、行李国内运输总条件》第 32.3（4）条；长龙航空公司的《旅客、行李运输总条件》第 10.3 条；北部湾航空公司的《旅客、行李国内运输总条件》第 58.3 条；幸福航空公司的《旅客、行李国内运输总条件》第 53.3 条；山东航空公司的《航班超售致全体旅客的公开信》第 2 条；奥凯航空公司的《关于航班超售致旅客的公开信》第 3 条。

❷ 详见青岛航空公司的《旅客、行李国内运输总条件》第 14.2（2）条和第 14.3 条；天骄航空公司的《旅客、行李运输总条件》第 11.3 条；龙江航空公司的《旅客、行李国内运输总条件》第 19.5 条和第 19.6 条。

体内容。❶ 较为特殊的是，厦门航空公司和江西航空公司只采用了单独规定的方式，没有在运输总条件中规定任何航班超售规则。❷ 后一种特殊情况的出现，实际上源于这两家承运人对《客规》法定要求的误读。

根据《客规》第8条第2款的规定，承运人有权对变化较频繁的事项单独制定相关规定，且将其视为运输总条件的一部分，并规定了其与运输总条件同一位置的显著性要求。一般来说，承运人的运输总条件只有一个部分，涵盖了旅客、行李运输中的各项细则。虽然有些承运人的运输总条件形式上会区分国内和国际，但《客规》要求统一国内、国际运输服务管理，❸ 因此二者的实质内容是一致的。考虑到一些事项会变化得相对频繁，仅调整这些内容就要重新公布运输总条件，会影响其稳定性，因此《客规》允许承运人将部分事项独立出运输总条件，成为单独的规定。这不仅方便承运人对需要及时变更的事项随时调整，也最大限度地减轻了对运输总条件稳定性的破坏。同时，单独规定部分将被视为运输总条件的一部分，与其具有同等效力。

第一，需要厘定运输总条件与单独规定的关系。“视为”的法律拟制属性，意味着《客规》对性质不同的单独规定和运输总条件予以相同的法律评价，使其产生相同的法律效果。❹ 这两者在形式上可能是泾渭分明的，但内容上一定是互补的。运输总条件的内容并非事无巨细，可以依靠单独规定进行补充。因此，运输总条件既可以是全盘性的规定，也应为承运人在单独规定中继续细化的基础和依据，还可以与单独规定共同组成广义上完整的运输总条件。换言之，狭义的运输总条件与单独规定不仅可以是抽象与具体的关系，也可以是并列关系。但结合《客规》第43条的规定，运输总条件必须规定超售处置规则，由

---

❶ 详见东方航空公司的《东航航班超售服务方案》、上海航空公司的《上航航班超售服务方案》、一二三航空公司的《一二三航航班超售服务方案》、奥凯航空公司的《关于航班超售致旅客的公开信》、山东航空公司的《航班超售致全体旅客的公开信》、深圳航空公司的《深圳航空有限责任公司航班超售及非自愿降舱处置赔补偿标准》。另外，部分样本承运人关于超售处置的单独规定与截至2022年5月1日的运输总条件不一致的，不在此限。

❷ 详见厦门航空公司的《旅客、行李国内运输总条件》和《航班超售处置规定》；江西航空公司的《运输总条件》和《航班超售处置规定》。

❸ 参见《关于〈公共航空运输旅客服务管理规定〉的政策解读》，载中国民用航空局官网，http：//www. caac. gov. cn/XXGK/XXGK/ZCJD/202103/t20210315_206803. html，2022年5月1日访问。

❹ 参见刘风景：《“视为”的法理与创制》，载《中外法学》2010年第2期。

此可知运输总条件与这种单独规定应当属于前一种关系。在实践中，个别承运人将航班超售的相关规定完全脱离运输总条件，在运输总条件中没有规定航班超售的原则性内容，显然与《客规》的法定要求不符。

第二，满足显著性要求也难以证立单独规定可以完全脱离运输总条件。《客规》的显著性要求是为了使旅客在查看承运人的运输总条件时一并注意到单独规定，但实际上多数旅客的惯性认识会使其直奔运输总条件，因为实践中绝大部分承运人还是在运输总条件中详细规定了超售处置规则。或许部分旅客在运输总条件中没有找到优先登机规则后会留意到单独规定，但这不应成为承运人认为的所有旅客一定会注意到单独规定的必然假设。当然，不否认单独规定相较于在运输总条件中规定优先登机规则，前者的提示效果可能会更为明显，但这也只针对可以注意到单独规定的旅客而言。

综上所述，承运人的优先登机规则不应只采取单独规定的形式，这种做法无论是在应然层面还是实然层面均难以成立。

四、优先登机规则的完善路径

法律的生命力在于实施，法律的权威也在于实施。推进和保障《客规》的贯彻落实，对我国航空运输业的健康、有序发展大有裨益，也有利于尽早实现我国成为“民航强国”的宏大目标。当前，我国须以生效的《客规》为依据，敦促承运人进一步改进各自的优先登机规则；并且主管部门应当加强监督，以协助承运人补足优先登机规则在内容和形式上的缺失。

（一）承运人进一步改进

《客规》坚持“简政放权、放管结合”的修订原则，以发挥市场机制的决定性作用。这充分体现了对承运人的自主经营权的尊重，极大地调动了承运人的主动性、积极性和创造性。而《客规》的优先登机规则相较于之前的要求精练了许多，迎来了各承运人优先登机规则“百花齐放”的繁荣景象。但通过对承运人优先登机规则的细致考察，笔者发现，实践中的优先登机规则并不是最佳的理想状态，还存有一定的优化空间。

1. 承运人应制定内容完备的优先登机规则，避免“虎头蛇尾”

其首要前提是承运人必须细化优先登机规则，避免仅象征性地在运输总条件中说明适用优先登机规则。

2. 承运人应谨慎确定优先登机规则的内部顺序，匡正保障功能的边界

如果优先登机规则对“优质旅客”的照顾超过一定限度，航班超售的公益性将大大缩减，过分重视自益性将可能消解实施航班超售的必要性和合理性。实际上，符合前列优先登机因素的旅客一般不会遭到拒载，拒载的风险往往只是由最后若干顺位的个别旅客承担。因此，优先登机规则的前列考量因素可理解为承运人的“宣传性标语”，而趋名逐利不应成为可以公开的价值观念。

3. 优先登机规则的拉减功能极易被承运人所忽略，从而降低优先登机规则的整体价值功能

尽管优先登机规则的考量因素可以由承运人根据航空市场进行适当选择和排序，仅要求至少包含法定考量因素；但最后一项考量因素尤为重要，决定了承运人能否通过优先登机规则直接确定被拒绝登机的旅客。而值机时间先后可以成为优先登机规则的兜底标准。[1] 值机时间先后是较为客观且公平的考量因素，也容易被承运人和旅客所接受。最为重要的一点是，值机时间先后基本上不可能出现冲突，很少发生两位及两位以上旅客同一时间值机的情形，这是其他考量因素所无法匹敌的。因此，这就可以充分发挥优先登机规则的拉减功能，确保所有旅客的合法权益都可以得到维护。

4. 承运人应谨慎采用单独规定的形式，即便单独规定也应在运输总条件中大概写明并进行指引

按照《客规》的要求，优先登机规则只有“总”和“总分”的两种模式，不存在只有“分”的形式。而针对“总分”模式，承运人可以在运输总条件中清晰列明超售处置规则的所在位置。这可以保证那些起初没有注意到单独规定而径直去查阅运输总条件的旅客，也知悉应该去何处寻找具体的优先登机规则。实践中，部分承运人已经采取了这种形式：深圳航空公司在运输总条件的优先登机规则中强调，优先登机顺序参见《深圳航空有限责任公司航班超售及非自愿降舱处置赔补偿标准》；山东航空公司在运输总条件的优先登机规则部分中表明，具体请见《航班超售致全体旅客的公开信》；奥凯航空公司在运输总条件的超售部分最后规定，具体超售操作细则详见奥凯官网《奥凯航空有限公司

[1] 参见张军：《我国航空旅客行程延误处置法律制度的构建》，载《西华大学学报（哲学社会科学版）》2018年第3期。

关于航班超售致旅客的公开信》；东方航空公司在运输总条件的超售部分最后指出，航班超售服务具体内容以东航单独对外公布的《航班超售服务方案》为准。[1]

（二）主管部门加强监管

过于压制市场的严格规制和彻底市场自由化的放松规制，都容易使我国航空运输业走向发展的两极误区。[2] 虽然优先登机规则的制定可以适当放权给承运人，但也需要主管部门加强监管，以平衡承运人和旅客间的利益关系。考虑到《客规》生效不久，承运人可能需要一定时间来消化新要求和新标准，尤其是需要较大幅度地调整优先登机规则的承运人。这就要求除承运人积极改进外，主管部门应协助承运人尽快贯彻落实《客规》的相关要求，避免实践中再次出现不合理的优先登机规则。

1. 承运人制定实施超售处置规则之前，须报主管部门审批

主管部门应率先确保其优先登机规则符合公序良俗原则。但是，优先登机规则是否符合公序良俗原则在实践中难以准确断定。公序良俗原则中的公共秩序可理解为存在于法律本身的价值体系，善良风俗可理解为法律外的伦理秩序。[3] 具体而言，公序良俗原则承载的价值几乎无所不包：公共秩序的外延相较于现行法律规范更为广泛，还包括现行法秩序的根本原则和根本理念；善良风俗则被认为是在一定时期内社会存在与发展所必要的一般道德，是特定社会所遵守的基本伦理和习惯要求。而社会价值以及国家政策的变迁，也会加剧公序良俗原则的不稳定性。可见，公序良俗原则的不确定性程度较高，因而承运人对其较难把握。这就要求主管部门应当纠正偏离当今社会主流价值观念的优先登机规则，在一定程度上引领和发展优先登机规则的内涵。此外，主管部门还应保证承运人的优先登机规则兼具保障功能和拉减功能，二者缺一不可。这两种功能从不同侧面共同解决航班超售问题，不能强调一方面而忽视另一方面。优先登机规则的保障功能和拉减功能紧密结合、相辅相成，才能确保超售处置

[1] 详见深圳航空公司的《旅客、行李运输总条件》第7.3条；山东航空公司的《旅客、行李运输总条件》第7.3条；奥凯航空公司的《旅客、行李国内运输总条件》第54条；东方航空公司的《国内运输总条件》第6.4条。

[2] 参见尤春媛：《民用航空行政法律规制研究》，法律出版社2018年版，第29页。

[3] 参见易军：《论私法上公序良俗条款的基本功能》，载《比较法研究》2006年第5期。

工作的规范化，并充分保护旅客的合法权益。

2. 主管部门一旦发现承运人擅自适用未经审批的优先登机规则，就应大力惩治相关承运人

这种情况在美国就有先例：在航班超售早期，美国航空承运人虽然按照美国民用航空委员会的要求，上报其关于旅客优先登机的标准，但是在实践中并不遵守其报送规则，反而主要应用"先到先得"规则。[1] 为避免这种现象在我国出现，主管部门应积极行使手中的监督权，定期或不定期检查承运人实际适用的优先登机规则。《客规》第 58 条规定主管部门有权惩治违规的优先登机规则的制定主体：先责令承运人限期改正；逾期未改正的，依法记入民航行业严重失信行为信用记录。主管部门必须履职好《客规》守护者的角色，提高其监管能力，及时发现并处理承运人适用不当优先登机规则的情形，保证优先登机规则能够成为规范承运人解决航班超售问题的合理工具。此外，对于社会监督过程中所反映出的相关问题，主管部门也应高度重视，使社会监督同样成为督促承运人制定与执行优先登机规则的重要途径。

五、结语

优先登机规则作为超售处置工作中的重要一环，关涉旅客的切身利益。随着航空运输业高速发展以及航空法治建设进程的持续推进，我国应当正视优先登机规则的重要地位。实践中，超售事件的高发也使优先登机规则逐步显露于公众视野，引起舆论关注的同时，也让社会大众意识到拥有完备优先登机规则的重要性。迄今，优先登机规则已经受到了国家的重点关注，作为民航业规章的《客规》首次明确规定了航班超售问题，也适当调整了优先登机规则的法定要求。但在实践中，承运人的优先登机规则仍存在内容和形式上的问题，需要承运人进一步改进，更需要主管部门加强监管，确保优先登机规则最终成为规范超售处置工作与保护旅客合法权益的利器。

---

[1] 参见高乐鑫：《美国航班超售的非歧视原则》，载《北京理工大学学报（社会科学版）》2017 年第 6 期。

专题三

智慧交通法治的理论分析与实践探索

网约车乘客跳车案件的因果关系认定与侵权责任承担规则

——以“货拉拉跳车案*”为切入点

赵晓舒　余鹤鹤**

摘　要：“货拉拉跳车案”曾引发社会的广泛关注。无独有偶，滴滴出行、嘀嗒出行等网约车平台也曾相继出现乘车人跳车案件。解决此类案件的难点在于因果关系的认定及多主体之间侵权责任的划分。认定因果关系时，应采用相当因果关系说，以关联性和相当性两维度化解因果关系链，再针对因果关系中的难点建立动态系统，实现判断标准要素化；而在侵权责任划分时，应确立不同主体的责任基础，特别要细化司机与网约车平台公司之间的责任承担规则。

关键词：网约车　跳车　因果关系　侵权责任　货拉拉

一、问题的提出

（一）基本案情简述

2022年1月7日，“货拉拉跳车案”二审判决结果公布，这一轰动一时的热点案件再次被拉回大众视野。从该案查明的案件事实来看：2021年2月6日，车某某在货拉拉App平台预约了搬家服务。司机周某春于当日20时38分到达指定地点，因车某某拒绝为装车服务付费且自行搬运时间过长而导致周某春心生不满。车辆行进途中，周某春询问车某某是否需要付费卸车服务再次遭拒。

---

* “货拉拉跳车案”即指2021年“周某春过失致人死亡案”。

** 赵晓舒，北京师范大学法学院副教授，法学博士。余鹤鹤，北京师范大学法学院2020级法律硕士研究生。

周某春在未事先询问车某某的情况下，偏离导航路线行驶，自行更换了一条较为省时但偏僻的路线。车某某多次向周某春询问偏航缘由，但周某春对其不理不睬。车某某将上身探出窗外要求周某春停车，周某春并未采取语言和行动制止，在轻踩刹车、打开双闪灯后，继续向前行驶。随后，车某某从车窗坠落，周某春遂紧急停车拨打急救电话和报警电话。最终，车某某经抢救无效死亡。该案以刑事案件处理，一审法院长沙市岳麓区人民法院对周某春以过失致人死亡罪论处；二审法院长沙市中级人民法院裁定维持一审法院判决。从裁判要旨来看，法院认为周某春未履行安全保障义务和先行行为引发的危险防止义务，周某春的过失行为与车某某的坠亡结果之间具有因果关系。[❶]

（二）类案模型构建

事实上，“货拉拉跳车案”并非个例，滴滴出行、嘀嗒出行等多个网约车平台均出现了乘车人跳车事件。[❷] 该类案件既涉及民事问题，又涉及刑事问题。相较而言，民事司法程序对该类案件乘车人的救济更为广泛，而要想进入刑事司法程序，乘车人必须受到的是人身损害且至少要达到重伤程度，且即便案件被定性为刑事纠纷案件，乘车人依旧可以提起刑事附带民事诉讼。因此本文在民事视角下，从侵权责任法的角度展开分析，以期设计出解决该类案件的合理路径。

总的来说，对该类案件可构建如下模型，以更好地分析案件焦点：

司机和乘车人在网约车平台达成合意，驾驶途中，乘车人因司机行为主观产生危险意识，基于危险意识实施跳车行为，最终导致损害结果的产生（见图1）。

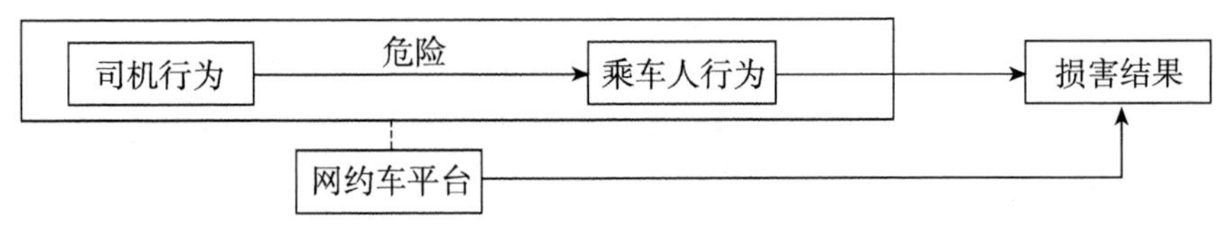

图1　类案模型

❶ 参见湖南省长沙市中级人民法院（2021）湘01刑终字1436号刑事裁定书。

❷ 参见李阳、薄其雨：《河北一网约车司机持续偏离路线致女乘客跳车，当地警方介入调查》，载新京报客户端，https：//www. bjnews. com. cn/detail/164078802014981. html，2021年12月29日访问；《女乘客发帖称因拒绝合拼争执跳车，嘀嗒出行：已暂停司机接单》，载澎湃新闻，https：//www. thepaper. cn/newsDetail_forward_15428625，2021年11月17日访问。

对上述案件模型的特点分析如下。

第一，主体上，一般为三方主体（平台、司机、乘车人），但在一些情况下，还有可能涉及第四方主体，即在司机系劳务派遣公司提供、车辆系租车公司提供或车辆及司机系出租车公司提供等情况下，会涉及劳务派遣公司、出租车公司等主体的责任承担问题。

第二，行为上，案件主要涉及两个行为——司机行为与乘车人行为。司机行为包括积极行为与消极行为，积极行为表现为“偏离导航路线行驶”等，消极行为则主要表现为“拒绝回答乘车人问题”“无视乘车人的停车要求”等；乘车人行为则表现为跳车行为。

第三，损害结果上，除人身损害结果，还可能会对乘车人造成精神损害结果。如“河北滴滴跳车案”[1]，2021 年 12 月 4 日，魏女士在滴滴出行平台预约了一辆网约车，途中司机持续偏航驾驶，魏女士在多次询问未得到回应后，选择了开窗跳车。该案虽未造成人身损害结果，但魏女士事后被确诊为重度抑郁。

该类案件与一般的侵权案件相比，其特殊性就在于：司机（侵权人）的行为创造的危险并非现实存在的，而是一种假想的危险，但该种危险确实导致了乘车人（被侵权人）的风险行为，该风险行为又最终导致乘车人的损害发生。这就导致在证明司机行为与损害结果之间的因果关系方面存在困难。另外，即使确认了司机行为与损害结果之间的因果关系，在该类案件多主体的责任承担问题上仍存在较大争议。主体、行为、损害结果三方面因素共同作用，导致了解决该类案件的复杂性。

二、因果关系的认定

（一）因果关系的论证思路

因果关系，是指行为人的行为作为原因，损害事实作为结果，在二者之间存在前者导致后者发生的客观联系。行为人的行为，既包括积极的作为行为，也包括消极的不作为行为。本文的案例模型中，司机行为就主要表现为消极的不作为行为，其间接作用于损害事实；而乘车人的行为才对损害事实起到直接

---

[1] 参见李阳、薄其雨：《河北一网约车司机持续偏离路线致女乘客跳车，当地警方介入调查》，载新京报网，https://www.bjnews.com.cn/detail/164078802014981.html，2022 年 10 月 1 日访问。

作用。且二者的作用并非同时进行的，而是存在时间上引起与被引起的先后顺序。

司机行为与乘车人行为共同形成了损害结果的原因力，在“多因一果”的情形下，论证因果关系，通说采取的是“相当因果关系说”，即以一般理性人的认识标准判断因果关系的合理性。相当因果关系说实质包含如下两个维度的判断：一为“条件关系”，指行为是损害的必要条件；二为“相当性”，指行为极大地增加了损害的发生可能性。❶ 亦即，一方面要采取“若无，则不”的认定检验方式判断是否存在条件关系；另一方面，要以相当性来合理界定侵权责任的范围。❷ 具体应用到案例，即要求构建司机行为与乘客损害结果之间的关联性与相当性的联系。乘车人行为由司机行为引发，若无司机行为则不会有乘车人跳车行为，继而不会发生损害结果，司机行为对损害结果具有关联性。问题在于，司机行为对损害结果是否具有相当性。关于相当性的认定，虽然各国判例学说所采判断标准的宽严不同，但具有一项共识，即相当因果关系不仅是一个技术性的因果关系，更是一种法律政策的工具，是侵权行为损害赔偿责任归属之法的价值判断。❸ 司机行为是一种间接原因，依附于乘车人行为引起损害结果的发生，乘车人行为对损害结果的引发作用是一种近乎必然性的结果。因此要构建司机行为与损害结果之间的“相当性”联系，就要先论证司机行为引发乘车人行为的合理性。在确认司机行为与乘车人行为之间的因果联系后，将乘车人行为与损害结果之间的因果联系叠加，以肯定司机行为与损害结果之间的因果关系。

（二）因果关系的具体分析

前文提及，要实现因果关系论成，就要先论证司机行为引发乘车人行为的合理性，又因二者之间的引发媒介为乘车人的危险意识，故该问题实际可置换为：危险意识产生的合理性与乘车人在该危险意识下做出跳车行为的合理性。

1. 危险意识产生的合理性

笔者认为，可借助动态系统论的思想对危险意识产生的合理性进行判断。

---

❶ 参见李中原：《论侵权法上因果关系与过错的竞合及其解决路径》，载《法律科学（西北政法大学学报）》2013年第6期。

❷ 参见王泽鉴：《侵权行为》，北京大学出版社2009年版，第186～195页。

❸ 参见朱岩：《当代德国侵权法上因果关系理论和实务中的主要问题》，载《法学家》2004年第6期。

奥地利学者维尔伯格提出了动态系统论的基本观点，他认为调整特定领域法律关系的法律规范包含诸多构成因素，但在具体法律关系中，相应规范所需因素的数量和强度有所不同，其优势在于，通过具体规定法官需要考虑的因素，加强对法律确定性的实现，同时限制法官裁量权，使判决具有可预见性。❶ 据此，动态系统论的特征在于以不同因素确立的标准的集合来规范法律适用。此种理论不仅对于立法有创新意义，对于建设类案的规范化处理路径也具有重要的启发意义。对于已采取构成要件说的法律规范，在具体适用于类案时，亦能针对具体构成要件的判断，建立动态系统，以加强法律规范适用的平稳性。在本文的案例模型下，针对侵权构成中因果关系的特定问题设计要素化判断标准，能实质引导法官判案思路，亦能补正相对因果关系理论下法官自由裁量权较大的不足，促进同案同判。

动态系统的建构主要包括如下两步：一为系统中因素的确定，二为因素与法效果之间、各因素相互之间协动关系和次序的梳理。❷ 简言之，即因素的确定与因素作用的分析。在判断危险意识产生的合理性时，涉及的因素具体可分为如下两类。

第一，确定性因素，其对应具体的事实形态，能对危险意识的产生折射出较为确定的作用。对常见的确定性因素进行如下列举。①时间因素。在夜晚至凌晨的时间段，乘车人更易产生恐惧心理。在“货拉拉跳车案”中，车某某搬家的时间为20时到21时，时值黑夜，时间因素正向促进因果关系的论成。②地点因素。如司机实施了偏航驾驶行为，偏离预定驾驶路线的远近程度、驾驶周边环境的偏僻程度，会对乘车人心理产生不同程度的影响。偏航越远、驾驶环境越偏僻，越能正向促进危险意识合理性的论成。如“邸某与何某健康权纠纷一案”，❸ 虽不涉及网约车平台，但同为乘车人跳车案件。该案中，司机以给汽车加油为借口将车辆不断驶离预定路线，且从乘车环境为高速公路附近可推知周围较为偏僻，两个因素共同推动了乘车人危险意识的产生。事实上，无

❶ 参见［奥］海尔穆特·库齐奥：《动态系统论导论》，张玉东译，载《甘肃政法学院学报》2013年第4期。

❷ 参见周晓晨：《过失相抵制度的重构——动态系统论的研究路径》，载《清华法学》2016年第4期。

❸ 参见辽宁省抚顺市清原满族自治县人民法院（2014）清民一初字01060号民事判决书。

论是时间因素还是地点因素，其影响危险意识的本质在于该环境下人流量的大小。即便是在深夜、距离预定路线很远，如果周围人流量很大，会大大削弱危险意识产生的合理性。

第二，不确定性因素，其对应的是具体或非具体的事实状态，对危险意识的产生会折射出不确定的作用。不确定性因素包括以下两点。①性别因素，在一般社会认识下对应男与女两种具体形态。在相同的确定性因素下，女性对危险的感知可能会更加强烈。随着女性乘坐网约车遇害类案件报道的增多，女性乘坐网约车往往会产生更多的担心和顾虑，其对危险的感知会更敏锐。如“吴某波与孔某光、北京畅行信息技术有限公司生命权、健康权、身体权纠纷案”[1]中，乘车人就提及联想到“此前连发拼车遇害案”继而产生恐惧心理。从相关案件实际情况来看，司机多为男性，乘车人多为女性，恰恰印证了上述观点。如果性别置换，危险意识的合理性就会大打折扣。如同样曾引起争议的“女司机因路况半路拒载，乘客情急跳车摔晕路边”一案，[2]男性乘车人在与女性司机发生口角后，女性司机突然将车开向不明方向（后查明系意图原路返回），且打电话与他人诉说情况，未理睬男性乘车人对相关情况的询问，男性乘车人因害怕被拉去遭暴打，遂跳车。从法院判决来看，与女性乘车人跳车案件中司机负主要责任的判决结果不同，法院认定该男性乘车人负有主要责任。责任的大小与因果关系呈正相关，由判决结果可推知乘车人行为与司机行为相比对损害结果的原因力更大。在案情相似的情况下，造成此种判决结果差异的根本就在于因性别造成的社会认识差异：男性乘坐车辆被打的案件寥寥可数，且男性从生理上会比女性占优势，其危险意识产生的合理性较弱。应注意的是，此种感知的差异性并不必然，社会环境的变化也会对性别因素的作用产生影响，在具体个案中，应结合具体的危险意识形态进行情景分析。②情绪因素，司机的情绪状态对应的是一种非具体的事实状态，是一个变量。在乘车人与司机产生纠纷的前提下，通过司机的言行可推知司机产生“愤怒”等情绪，进而辅助对危险意识产生合理性的论证。如“货拉拉跳车案”中，司机就因乘车人拒绝付费搬运服务且自行搬运时间过长而产生负面情绪。在司机负面情绪的影响下，

[1] 参见辽宁省沈阳市沈河区人民法院（2019）辽0103民初字11491号民事判决书。

[2] 参见李萌：《女司机因路况半路拒载　乘客情急跳车摔晕路边》，载中国法院网，https：//www.chinacourt.org/article/detail/2013/04/id/938456.shtml，2022年10月10日访问。

乘车人会更容易产生司机将对自己做出不利举动的思想倾向。

总体来看，确定性因素与不确定性因素的根本区别就在于，确定性因素能直接认定该因素对危险意识合理性的影响，而不确定因素下判断危险意识合理性仍要个案具体分析。但无论如何，客观因素为司机行为与损害结果之间因果关系的论证提供了一套量化标准。不同因素不存在适用上的次序先后，相互间是协动互补的关系。在实际操作时，不应专注于单一因素的影响，而要结合不同因素进行判断。在“孙某悦与栾某秀生命权、健康权、身体权纠纷案”[1] 中，乘车时间为 14 时许，时间因素指向了危险意识合理性弱的结果；司机未按照乘车人要求停车而不断向未知地点行驶，司机为男性、乘车人为女性，地点因素、性别因素均指向危险意识合理性强的结果；司机虽未明显表示出“愤怒”情绪，但从其因接错乘车人与乘车人产生纠纷来看，其内心或生不满，一定程度上可正向促进危险意识合理性的证明。结合上述四个因素进行判断，最终认定司机行为对损害结果具有主要的因果关系。

2. 乘车人在该危险意识下做出跳车行为的合理性

乘车人的行为目的在于脱离司机行为带来的危险困境。判断乘车人在该危险意识下做出跳车行为是否合理，其要点在于：乘车人针对问题（即危险），是否具有其他应对方案，如是否向司机提出停车要求、是否具有报警的可能性等。如果这些应对方案全部或绝大部分呈否定状态，则依照一般人的认识经验，无法否定乘车人的跳车行为的合理性。但在法律层面上，该种合理性能否成为乘车人的全部免责基础，还需要进一步论证。对因果关系的分析实质上与过错要件存在竞合，只不过因果关系下更倾向于事实层面，旨在证明一般人在同样的情形下均有极大可能做出相同的跳车选择；而进入法律层面分析过错要件时，还涉及司机对乘车人跳车行为的预见可能性问题，其范围更加广泛。

三、侵权责任的承担规则

认定因果关系后，就案件的损害结果，究竟哪些主体应当承担责任，各自承担责任的比例又如何，此为“货拉拉跳车案”的另一大焦点问题。原则上，除非有充分理由足以移转损害由他人负担，否则个人应承担其自身不幸事件的

---

[1] 参见山东省蓬莱市人民法院（2016）鲁 0684 民初字 2492 号民事判决书。

后果。美国最高法院大法官奥利弗·温德尔·霍姆斯在其经典著作《普通法》中言及："法律的一般原则是，意外事件之损害应停留在它发生的地方。"❶ 在欠缺充分理由转由他人负担时，无辜的受害人应自己承担生命中的不幸与损害。传统上认为，损害转由他人负担的主要理由在于：引发损害之人具有过错，因而应负担赔偿责任。此项基于平均正义的观点具有浓厚的道德色彩。❷

（一）司机责任

对司机是否具有过错的探讨可分为两个方面：一方面，客观层面上，司机是否违背了应尽的作为义务，即其消极不作为行为是否具有违法性；另一方面，主观层面上，司机是否对损害结果的发生具有可预见性，即司机是否存在故意或过失。

1. 司机是否违反作为义务

司机实施的是一种事实层面的不作为行为。而认定不作为是否构成侵权的关键在于，被告是否具有积极的作为义务。在"货拉拉跳车案"中，司机的作为义务就体现为安全保障义务，即基于承运人与乘客之间合同关系产生的法益保护型安全保障义务，❸ 司机应保障乘车人在运输途中的安全。接着具体分析司机负有的安全保障义务的实质要求。安全保障义务的作用在于，设定规范性作为义务以切断特定危险发生的因果关系链条，对于未能履行该义务的不作为，尽管其在事实因果关系中仅为间接条件，但仍应在法律价值判断上认定，其对危险发生的后果具有规范性的直接因果作用。❹ 由此，安全保障义务的内涵为确立行为人的危险防免义务，在危险源已经开启的情况下，要求行为人采取一定阻止措施，避免危险结果的发生。回到"货拉拉跳车案"，在运输合同履行过程中，司机行为诱发乘车人的危险意识，尽管就危险源的创设而言，司机并未采取积极行为，亦不存在主观故意，不具有苛责性；但司机在危险源开启后，是否采取相应措施阻止危险的发生，才是探讨司机客观层面是否存在过错的问题所在。以阻止行为的实施判断安全保障义务的履行，司机是否实施阻止行为、

---

❶ Oliver Wendell Holmes, *The Common Law*, Little, Brown, 1881, p. 94.

❷ See Kenneth S. Abraham, *The Forms and Functions of Tort Law*, The Foundation Press, Inc., 1997, p. 15.

❸ 参见洪国盛：《论第三人行为与违反安全保障义务的责任承担》，载《法学》2020年第9期。

❹ 参见刘召成：《安全保障义务的扩展适用与违法性判断标准的发展》，载《法学》2014年第5期。

阻止行为有效与否，都会影响司机过错的大小，进而影响司机的责任承担。“货拉拉跳车案”中，司机实施阻止行为的方式为轻点刹车、打开双闪，阻止义务的履行不具有有效性或者有效性极低，导致其应当对乘车人的死亡结果负责。从“货拉拉跳车案”的刑事判决结果来看，亦以危险阻止义务与安全保障义务的违反为由认定司机存在过失。但刑事的作为义务标准比民事更加严苛——刑事的危险阻止义务应当达到有效阻止的程度，而民事则更注重阻止行为的实施与否。如果行为人实施了积极的阻止行为，其过错程度就会相应减小；即便该阻止行为最后未能产生实际效益，在考虑责任分配时，也应适当减轻行为人的责任。

2. 司机对损害结果是否具有可预见性

在司机创造的危险是一种具体危险时，对可预见性的判断几乎是一种推定的状态：只要司机实施了具体侵害行为，造成了乘车人跳车的损害结果，就可以肯定司机行为与损害结果间的法律因果关系。在司机的具体侵害行为下，乘车人面对的危险不再是抽象的危险，而是一种紧迫的现实危险；司机的义务也不再局限于安全保障义务，而是存在由先前行为产生的作为义务。此时，无论司机是否预见乘车人跳车的结果，其都存在过错，都应对乘车人损害结果承担责任。而在司机创造的危险是一种抽象危险时，司机对损害结果的可预见性的判断就显得尤为重要。一方面，应综合车内录音、录像等情况，考察乘车人是否实施跳车预备行为，以及司机是否能够或应当知晓乘车人欲实施跳车行为。另一方面，可以从司机是否采取积极阻断危险意识行为进行反向推定，如果司机实施了相应的制动行为，就说明司机预见了乘车人有可能跳车，司机对乘车人的跳车结果持有放任的态度，存在主观过错。另外，如果司机对乘车人的跳车行为完全无法预知，则很可能导致司机行为与损害结果之间法律因果关系不足，实现司机的免责。

（二）网约车平台责任

由于网约车平台与司机之间关系的复杂性，依据平台与司机之间关系的不同，平台与司机的责任承担形态也不同。

学界对于网约车平台与司机间关系的界定未能达成共识，众说纷纭，但分析思路大体上可分为如下两种。第一种是不做运营模式区分，整体构建网约车平台法律性质的判断方法。有学者提出，界定平台责任，应采取二步裁判法，先根据劳动时间、是否以网约车司机作为唯一职业等因素判断平台与个人之间是否存在雇佣关系，如果存在，则平台承担用人单位责任；如果不存在，则平台应承担安全保障义务责任。另外，平台对用户的干预程度高，且具有营利目的，其不应承担网络技术服务侵权责任。❶ 第二种是针对不同运营模式下的网约车平台责任进行类型化分析。一种分析方式为：在“私家车+私家车主”模式下，平台公司与司机实际为挂靠合作关系，承担连带责任；在“租车公司车辆+劳务公司驾驶员”模式下，若租车公司与司机为挂靠关系，则司机、租车公司、平台公司承担连带责任，若租车公司与司机为劳动关系或劳务关系或用工关系，则租车公司与平台公司承担连带责任。❷ 另一种分析方式为：在自有车辆直接雇佣模式下，平台承担用人单位责任；在租赁车代驾模式下，平台承担侵权责任，劳务派遣公司有过错时承担补充责任；在社会车辆加盟模式下，平台与司机对外承担连带责任。❸ 另外，还有学者针对特定重点模式下的网约车平台责任展开了分析。有学者指出，在平台快车和专车模式下，平台的性质并非居间人或承揽人，而是一种特殊承运人，乘车人可追究平台的违约责任或侵权责任。就侵权责任而言，平台与司机间是不真正连带责任，在平台履行先行赔付义务后，可向司机追偿；但如果平台在审核车辆情况和司机信息方面无过错，则平台不承担侵权责任。❹

通过分析网约车平台与司机之间的责任分配，笔者更为赞同第二种思路。理由在于，一方面，整体性的判断方法过于灵活，会加大法官的自由裁量权，不利于对网约车平台起到有效的实质规范作用；另一方面，网约车平台模式繁杂，不同模式下运营方式、营利效果均存在差异，对平台责任的类型化区分具有必要性。

当然，这是学理上的讨论，无论是哪种思路下的网约车平台责任分析，均呈现出构建平台责任的积极态势。而从实践来看，法院在审理此类司机行为致

---

❶ 参见张素华、孙畅：《民法典视野下网约车平台侵权的法律适用》，载《河北法学》2020年第8期。

❷ 参见张玉婷：《网约车平台与司机的民事责任研究及裁判策略应对——从一则乘客起诉网约车司机、平台公司及保险公司案说起》，载《法律适用》2018年第21期。

❸ 参见夏利民、王运鹏：《论网约车平台的侵权责任》，载《河南财经政法大学学报》2017年第6期。

❹ 参见李雅男：《网约车平台法律地位再定位与责任承担》，载《河北法学》2018年第7期。

乘车人跳车案件时，对平台责任的构建并不乐观。目前可查的案件判决仅有两例，但就在该两例案件的判决中，一例原告仅将司机作为被告，另一例原告虽将司机与平台作为共同被告，但法院仅判决司机承担责任。[1] 从社会舆论环境来看，此类事件爆发后，公众往往将矛头对准平台，而在实际追究侵权责任时，又忽视平台的角色。刑事程序下无法追究平台责任，民事程序下又以平台无过错为由排除平台责任，最终导致平台被划入安全地带，仅靠舆论环境督促平台自我改良。具体分析第二例案件的判决要旨，其以无过错为由判决平台公司不承担责任，[2] 看似符合过错责任原则要求，实则回避了平台与司机之间的特殊法律关系，进而忽略了其他平台承担责任的基础的可能。且过错责任原则下平台的责任范围有限，第二种探索请求权基础的思路会对救济被侵权人更有利。

在此之下，笔者结合前述学者观点，先对平台运营模式进行划分，再分析不同模式下平台与司机的法律关系，进而得出平台与司机之间的责任分配类型。具体如下。

第一，二方或三方主体模式。①平台提供车辆及司机。此时，平台与司机之间构成雇佣关系，依照《民法典》第 1191 条第 1 款的规定，平台作为用人单位应替代承担侵权责任，平台承担侵权责任后，可向故意或存在重大过失的司机追偿。②平台作为媒介，个人携私家车注册平台。此种情形下，针对平台与司机之间的关系，学界争议较大，未能形成定论。

笔者认为，首先，平台与司机之间并不构成雇佣关系或挂靠关系。平台对私家车司机的管领力介于二者之间，将平台与私家车司机之间的关系界定为任意一方，都会造成相应法律概念的不当扩大解释。其次，平台与司机之间不构成居间关系。居间关系下乘车人应有一定的根据司机信息和车辆信息的自主选择权，而事实上平台提供的仅是车型的选择，即平台提供的仅是快车或专车、顺风车、拼车等模式的选择，乘车人不具有对司机及具体车辆的选择权。最后，平台与司机之间不宜被认定为承揽关系。

---

[1] 参见孙某悦与栾某秀生命权、健康权、身体权纠纷案，山东省蓬莱市人民法院（2016）鲁 0684 民初字 2492 号民事判决书；吴某波与孔某光、北京畅行信息技术有限公司生命权、健康权、身体权纠纷案，辽宁省沈阳市沈河区人民法院（2019）辽 0103 民初字 11491 号民事判决书。

[2] 参见吴某波与孔某光、北京畅行信息技术有限公司生命权、健康权、身体权纠纷案，辽宁省沈阳市沈河区人民法院（2019）辽 0103 民初字 11491 号民事判决书。

有观点认为，从乘客的角度，可弱化平台与司机间的从属性，将二者之间的法律关系认定为一种非典型的劳务承揽关系，而私家车司机向平台公司交付的为“将乘客安全送达目的地”的工作成果，此种设定能避免过分地加重平台公司责任。❶ 该种观点具有一定的合理性，但从救济受害人的角度出发，其法律效果并不乐观。此类模式下，网约车乘车费用与出租车模式下乘车费用相差无几。而在同样的侵权情况下，出租车模式下出租车公司因其用人单位的身份需要替代承担侵权责任，而该种网约车模式下若将司机与平台认定为承揽关系，则根据《民法典》第1193条的规定，司机作为承揽人在工作过程中造成第三人损害的，作为定作人的平台公司只有在存在定作、指示或选任过错的情形下，才承担相应责任。与个人相比，公司往往具有更高的赔偿能力，这就导致在花费相当的情形下，面对同样的侵权情形，受害者选择出租车模式更容易实现求偿。这显然具有一定的不合理性。

那么此种情况下司机与平台关系究竟如何界定？有学者在承认挂靠关系的基础上提出，司机与平台均属承运人一方，二者系利益共同体，二者虽可按平台抽成比例采取按份责任，但对外应共同承担连带责任。❷ 笔者虽否认挂靠关系的观点，但赞同平台与司机同属承运人、是利益共同体的观点，赞同平台与司机应承担连带责任。根据《网络预约出租汽车经营服务管理暂行办法》（2019修正）第16条的规定，网约车平台公司承担承运人责任，应当保证运营安全，保障乘客合法权益。该条规定实质上以承运人责任赋予了网约车平台公司抽象的承运人身份。如使用“网约车平台公司是承运人”，则应认为其排斥司机的承运人身份，应以雇佣关系、挂靠关系等法律关系寻求司机与平台之间的责任分配路径；但该条仅赋予平台公司承运人责任，则可理解为，网约车平台公司并非替代了司机的承运人的身份，而是在司机承运人身份基础上抽象出了另一承运人身份，共享权利义务，司机与平台在面对乘车人时，具有对外的承运人身份的同一性。既然二者内部法律关系无法完全对应至现有的任一法律关系，法律也没有作出相关特殊规定，那么与其在现有法律关系中困难抉择，

❶ 参见吕海林：《网约私家车致第三人损害交通事故侵权责任承担》，载《东南大学学报（哲学社会科学版）》2020年第22卷增刊。

❷ 参见张玉婷：《网约车平台与司机的民事责任研究及裁判策略应对——从一则乘客起诉网约车司机、平台公司及保险公司案说起》，载《法律适用》2018年第21期。

不如另辟蹊径，寻找解决责任分配的法律适用新途径——以共同侵权确立二者间的连带责任。

认定二者共同侵权的依据在于：其一，如前述所言，二者均具有承运人身份，共同实施了营运行为；其二，在实施营运的共同行为的过程中，二者均违反了基于合同产生的安全保障义务，侵权行为共同作用于损害结果。当然，二者安全保障义务的内容有所差异。“货拉拉跳车案”中，司机的安全保障义务旨在要求司机对乘车人的跳车行为采取阻止措施，而平台的安全保障义务则旨在要求设立完备的危险防范系统以在司机创造危险源后切断危险源的发酵，如设立完善的报警系统等。亦即，在司机的不作为行为引向损害结果的过程中，平台未能实现安保措施切断危险的，平台亦存在一种特殊的消极不作为行为。司机与平台各自对安全保障义务的违反形成原因力聚合，最终引向损害结果的发生。

第二，四方或五方主体模式。①平台作为媒介，出租车公司提供司机及车辆。此时，平台属性为提供服务的网络交易平台。按照《民法典》第 1191 条第 1 款的规定，用人单位出租车公司承担替代责任；平台则根据《消费者权益保护法》第 44 条的规定，承担附条件的不真正连带责任。②平台作为媒介，租车公司提供车辆，劳务派遣公司提供司机。③平台提供车辆，劳务派遣公司提供司机。按照《民法典》第 1191 条第 2 款关于劳务派遣的规定，在②和③的情况下，均应由实际用工单位（即平台）承担侵权责任，但如果劳务派遣公司存在过错，则其在过错范围内承担相应责任。④平台提供司机或个人注册为司机，租车公司提供车辆。此时因侵权行为与车辆无关，故应按照第一种情况进行处理，租车公司不承担责任。

第三，顺风车模式。与常规认知不同，立法所指向的网约车模式并不包含顺风车的概念，顺风车模式下，网络平台亦不具有承运人地位。[1] 因此对此模式单独列举说明。顺风车模式亦为个人携私家车注册平台，看似与第一种情况相符，但事实上，相较于常规的私家车注册快车、专车等模式而言，一方面，顺风车模式系平台以信息服务促进路线相同的乘车人搭乘他人私家车，乘车人

---

[1] 张新宝：《顺风车网络平台的安全保障义务与侵权责任》，载《法律适用（司法案例）》2018 年第 12 期。

与司机具有双向选择的可能，媒介性质更强；另一方面，乘车人仅给付较低的价款，平台营利性更弱。再者，平台与司机达成合意的随机性更强，网约车平台对司机的控制力较低，对风险控制力也较差。关于顺风车模式下的平台责任承担，有学者将平台相关经营活动合理解释为《民法典》第 1198 条规定的“群众性活动”，继而使平台作为组织者负有安全保障义务；又基于平台对安全保障义务的违反，认为平台应依据过错责任原则承担相应侵权责任。[1] 笔者亦赞同此种观点。平台对司机有一定管领力但较低，继而否定了雇佣关系和挂靠关系的论成；又因平台提供信息服务促成交易的本质核心，否定了承揽关系的论成。而若将平台与司机之间认定为居间关系，又会导致平台义务范围小，法律责任过轻。以安全保障义务约束平台，使平台在过错范围内承担责任，既不会造成平台获利较小、责任过重的局面，又能将平台更合理地纳入侵权责任承担主体范围。

（三）乘车人责任

就乘车人责任进行分析，其难点在于，乘车人的行为是否属于自甘风险，继而关系到乘车人免责的可能性。所谓自甘风险，是指受害人已经意识到某种风险的存在，或者明知将遭受某种风险，却依然冒险行事，致使自己遭受损害。[2] 从该定义来看，乘车人的跳车行为形式上确实符合“自甘风险”的情形。但在深入考究事实依据和法律依据之后，该种观点显然不具有合理性。“货拉拉跳车案”中，乘车人跳车看似具有选择的自由，实则是为突破抽象危险制造出的困境不得已做出的抉择，其对跳车行为危险的承受是被动的而非主动的，不符合自甘风险的实质内涵。法律依据上，《民法典》第 1176 条虽然规定了自甘风险，但明确该制度只适用于文体活动。综上，司机无法以自甘风险抗辩对乘车人的责任承担。根据《民法典》第 1173 条规定的过失相抵规则，乘车人对同一损害的发生或扩大有过错的，可以减轻司机、平台方的责任。根据《民法典》第 1174 条的规定，如果损害是乘车人故意造成的，则司机、平台方不承担责任。

具体而言，当跳车行为成为一般人在该种情况下的唯一最优解时，即乘车人无法采取任何其他措施避免危险发生时，乘车人便能实现全部免责，否则应

---

[1] 参见张新宝：《顺风车网络平台的安全保障义务与侵权责任》，载《法律适用》2018 年第 12 期。

[2] 参见王利明：《论受害人自甘冒险》，载《比较法研究》2019 年第 2 期。

认为乘车人具有一定过错，承担过错范围内的责任。那么，在何种情况下跳车行为才能成为唯一最优解？笔者认为，此时，作用于乘车人身上的危险应是一种现实且极为紧迫的危险，排除了其他救济手段的可能。而在司机行为仅造成的是一种乘车人的主观、假设的危险时，则不符合前述条件，乘车人很难具有全部免责的可能性。从此类案件的裁判来看，法院也往往认定乘车人在过错比例范围内自己承担一部分责任。

四、结语

乘车人因司机行为产生危险意识而实施跳车行为的案件，焦点在于因果关系的认定与各主体之间的侵权责任的划分。在因果关系的认定上，应采用相当因果关系说，以关联性和相当性的双重标准论证司机行为引发乘车人行为的合理性，即论证乘车人危险意识产生的合理性与乘车人在该危险意识下做出跳车行为的合理性。在论证乘车人危险意识产生的合理性时，可借助动态系统论的理论思想，构建要素化的判断标准。在侵权责任划分时，应首先明确不同主体承担侵权责任的基础。就司机而言，其承担过错责任，应分析其是否违反了安全保障义务和先行行为引发的危险防止义务；就网约车平台而言，应具体区分网约车模式，再依据网约车平台与司机之间的法律关系判断平台责任；就乘车人而言，在司机行为引起的仅为一种抽象危险，跳车行为并不是乘车人当下选择的唯一最优解时，乘车人也应在过错范围内承担相应的责任。

网约车聚合平台的角色定位和义务承担

刘　欢*

摘　要：随着平台经济的发展，网约车行业涌现出一种新的商业模式，即聚合平台模式。聚合平台不直接与司机和车连接，不参与定价和派单，与网约车平台存在较大差别。根据聚合平台的业务模式，以及其与网约车平台、司机、乘客之间的法律关系分析可知，聚合平台应当定性为中介（居间）人、网络服务提供者。在所聚合的网约车平台以该聚合平台为主要流量入口时，该聚合平台是电子商务平台经营者，而非承运人或者共同承运人。基于聚合平台的性质，其需要承担《民法典》项下中介人的义务、网络服务提供者的义务，以及《消费者权益保护法》项下经营者的相关义务。在聚合平台属于电子商务平台经营者的情况下，需要按照《电子商务法》和《网络交易监督管理办法》的相关规定承担审核义务和安全保障义务等。

关键词：聚合平台　网约车平台　网络服务提供者　安全保障义务

一、引言

随着数字经济和平台经济的快速发展，越来越多的交易通过平台形式呈现，典型的平台类型包括网络销售类、生活服务类、社交娱乐类、信息资讯类、金融服务类、计算应用类等。[1] 平台模式的不断演进带来了另一个发展趋势，即平台嵌套——平台通过接入另一个平台提供服务。平台嵌套模式提升了消费者获得服务的便捷性、可选择性和可比较性，其中最典型的就是网约车平台。共

* 刘欢，高德软件有限公司法务部法务专家，法学博士。

[1] 关于平台的分类来自国家市场监督管理总局于2021年10月发布的《互联网平台分类分级指南（征求意见稿）》。

享出行行业具有地域性强、平台数量多、运力分散的特点，用户在不同城市打车往往需要使用不同的App，既降低了用户使用的便利性，又增加了个人信息安全的威胁，因此行业摸索出“在同一平台接入各种平台”的出行新业态新模式，这一模式逐渐得到乘客和网约车平台的认可。这种业务模式将市场上的共享出行运力资源信息进行聚合并在平台上予以呈现，因此在其发展过程中被约定俗成地称为“网约车聚合平台”。

自2019年网约车聚合平台产生以来，其逐步与网约车平台、顺风车平台、出租车平台一起组成了新型城市个性化交通运输体系。《网络预约出租汽车经营服务管理暂行办法》（以下简称《网约车办法》）自2016年发布以来，已于2019年、2022年进行了两次修正，经过多年发展和建设，网约车平台领域逐步形成了较为完善的立法监管体系。随着顺风车和巡网融合的发展，各地也陆续就相关法律法规对其进行修订，为其健康有序发展提供助力。然而，迄今为止，聚合平台这种新业态新模式在国家层面尚未有直接的法律法规对其进行规制，《电子商务法》更多还是针对淘宝、天猫、京东这些典型的电商平台，其中对相关义务的规定也以传统的电商平台为模型，对于其他类型的平台，尤其是新业态新模式的平台类型，如聚合平台，并未加以控制。这是因为聚合平台并非《电子商务法》制定时所指向的规制对象，不符合电商平台的定义，电商平台的义务并不能当然适用于聚合平台。另外，其他与互联网相关的法律法规也没有将聚合平台纳入其中，这导致其在法律定性和责任认定方面仍然较为模糊。2021年以来，聚合平台开始快速发展，通过聚合平台的订单量越来越多，发生在司乘之间、司机和车外第三人之间以及平台之间的争议、纠纷也越来越多，相应的民事诉讼和行政执法的案件数量也逐步攀升。为促进出行行业良性、健康发展，保障新型城市个性化交通运输体系的完善，应当适时对聚合平台的法律定位和性质进行厘清，对聚合平台的法律关系和责任认定进行梳理和辨明。同时，上述工作也可以为目前越来越多的民事诉讼和行政执法提供一定的裁判尺度和执法标准方面的参考，进而为后续行业的相关立法奠定基础。

二、网约车聚合平台涉及的法律关系

（一）网约车聚合平台涉及的各方主体

2010年前后，由Uber开创并由滴滴出行引入我国的网约车模式是用户在网约车平台 App 注册账号并登录后，由用户作为需求方在网约车平台发起网络预约行为，网约车平台通过自身的派单算法模型将用车需求派发给相应司机，司机接单后生成订单，然后由司机将乘客运送至指定目的地。在这种网约车运营模式下，涉及的具有法律意义的主体主要包括网约车平台、司机、乘客三方。随着网约车行业的发展，逐步延展出更多元的商业模式，如车辆租赁公司开始通过运营权租赁或融资租赁的方式将车辆交由司机运营，劳务公司通过劳务派遣或灵活用工的方式与司机签订劳务或合作协议。租赁公司与劳务公司的加入使得网约车运营模式的复杂性增加。此外，还可能涉及第三方支付平台、地图服务商等其他主体。

2019 年前后，聚合平台的产生和加入使得网约车运营模式增加了一个重要的法律角色。在聚合平台模式下，用户在聚合平台 App 注册账号并登录后，由用户作为需求方在聚合平台所接入并展示的网约车平台中选择与当次出行需求相符的平台，并发起网络预约行为。聚合平台将用户需求直接分发给用户选择的网约车平台，由这些网约车平台根据自身的派单算法模型派给自身平台的司机，然后与聚合平台的需求进行对接。当其中一个网约车平台对接成功后订单生成，由该网约车平台的接单司机将乘客运送至指定目的地。在聚合平台模式下，涉及的具有法律意义的主体变成聚合平台、网约车平台、司机、乘客四方。相比于网约车平台模式，聚合平台角色的加入并未影响核心的运输服务合同的成立和实际履行，只是作为中介方为乘客与网约车平台之间运输服务合同的达成提供信息媒介。基于此运营模式下，聚合平台对于信息的集成、用户信任的加成以及收取的费用，导致其需要承担与其角色相对应的义务。

（二）各方主体之间的法律关系厘清

聚合平台涉及的法律主体呈现多元化特征，由此导致了相互之间形成的法律关系的复杂化。为聚焦论述重点，本文暂不讨论汽车租赁公司、劳务派遣公司、第三方支付平台等间接参与服务的主体，仅探讨与聚合平台产生直接法律关系的主体，即主要包括聚合平台、网约车平台、司机、乘客四方主体。

1. 网约车聚合平台直接参与的法律关系

聚合平台和网约车平台构成信息服务合同关系。聚合平台在向网约车平台提供信息服务之前，双方会签订信息服务合同，就服务内容、服务费用、双方权利义务等内容进行约定。[1] 合同生效后，双方形成信息服务合同关系，需要按照合同履行义务。

聚合平台和乘客构成网络服务合同关系。由于涉及交易和支付，用户在使用聚合平台 App 时需要注册账号，需要与 App 运营主体签署用户协议，根据 App 不同可能有“用户协议”“服务协议”“服务条款”等不同名称，但其本质都是网络服务合同。聚合平台的网络服务合同通常会约定服务性质、服务主体、不同主体的法律关系、客户服务、支付、个人信息、安全保障等内容。[2] 当用户同意网络服务协议并注册账号后，聚合平台和乘客即形成网络服务合同关系，双方需要按照合同履行义务。聚合平台通常依托于一个重要的“流量入口”，比如高德地图、百度地图、腾讯地图的打车功能分别依托于高德地图、百度地图、腾讯地图三个 App，美团打车主要依托于美团 App，因此用户在使用聚合平台打车时，通常会基于主 App 功能与打车功能分别达成两份网络服务合同。如果该 App 的主功能与打车功能分别由两家公司运营，则用户需要与两个公司主体分别签订两份网络服务合同，其中一份是在注册 App 账号时与主功能运营方达成的网络服务合同，另一份是与打车功能运营方达成的网络服务合同，两份合同各有侧重、互相补充，共同构成用户与聚合平台的合同关系的基础。[3] 聚合平台与其用户达成的网络服务合同是聚合平台提供服务的基础，也是双方一旦发生争议或纠纷后解决问题的重要依据。

2. 网约车聚合平台间接参与的法律关系

网约车平台与司机法律关系较为复杂，区分不同情况可能构成劳动关系、

---

[1] 笔者在 2020 年时调研了美团、滴滴等几家主流平台的聚合模式，与网约车平台签订的信息服务合同中对信息服务内容的约定大致类似，其基本约定为聚合平台为合作网约车平台与乘客的运输服务提供信息展示和聚合服务。关于服务费用，各平台略有不同，但收取费用的对象均为合作的网约车平台。

[2] 聚合平台与其他互联网平台网络服务合同相比最大的不同在于对服务性质的约定，以高德用户条款为例，《高德打车用户服务协议》第 1 条约定，高德不提供网约车和出租车运输服务，服务由页面载明的第三方服务商提供。其他聚合平台表述可能略有差异，但是对于服务性质的约定均为不提供运输服务。

[3] 一般情况下，前一份网络服务合同是用户在使用 App 时与 App 运营方达成的网络服务合同，该合同内容完整、全面，是用户与 App 运营方的主合同。后一份合同更聚焦于聚合打车服务的场景，在前一份基础上增加部分针对性的条款，一般会在合同中引致前一份合同，类似于补充协议。对于两份协议关系的说明可以参考《高德打车用户服务协议》第 9 条的约定，高德《服务条款》及《隐私权政策》为该协议不可分割的一部分；该协议未明确事宜将按照《服务条款》及《隐私权政策》执行。

劳务关系、灵活用工关系或网络服务合同关系。根据《网约车办法》第18条的规定，网约车平台公司按照有关法律法规的规定，根据工作时长、服务频次等特点，与驾驶员签订多种形式的劳动合同或者协议。实践中，基于商业模式的差异，车辆和司机分别有不同来源，网约车平台公司与司机之间也因此形成了不同的合作关系，[1] 具体包括以下四种。①劳动关系，网约车平台公司与司机签订劳动合同，司机是网约车平台的雇员，以工资为主要收入形式，比较典型的是首汽约车以及T3出行的部分司机等。[2] ②劳务关系，司机来自劳务派遣公司，与劳务派遣公司、网约车平台公司签订三方合作协议，或者再加上汽车租赁公司，签订四方合作协议，据此使用自己的车或租赁公司的车在网约车平台接单，比如滴滴出行的部分司机和多数中小型平台的司机。[3] ③灵活用工关系，司机在灵活用工平台注册并签订合作协议，网约车平台与灵活用工平台签订合作协议吸纳司机在该平台接单运营。拥有自己的车辆且需要较长时间运营的司机通常会采取此种方式。④网络服务合同关系，通常为拥有私家车的司机在网约车平台司机端注册账号，利用分散时间在该平台接单，非专职从事网约车运营的司机通常采取此种方式，这也是共享经济的典型形式。随着数字经济的发展，尤其是出行、外卖、即时配送、同城货运等共享经济领域的飞速发展，就业的边界不断延伸，劳动关系也在不断重塑，非标准劳动关系和非劳动关系的范围逐步扩展，以《劳动合同法》为核心的劳动法律体系日益捉襟见肘，因此有研究者呼吁针对新就业形态制定《网络平台就业保护法》等法律法规，在就业标准、收入分配和就业保护等方面予以规范。[4] 因此，人力资源和社会保

---

[1] 下述网约车平台与司机间关系的划分是基于实践的分类，每种类别名称未必是法律直接规定的法定名称。为更精准地描述网约车行业的用工关系，同时适应未来用工政策的趋势，本文采取了此种分类。

[2] 由于与司机建立劳动关系，对于网约车平台而言，成本太高，因而目前很少有只与司机建立劳动关系的平台，多数依靠平台自有司机起家，平台在发展过程中也逐步引入了加盟车辆，如首汽、T3、神州以及各地由出租车公司转型的网约车平台，从而形成了“自营+混合”的多元运营模式。

[3] 实践中存在不同的合作模式，有司机把自有车辆挂靠在汽车租赁公司，也有汽车租赁公司的车租赁给司机运营，还有融资租赁等，司机与劳务派遣公司的关系也类似。因此，司机、汽车租赁公司、劳务派遣公司和网约车平台构成了多种多样的法律关系，采取了不同的合同安排。具体的合作模式和合同安排可参见侯登华：《“四方协议”下网约车的运营模式及其监管路径》，载《法学杂志》2016年第12期。

[4] 参见纪雯雯：《数字经济下的新就业与劳动关系变化》，社会科学文献出版社2019年版，第60~61页。

障部等八部门于2021年7月联合出台了《关于维护新就业形态劳动者劳动保障权益的指导意见》（人社部发〔2021〕56号），对新就业形态下的灵活用工关系及其权益进行了基本规定。随后交通运输部、国家发展改革委等各部门又从各自角度出台了新就业形态的相关规定，并对不同就业形态进行了定义，对平台经济新业态发展中产生的新型用工关系进行再制度化。

网约车平台与乘客之间构成双重法律关系。一是网络服务合同关系。乘客本身是网约车平台App的用户，需要注册账号才能打车和开展其他交易。在用户登录网约车平台App直到订单生成前，网约车平台和用户间的唯一法律关系是网络服务合同关系。二是运输合同关系。当用户的叫车需求被司机响应后，订单生成，网约车平台和乘客之间的运输合同成立，此时双方的网络服务合同仍然有效，因此双方同时具备网络服务合同关系和运输合同关系的双重法律关系，App用户同时作为网约车乘客，具有双重身份。同时，根据《网约车办法》第16条的规定，网约车平台承担承运人责任。其中，承运人责任的法律基础即为网约车平台和乘客之间达成的运输合同。

在网约车平台和乘客的运输合同中，司机作为网约车平台的雇员或合作方，接受平台的派单并实际提供客运服务，是该运输合同的履行辅助人。司机和乘客间没有合同关系，司机作为履行辅助人在履行运输合同中产生的违约后果应当由实际的运输合同当事人即网约车平台承担，平台承担后平台和司机如何进行责任分配则取决于平台和司机间的合同约定。司机和乘客虽然没有合同关系，但是运输合同的履行过程中也可能因发生交通事故或其他事件造成乘客人身、财产损害，此时可能发生运输合同的违约责任和侵权责任的竞合，乘客可以根据违约责任请求网约车平台承担责任，具有侵权损害赔偿的请求权。此时，侵权责任的分析较为复杂，根据侵权行为的具体情形可能构成司机的直接侵权责任，也可能构成网约车平台的雇主责任或违反安全保障义务的补充责任。

三、网约车聚合平台的角色定位

（一）现行立法对于网约车聚合平台的规定

随着聚合平台的快速发展，已经有部分立法逐步关注并将其纳入了相关规定。成都作为网约车发展的重要城市，无论是网约车行业的发展体量，还是在立法和监管方面，都始终走在全国前列。2021年12月，成都市交通运输局就对《成都市网络预约出租汽车经营服务管理实施细则》（成交发 2021〔46〕号，以下简称《网约车细则》）进行了修订。《网约车细则》第 2 条对“第三方信息服务平台经营者”作出规定。❶ 并在第 13 条中对第三方信息服务平台经营者的责任进行了规定，通过引致条款的方式将其与《电子商务法》第 38 条进行了衔接。《网约车细则》的施行，对聚合平台的规范发展起到了探索和示范的作用。

此后，《济南市网络预约出租汽车经营服务管理实施细则》也增加了聚合平台的内容，较为笼统地规定了聚合平台须承担审核责任，但没有详细展开。此外，石家庄、天津也试图在网约车细则的修订中将聚合平台纳入法律进行规范。成都、济南的意图均为通过聚合平台入法，促使聚合平台更多地承担起交通管理部门和网约车平台之间的“枢纽节点”❷ 作用，从而充分发挥其作为私权力主体参与社会共治的价值。由于聚合平台角色定位尚无上位法依据，成都、济南两地对于其义务的规定也都并非强制性条款，只是基于聚合平台的发展和监管的便利，希望将其纳入法律进行规制，而没有体系性的理论思考和严谨的立法技术作为支撑，这也导致条文在反复研讨和博弈中被修改或删除。2021 年 12 月，《天津市网络预约出租汽车经营服务管理办法》发布并实施，聚合平台相关规定仅在该办法第 18 条网约车平台合规经营的条款中保留了一项。同样于 2021 年 12 月发布并实施的《石家庄市网络预约出租汽车经营服务管理办法（暂行）》，则删除了聚合平台的条款。天津、石家庄两地对于聚合平台条款入法的犹豫，集中反映了正在快速发展中的聚合平台在角色定位和法律关系方面的不确定性，以及地方机关对急于制定法规可能给行业发展带来不利影响的担忧。

2022 年 5 月，交通运输部发布《网络预约出租汽车监管信息交互平台运行管理办法》（交运规〔2022〕1 号），该办法是针对网约车平台数据传输义务和交通部门网约车监管信息交互平台数据传输、运行维护、数据质量测评等内容的规范性文件，也是第一个规定聚合平台的部委层级的规范性文件。

---

❶ 《网约车细则》第 2 条第 4 款：“本实施细则所称第三方信息服务平台经营者，是指为网约车经营者从事网约车经营提供信息服务的企业法人。”

❷ 参见周辉：《网络平台治理的理想类型与善治——以政府与平台企业间关系为视角》，载《法学杂志》2020 年第 9 期。

从上述立法内容和过程可以明显看出，针对聚合平台制定法律法规具有较强的回应型立法的特点，[1] 也就是在实践中某种商业模式涌现并快速发展，产生了新的法律关系，进而导致现行法律产生了漏洞或空白，引发了公众和市场的立法需求，为积极回应这种需求，立法机关即着手开始相关立法。回应性本就是法律的固有属性，也是社会法学对于分析法学不足的重要矫正，对于推动当代立法有重要作用。[2] 而且，由于数字经济发展对法律体系的颠覆性挑战，对数字经济发展的回应成为制定法律的重要手段，对于构建完善我国的互联网法律体系起到了巨大的正向价值。但是回应型立法的核心本质在于对已出现的社会问题采取补救和处置措施，对于相对稳定、成熟、确定性较高的利益结构和社会关系经过调研、研讨、试点等复杂的历程，方能起到较好的调整效果。[3] 然而，聚合平台正在发展过程中，各种利益关系的调整尚处于不稳定状态，此时进行法律回应，并将其法律性质和责任框定，可能会限制其发展，也会导致法律的频繁调整。且从前文论述可知，聚合平台的角色对于网约车运输服务合同本身没有实质影响，网约车相关的立法规范已经比较完善，即便暂时不对聚合平台进行立法规制，也不会产生法律空白。

（二）网约车聚合平台的多重法律性质

由于功能角色的多样性以及其参与交易模式的创新性，聚合平台的法律性质具有多重性和复杂性。从上述交通运输部和各地交通主管部门制定相关法规态度的差异性也可以看出，聚合平台发展的阶段性决定了相应的社会关系处于尚未稳定的状态，过早入法可能会折损立法的稳定性，也会使得未稳定的社会关系过早固化而影响实践发展。地方主管部门的角色和视角不同，也导致了其制定相关法规目的、技术和内容的较大差异。在现行关于聚合平台的规定中，其角色定位包括共同承运人、第三方信息服务平台以及参与网约车经营活动的平台等。具体而言，聚合平台在现行法律法规中可以有以下角色定位。

1. 网约车聚合平台的应然法律定性

聚合平台是合同法上的中介（居间）人。《民法典》合同编将原《合同

---

[1] 参见［美］诺内特、［美］塞尔兹尼克：《转变中的法律与社会：迈向回应型法》，张志铭译，中国政法大学出版社2004年版，第12～16页。

[2] 参见［德］施塔姆勒：《现代法学之根本趋势》，姚远译，商务印书馆2016年版，第124页。

[3] 参见任颖：《从回应型到预防型的公共卫生立法》，载《法制与社会发展》2020年第4期。

法》的居间合同修改为中介合同，原来的“居间人”修改为“中介人”，两者内容相差不大，后者的表述更加通俗。❶ 中介（居间）的本质就是“牵线搭桥”，为各种交易的达成提供信息。除传统的房屋、保险等中介外，互联网的飞速发展也对居间行业起到了极大的促进作用，比如一些网站发布供需信息，从而促成买卖双方信息的检索和查询，使之选择各自所需要的相对人订立合同。❷ 因此，网约车平台通过与聚合平台合作，获得了通过其流量入口接单的机会，聚合平台为乘客和网约车平台分别提供供需信息，并提供选择的机会以订立合同，这完全符合中介（居间）合同的定义。在聚合平台和网约车平台的关系中，双方成立中介合同，其中网约车平台是委托人，聚合平台是中介人。网约车平台通过与聚合平台成立的合同委托聚合平台提供信息中介服务，聚合平台将用户打车的需求信息通过接口形式提供给网约车平台，促成网约车平台和乘客之间运输合同的达成，并收取委托人网约车平台的费用，属于平台经济下典型的中介服务模式。

聚合平台是互联网信息服务提供者（网络服务提供者）。根据《互联网信息服务管理办法》第2条的规定，凡是通过互联网向上网用户提供信息服务的，都可以称为互联网信息服务提供者。这一概念主要是从互联网行业行政管理的角度进行定义的，外延较为宽泛，基本上所有的互联网服务都可能在其规制范围内。聚合平台通过移动互联网向合作方和用户提供信息中介服务，属于互联网信息服务的一种，因此聚合平台经营者需要按照《互联网信息服务管理办法》取得ICP备案才能开展运营，并且需要遵守《互联网信息服务管理办法》关于非经营性互联网信息服务的各项义务。网络服务提供者既包括提供接入、缓存、信息存储空间、搜索以及链接服务的网络主体（其不提供信息，主要为信息权利人提供通道），也包括主要向用户提供内容的网络主体。聚合平台提供技术服务和信息通道，属于网络服务提供者，应当按照《民法典》的规定承担“通知—反通知”义务、安全保障义务等，并遵守相应的侵权责任判定规则。

在特定情形下，聚合平台可以被定性为电子商务平台经营者。即便《电子商务法》已有明确规定，但是无论是在立法层面还是在实践层面，对于电子商

---

❶ 参见王轶、高圣平、石佳友等：《中国民法典释评·合同编：典型合同》，中国人民大学出版社2020年版，第1862页。

❷ 同注❶，第1859页。

务平台经营者如何界定仍然没有统一标准。而且随着互联网商业模式的不断拓展，涌现出大量不同类型的平台，如外卖平台、网约车平台、社交平台、直播平台等，这些类型的平台都不是《电子商务法》所指向的典型电子商务平台，对其是否应当被纳入《电子商务法》进行规制，学界和实务界存在不同认识，只能具体问题具体分析。❶ 即便电子商务立法应尽可能地涵盖更多领域，但也难以在同一部《电子商务法》中统一规范。典型如社交平台，用户使用该类平台的主要目的在于社会交往而非从事经营行为，因此该类平台并非电子商务平台。当社交平台上有微商开展经营并发生交易，也只能认为社交平台在一定场景下兼具了电子商务平台的属性，而不能一概认为社交平台的性质已转变为电子商务平台。❷ 与社交平台类似，聚合平台的主要目的在于为众多网约车平台提供信息中介服务，在其原本的自营场所之外提供另一个流量入口；只有在部分网约车平台以聚合平台为唯一入口或者绝大多数订单来自聚合平台时，该聚合平台作为其唯一或最重要的网络经营场所和信息发布平台，具有电子商务平台的属性。如果网约车平台有自身独立且稳定的 App 作为网络经营场所，那聚合平台只是其另外一个流量分发平台和信息展示空间，不具有规模化的交易价值，此时聚合平台信息中介的属性更强，因此其不属于电子商务平台经营者。在这种情况下，网约车平台自身影响力和信任程度足够大，不需要聚合平台为其背书，而且其服务和安全保障能力足够强，也不需要聚合平台为其兜责，让聚合平台承担电子商务平台的角色反而会冲淡网约车平台的承运人责任。

2. 网约车聚合平台与网约车平台的实质差异

与网约车平台不同，聚合平台并非承运人。从实践和立法两个层面看，网约车平台具有三个基本特征：①直接连接司机和乘客，通过算法将司机和乘客进行匹配，达成出行的合意；②直接向司机派单，也有部分平台采取抢单制，但无论如何，平台给司机提供订单信息，司机接受订单的机制由平台制定；③制定价格规则。根据《网约车办法》的规定，网约车实行市场调节价，价格由网约车平台自主制定，因此各网约车平台大多对标城市出行成本和需求制定出行价格，并对价格进行公示。除此之外，网约车平台还具有提供订单结算系统、从司机收入中抽成、提供安全保障机制、提供客户服务和反馈机制等典型

---

❶ 参见电子商务法起草组编著：《中华人民共和国电子商务法条文释义》，法律出版社 2018 年版，第 9 页。

❷ 同注❶，第 50～51 页。

特征，但这些都不是决定网约车平台核心法律角色的特征。

对比上述网约车平台的基本特征可以看出，聚合平台与网约车平台具有极大差异。聚合平台的特点在于以下三点。①不直接连接司机和乘客，聚合平台通过接入第三方网约车平台，将所接入平台的主体、服务、价格等信息进行聚合，向用户展示。聚合平台向网约车平台提供乘客的订单信息时，并不知道网约车平台会派单给哪位司机。因此，聚合平台连接的是乘客和网约车平台，提供的是信息中介服务。②不向司机派单。聚合平台没有自身的派单机制，而是将乘客的订单信息无差别地派发给乘客选择的网约车平台，网约车平台根据自身的派单机制先抢到者先得。③不参与定价机制。所有的计价规则均由网约车平台自行制定，同时根据用户的订单信息和聚合平台的路线规划，以自身计价规则为基础进行预估价，然后由聚合平台向用户展示。

聚合平台也并非共同承运人。目前我国立法及交通运输实践中并无共同承运人的概念，与其最接近的概念有两个。一是《海商法》和《国内水路货物运输规则》中的实际承运人，其是指接受承运人委托，从事旅客运送或者部分运送的人，包括接受转委托从事此项运送的其他人。二是网络货运中的无车承运人制度。无车承运人是以承运人身份与托运人签订运输合同，承担承运人的责任和义务，通过委托实际承运人完成运输任务的道路货物运输经营者。[1] 前者通过引入实际承运人概念让缔约承运人与实际承运人就损害承担连带责任，[2] 后者通过建立无车承运人制度让网络货运经营者（即无车承运人）承担承运人责任。海运和水运之所以采用实际承运人制度，是由于海上运输环节较多、距离较长、货物价值较高、关系方复杂，经常会采取部分运输、转托运输或共同运输的方式，因而有必要将未参与合同订立但事实上履行了运输义务的人也置于运输合同的框架内。[3] 而无车承运人的认定需要包含三项要素：①以互联网平台为载体整合配置资源；②以承运人身份承担全程运输责任；③以运输合同的方式委托实际承运人完成道路货物运输任务。同时，《网络平台道路货物运

---

❶ 详见《交通运输部办公厅关于推进改革试点加快无车承运物流创新发展的意见》，交办运〔2016〕115号，2016年8月26日发布。

❷ 《海商法》第123条规定："承运人与实际承运人均负有赔偿责任的，应当在此项责任限度内负连带责任。"《国内水路货物运输规则》第46条规定："承运人与实际承运人都负有赔偿责任的，应当在该项责任范围内承担连带责任。"

❸ 参见傅廷中：《海商法：理念、原则与制度》，法律出版社2015年版，第531～532页。

输经营管理暂行办法》也明确，仅为托运人和实际承运人提供信息中介和交易撮合等服务的行为不属于网络货运范畴。❶ 城市道路出租客运具有环节单一、运输距离短、路况简单、在同一区域内且运输的是人而非货物等特点，其与海运和水运差别较大，自然无须引入实际承运人等概念和规则。聚合平台并不符合网络货运中无车承运人的认定标准，反而由于信息中介的特性符合网络货运的除外条款。因此，将聚合平台定性为共同承运人缺乏理论基础和规范基础，将与共同承运人较为类似的实际承运人或无车承运人概念套用于聚合平台也不符合实际情况，反而会阻碍甚至扼杀聚合平台的发展，影响行业稳定性。

四、网约车聚合平台的法定义务

（一）中介人的合同义务

聚合平台与网约车平台构成中介服务关系，聚合平台作为中介人，需要按照《民法典》规定的中介合同相关条款承担中介人的义务，包括提供订立合同的机会或媒介服务的义务、如实报告信息的义务、忠实勤勉义务及相关附随义务。❷ 提供订立合同的机会或媒介服务的义务，是中介合同的主给付义务，聚合平台应当根据与所合作网约车平台签订的协议向相关网约车平台发送用户的乘车需求。聚合平台还应当承担如实报告信息的义务，应当向网约车平台提供真实有效的用车需求信息，不得故意隐瞒或提供虚假需求信息。乘客通过聚合平台发起用车需求，聚合平台需要将需求及时、完整、公平地分发给用户所选择的网约车平台。在需求分发方面，聚合平台的算法须保持中立、不偏不倚，不能对某个网约车平台在时间和逻辑上有所倾斜，❸ 否则聚合平台就违反了如

---

❶ 参见徐亚华：《充分认识网络货运对促进　行业转型升级高质量发展的重要意义》，载交通运输部官网，https：//www. mot. gov. cn/zhengcejiedu/wangluopthyjd/meitibaodao/201909/t20190917 _ 3271820. html，2022 年 10 月 10 日访问。

❷ 参见王轶、高圣平、石佳友等：《中国民法典释评 · 合同编：典型合同》，中国人民大学出版社 2020 年版，第 1868 页。

❸ 基于中介人如实报告信息义务的要求，平台应当如此。基于算法本身的规制要求平台也需要遵守。《个人信息保护法》规定算法自动化决策应当公平公正，《互联网信息服务算法推荐管理规定》中将公平公正作为算法推荐服务需要遵守的基本原则。此外，算法公平也被认为是算法规制的核心原则。关于算法规制公平性的论证可参考许可：《算法规制体系的中国建构与理论反思》，载《法律科学》2022 年第 1 期；蒋超：《法律算法化的可能与限度》，载《现代法学》2022 年第 2 期；范玉吉、李宇昕：《从权力到权利：算法治理的路径》，载《西南政法大学学报》2022 年第 1 期；郑戈：《算法的法律与法律的算法》，载《中国法律评论》2018 年第 2 期。

实报告信息的义务。根据中介合同的相关规定，中介人不承担必须促成交易的义务，中介人只负责及时向委托人报告真实有效的交易机会或提供媒介服务，但是交易是否达成需要委托方和需求方谈判。具体到聚合平台，聚合平台接受网约车平台的委托搜寻并接受叫车需求，但是由于需求方也就是聚合平台用户的自主选择性、不同网约车平台的派单逻辑不同以及市场需求存在变化等原因，某个网约车平台未必一定能够形成订单，此时聚合平台并未违约。同时，根据《民法典》第964条的规定，即便未促成交易，中介人依然有请求委托人支付从事中介活动支出的必要费用的权利，聚合平台的必要费用包括为提供聚合平台服务所支出的技术、人力资本等费用。由于《民法典》并未对中介合同的费用形式做出要求，聚合平台和网约车平台可以就双方的合作费用、支付形式、支付周期等进行自由约定。此外，聚合平台作为中介人，还应当承担忠实勤勉义务，包括如实披露合作相关信息，不在网约车平台之间透露合作内容，以及维护合作网约车平台的利益，尽最大努力挖掘需求信息等。

（二）审核义务和采取必要措施的义务

在合作的网约车平台没有自身独立App的情况下，聚合平台可能被认定为电子商务平台经营者和网络交易平台经营者，此时应当依照《电子商务法》和《网络交易监督管理办法》的相关规定履行相关义务。《电子商务法》和《网络交易监督管理办法》已经不仅规制淘宝、京东等典型的电子商务平台，还将几乎全部的互联网平台都纳入规制范围，因此其针对性较弱而辐射性较强。《电子商务法》和《网络交易监督管理办法》规定的平台义务与典型的电商平台较为契合，但是针对出行、外卖、社交、微商等平台类型始终存在适用性问题。对此，有学者结合《电子商务法》的特点提出，应当结合平台特性和业务场景具体判断需要履行何种平台义务。[1]《电子商务法》第38条第1款规定，电子商务平台经营者在知道或应当知道平台内经营者提供的商品或服务有侵害消费者合法权益行为的，应当采取必要措施。此规定与《民法典》第1197条规定一致，是该条款在电子商务领域的细致和深化。根据《民法典》第1194条的规定，聚合平台作为网络服务提供者应当承担网络服务提供者的相关义务。由于聚合平台所聚合的是出行服务的信息，基本不存在侵犯他人知识产权和人身

---

[1] 参见薛军：《电子商务法实施中的新课题》，载《人民法治》2019年第5期。

权益的问题，适用“通知—反通知”相关规则的空间较小。根据《民法典》第1197条的规定，网络服务提供者在知道或应当知道网络用户利用其网络服务侵害他人民事权益的，负有采取必要措施的义务。其中，必要措施通常包括删除、屏蔽、断开链接等，也可根据服务的具体情况采取针对性的措施。由于具体提供运输服务的是网约车平台，而非聚合平台，一旦网约车行程中发生交通事故或其他行为导致司乘人身、财产损害，聚合平台并不能直接知悉，只能通过具体承运的网约车平台、司机和乘客等用户以及相关监管部门的信息转递才能知悉。因此，聚合平台就侵权行为采取必要措施的前提条件就是通过以上渠道知悉了该行为以及损害赔偿的事实，此时聚合平台应当及时通知并协同网约车平台处理侵权行为，对被侵害方进行救治，以及事后督促网约车平台根据平台规则对有责司机或乘客进行处罚。如果网约车平台未按照平台规则及时处罚，聚合平台应当按照与网约车平台的协议追究网约车平台的违约责任。

平台内经营者指的是依托于电子商务平台经营者销售商品或提供服务的经营者，平台内经营者和平台经营者之间的关系建立在双方通过服务协议建构起来的契约型关系上。[1] 双方的合作和入驻是直接的，也因此才是紧密的。当聚合平台作为电子商务平台经营者时，其平台内经营是与其建立合同关系的网约车平台，而非网约车平台所连接的司机。《电子商务法》第38条规定的审核义务的内容是平台内经营者的资质资格，网约车平台的资质主要是指根据《网约车办法》应当取得的许可，即《网络预约出租汽车经营许可证》。网约车平台的资格主要是指其能够开展业务、从事经营的前置要件，主要包括其营业执照、信息服务经营许可或备案，以及能够证明其真实身份、地址、联系方式的材料等。《电子商务法》第38条规定的审核义务应当结合《网约车办法》第27条的核验登记义务一并来看。聚合平台除了要对网约车平台的资质资格进行审核，还要进行真实性核验，并建立平台内经营者的档案登记制度。聚合平台的审核义务并非进入时的一次性义务，而是要定期对网约车的资质资格信息进行动态核验，如网约车平台的平台证或其他资格信息因被吊销而丧失了从事网约车经营的前提条件时，聚合平台应当及时与其终止合作。网约车平台的资质资格信

[1] 参见电子商务法起草组编著:《中华人民共和国电子商务法条文释义》，法律出版社2018年版，第51页。

息有其他变动的，聚合平台应当在其档案中及时更新。

（三）安全保障义务

在聚合平台适用《电子商务法》的场景下，也需要履行《电子商务法》第38条规定的安全保障义务。安全保障义务是《民法典》第1198条规定的经营场所、公共场所安全保障义务和《消费者权益保护法》第18条规定的经营者安全保障义务在电子商务领域的延伸。[1] 由于安全保障义务人的范围很广，安全保障义务的内涵和外延难以在立法中明确，而是需要参考所在行业、地域、活动的具体情况综合判断，[2] 实践中也常常由于需要保障被侵权人得到损害赔偿而加以广泛适用。然而，正是因为安全保障义务内涵和外延的不明确性以及普遍适用的司法现状，才更加需要注意其适用的限度。只要当事人负有安全保障义务，其就需要对相对人的所有损害进行赔偿，这是非常错误的。[3] 不同的电子商务平台业务类型有较大差别，因此界定合理范围和限度需要结合平台特性，“具体问题，具体分析；具体案例，具体解决”。[4]

在聚合平台模式下，作为承运人的网约车平台和提供中介服务的聚合平台需要尽到的注意义务有较大差别。网约车平台作为承运人，承担承运人责任，是司机和乘客人身、财产安全保障的首要义务承担人。在网约车模式下，网约车平台直接承担承运人责任，并不涉及安全保障义务。《电子商务法》第38条之所以规定关系消费者生命健康的商品或服务的电商平台承担安全保障义务，是为了保障网约车模式之外的顺风车业务或人身损害之外的其他侵权损害赔偿，此时网约车平台需要承担人车一致性的审查义务、附加服务安全性保障、建立异常情形快速发现处置机制、数据备份等注意义务，如未尽到，须承担相应责任。[5] 聚合平台聚合的是网约车平台的网约车业务，不包括顺风车等业务，此时网约车平台承运人的身份和责任形态并无变化，注意义务也没有变化，仍然需要承担最严格的注意义务。在这种情况下，聚合平台作为网络信息服务提供

---

[1] 参见陆青：《电子商务平台经营者安全保障义务的规范构造》，载《浙江社会科学》2021年第11期。

[2] 参见王胜明主编：《中华人民共和国侵权责任法释义》，法律出版社2013年版，第351页。

[3] 参见刘召成：《安全保障义务的扩展适用与违法性判断标准的发展》，载《法学》2014年第5期。

[4] 参见电子商务法起草组编著：《中华人民共和国电子商务法条文释义》，法律出版社2018年版，第9页。

[5] 参见张新宝：《顺风车网络平台的安全保障义务与侵权责任》，载《法律适用》2018年第12期。

者或一定场景下的电子商务平台经营者，与司乘不直接产生运输服务法律关系，只承担与自身角色定性和能力相匹配的注意义务，同时还应符合技术和商业发展现实，并适当考虑义务履行所带来的成本。[1] 具体而言，对于司机来说，聚合平台不直接与司机发生法律关系，通常也没有司机端 App，因此在司机安全保障方面做到基本服务安全性保证，也就是保持沟通渠道畅通、保证订单需求信息真实，以及路线规划准确等，即算尽到了合理注意义务。聚合平台与乘客之间有网络服务合同，乘客本身就是聚合平台 App 的用户，也是在聚合平台发起的用车需求，因此聚合平台对于乘客人身、财产安全的注意义务要高于司机，除前述针对司机的三项义务外，对乘客还须区分行程中和行程后以分别履行一定的义务。行程中，为保障乘客在全部行程间的人身、财产安全，聚合平台需要保障乘客在与司机发生纠纷时能够便捷且安全地与亲友和警方取得联系，保障乘客个人信息不被泄露，通过语音或文字等方式向司机和乘客提醒相关安全注意事项等。行程后，为保障乘客维护自身权益，聚合平台应当能够响应乘客维权需求并提供具体承运的网约车平台的真实联系方式，确认网约车平台存在侵权责任时可以通过合同追究其违约责任，以进一步降低安全纠纷发生的概率。

（四）其他义务

无论聚合平台是何种性质，其仍然在提供某种有偿服务，从事的是经营活动，属于开展经营行为，[2] 应被认定为经营者，其用户是消费者。作为消费者，聚合平台用户享有《消费者权益保护法》规定的权利，聚合平台也应当依照《消费者权益保护法》承担经营者的义务，比如服务说明义务、不进行虚假宣传义务、开具发票义务、格式条款说明和限制义务、个人信息保护义务等，以及保障消费者知情权、自主选择权、公平交易权等。结合聚合平台的业务特点和法律关系分析，在被认定为电子商务平台和网络交易平台的情况下，聚合平台需要履行《电子商务法》和《网络交易监督管理办法》规定的平台内经营者信息核验登记报送义务、服务协议和管控公示义务、信用评价制度建立义务、公平交易义务等。

---

[1] 参见王道发：《电子商务平台经营者安保责任研究》，载《中国法学》2019 年第 6 期。

[2] 参见何山：《〈中华人民共和国消费者权益保护法〉释义及实用指南》，中国民主法制出版社 2013 年版，第 6 页。

五、结语

自聚合平台出现以来，经过几年发展，聚合平台在创新商业模式的基础上为广大出行用户提供了更多选择和便利，但是聚合平台在整个网络预约出行服务市场上仍然占比较小。根据2021年10月交通运输部全国网约车监管信息交互平台统计数据测算，以单量计算，在网络预约出行服务市场中，滴滴的市场份额为81.24%，曹操、T3、万顺、美团、首约、享道、花小猪共计占比8.96%，其他网约车平台以及高德、百度、腾讯等通过聚合模式提供服务的平台共计占有9.8%的市场份额。从行业生命周期看，聚合平台服务仍处于幼稚期到成长期的过渡时期，在行业发展尚未达到成熟期时，需要立法予以调整的社会关系还未稳定，尚不宜直接进行立法规制，相关的社会关系可以通过法律解释和填补法律漏洞的方法进行补充调整，毕竟“法条有限，世事无穷”。[1] 此时更应当做的是针对行业现状进行观察、调研、研究，为相关的制度构建做准备，待行业发展到成熟阶段，理论研究成熟后，才有可能进行立法规制。如果立法规制的阶段与行业发展阶段不对应，就会产生两个结果。一是超前立法，不适应政治、经济、文化发展阶段和现状而仅“纸上谈兵”，将会导致不良的后果。[2] 二是滞后立法，可能会产生立法漏洞或空白，导致经济盲目发展、社会失序等问题。《网约车办法》将立法权和行政许可权下放给城市的制度设计即为其中的典型示例，此种制度设计是否对网约车行业的发展起到了促进作用，目前仍未可知。而且，聚合平台发展时间不长，且远未形成如当时网约车行业般的大规模和深远的社会经济效应，因此，如何进行聚合平台制度设计是一个需要深入研究的话题。目前来看，针对聚合平台的理论研究和学术研讨都还很不充分，围绕聚合平台的一系列法律问题都需要深入探究，希望后续学界可以持续关注聚合平台这样的新业态新模式，根据业务模式的真实状况厘清其中的疑难问题，为聚合平台的进一步发展奠定法律解释论的基础，循序渐进地进行制度构建，在盲目超前和过度滞后立法之间取得较好的平衡。

---

[1] 参见王利明：《法学方法论》，中国人民大学出版社2012年版，第1153页。

[2] 吴光辉、罗志先：《市场经济与超前立法》，载《现代法学》1994年第4期。

自动驾驶汽车法律监管研究
——以《道路交通安全法》为视角

徐金旭*

摘　要：自动驾驶汽车的快速发展，给《道路交通安全法》带来了挑战。《道路交通安全法》以车辆、参与人、道路等交通三要素为核心，确立了我国道路交通管理基本制度。自动驾驶汽车在车、人、路三个方面均对道路交通管理造成冲击。为了充分发挥《道路交通安全法》的效能，应在车辆安全规制、驾驶主体准入、路权配置三个方面对其进行完善，尽快构建起我国自动驾驶汽车法律监管制度，实现保障公共安全与推动产业发展的平衡，提升国家核心竞争力。

关键词：自动驾驶汽车　道路交通安全法　车辆安全　驾驶许可　路权

一、自动驾驶汽车的优势与挑战

自动驾驶汽车是集自动控制、体系结构、人工智能、视觉计算等众多技术于一体的产物，在自动驾驶汽车中运用的技术是相互沟通信息的计算机、软件、传感硬件、汽车、人力操作者（某些场景下）的结合。❶

（一）自动驾驶汽车分级制度

自动驾驶汽车以功能配置为标准分为不同自动级别。国际汽车工程师协会将自动驾驶汽车分为L0—L5六个级别：L0是指仅具有预警和少量保护功能的

---

* 徐金旭，中国铁建国际集团商务法律部法务经理。

❶ 参见李磊：《论中国自动驾驶汽车监管制度的建立》，载《北京理工大学学报（社会科学版）》2018年第2期。

汽车，仍属于人工驾驶范畴；L1 级别的车辆，自动化系统可以分担驾驶者小部分工作，比如自适应巡航、紧急刹车等，属于辅助驾驶；L2 级别的车辆，可以实现部分驾驶自动化，自动化系统可以同时执行车辆的横向和纵向移动控制，但须由驾驶者实时监管自动化系统的运行；L3 级别的车辆，已经具备自动驾驶能力，车辆可以在特定条件下实现完全自动驾驶，驾驶者只需要在系统发出干预请求或者出现系统故障时接管车辆即可；L4 级别的车辆即为高度自动化车辆，车辆可以在大部分环境中实现自动驾驶，且不再要求驾驶者随时做好接管准备；L5 级别的车辆已经是真正意义上的“汽车机器人”，可以在任意复杂环境中实现自动驾驶，完全不需要人类任何干预。[1] 综合来看，L0—L1 级别的车辆，应当归属于辅助自动驾驶汽车；L2—L3 级别的车辆可以进行限制条件下的自动驾驶，应当归属于有限自动驾驶汽车；L4—L5 级别的车辆应当归属于完全自动驾驶汽车。

自动驾驶汽车分级制度的确立，有利于强化对自动驾驶汽车的分类管理。当自动驾驶汽车出现交通事故或其他违反法律规定的情形时，应当针对不同级别的自动驾驶汽车分别设定不同的责任归属路径和责任承担方式。[2] 同时，自动驾驶汽车分级制度对自动驾驶汽车的研究、制造和使用均具有重要的指导意义。

（二）自动驾驶汽车的优势

相较于传统汽车，自动驾驶汽车具备显著优势。首先，自动驾驶汽车可大幅度降低汽车交通事故率。当前汽车交通事故高发，全球每年有 100 多万人死于交通事故。中国近十年来，每年都有约 6 万人因交通事故丧生。[3] 有研究指出，所有交通事故中只有 5% 是因为技术、天气、路况等原因，其余 95% 都是人类错误操作导致的。[4] 自动驾驶汽车可避免人类驾驶失误引发的交通事故。其次，自动驾驶汽车将全面提升城市运转效率。自动驾驶技术不仅着眼于汽车本身的智能化，而且致力于实现智能汽车与智能道路的互联互通，打造立体化

---

[1] Itf, 2015. *Automated and Autonomous Driving: Regulation under Uncertainty*, International Transport Forum Policy Papers 7, OECD Publishing.

[2] 参见陈晓林：《无人驾驶汽车对现行法律的挑战及应对》，载《理论学刊》2016 年第 1 期。

[3] 参见骆意中：《法理学如何应对自动驾驶的根本性挑战?》，载《华东政法大学学报》2020 年第 6 期。

[4] 参见郑志峰：《自动驾驶汽车的交通事故侵权责任》，载《法学》2018 年第 4 期。

的智能交通系统。比如，阿里云城市大脑与滴滴智慧交通，已经开始对城市交通设施进行智能化改造，重点解决城市拥堵问题。而随着自动驾驶汽车的加入，城市智能交管系统可以更好地调配交通资源，提高交通效率。最后，自动驾驶汽车可有效降低能源消耗，减少污染排放。随着技术升级，自动驾驶汽车将配备先进的动力系统，提升能源利用效率，节约资源，减少污染。自动驾驶技术的成熟也为共享汽车行业提供新的解决方案，促进共享汽车市场发展，提高汽车利用率，降低汽车总保有量。[1]

（三）自动驾驶交通安全风险

自动驾驶汽车是弱人工智能的代表，可以极大地推动社会发展。但当前全球自动驾驶技术尚处于早期阶段，仍存在诸多安全隐患。[2] 自动驾驶汽车已引发多起交通事故：2016 年谷歌自动驾驶试验车发生碰撞；同年特斯拉自动驾驶功能连续引发两起严重交通事故；2018 年 Uber 自动驾驶汽车发生一起交通事故；2021 年一名中国车主驾驶蔚来 ES8 汽车，启用自动驾驶功能后在高速上发生车祸，不幸身亡。自动驾驶汽车发展至今，具备三个显著特征：自主性、交互性、服从性。[3] 自主性，是指自动驾驶汽车在面对复杂的外在环境时，可以实现自主决策，不再仅是执行人类决策的工具。交互性，是指自动驾驶汽车也可以与驾驶人进行互动，起到辅助人类驾驶的作用。服从性，是指基于特殊设计，人类仍掌握最终决策权，并能够随时接管汽车。在这三个特征中，自主性是自动驾驶汽车最为显著的特点，也是其区分于其他车辆控制技术的核心。但是，自主性亦成为自动驾驶汽车安全风险的根本来源。自动驾驶系统所依赖的技术为“深度学习”，[4] 即自动驾驶系统通过对输入的数据如障碍物、行人、道路、天气状况等进行综合分析，从而准确感知外界环境，优化速度和路线。因此，自动驾驶汽车在行驶过程中所做出的反应，并非程序设计者预先设定的，而是系统自身以数据为基础进行推论形成的规则。程序员只是设计了基本的学习规则，而一切的独立决断和决策都是机器学习的结果，早已超出了程序员的

---

[1] 参见余积明：《自动驾驶汽车产业治理的框架和要点》，载《行政法学研究》2019 年第 2 期。

[2] 参见钟义信：《人工智能：“热闹”背后的“门道”》，载《科技导报》2016 年第 7 期。

[3] 参见吴汉东：《人工智能时代的制度安排与法律规制》，载《法律科学》2017 年第 5 期。

[4] “深度学习”概念源于人工神经网络的研究，是机器学习中一种基于对数据进行表征学习的方法，通过组合低层特征形成更加抽象的高层表示属性类别或特征，以发现数据的分布式特征表示。

设定范围。这种系统的自主行为存在相当的不确定性，其他交通参与者并不能理解系统如何做出决策，也无法对系统行为做出预测。系统自主行为一旦出现失误，极有可能引发交通事故，但无论是驾驶人还是乘车人都无法做出任何防护行为，使得相关人员的生命安全受到严重威胁。

自动驾驶汽车的出现给我国道路交通安全管理带来重大挑战。根据我国《道路交通安全法》的相关规定，在我国，目前自动驾驶汽车尚不具备道路通行权利。现阶段《道路交通安全法》在机动车管理、驾驶人管理、路权配置等多个方面均无法有效规制自动驾驶汽车。监管制度的缺失，使得自动驾驶汽车不能合法运营，同时也将公众置于自动驾驶汽车安全威胁中。面对自动驾驶汽车的迅速推进，尽快建立法律监管制度是保障公共安全的基本条件。

二、自动驾驶环境下我国《道路交通安全法》的滞后性分析

我国《道路交通安全法》于2004年5月1日起正式施行，并于2007年、2011年和2021年进行了三次修正。《道路交通安全法》以车辆、参与人、道路等交通三要素为核心，确立了道路交通管理的基本制度，在维护交通安全方面发挥了重大作用。但随着自动驾驶汽车的加入，《道路交通安全法》在车辆管理、驾驶主体管理、路权分配与限制等方面均凸显出局限性。自动驾驶汽车的出现也严重制约了《道路交通安全法》效能的发挥，使其无法充分保障新形势下的交通安全。

（一）车辆安全规制立法不足

1. 自动驾驶是否属于机动车不明确

《道路交通安全法》将车辆划分为机动车和非机动车，并在《道路交通管理条例》（已失效）中以列举式方法对机动车和非机动车范围进行了界定。[1] 机动车与非机动车“二分法”是以是否装有机械动力装置为标准，同时也综合考虑了动力来源以外的其他因素，比如电动车虽然在机械性质上应当属于机动车，但《道路交通安全法》将它们归类于非机动车，适用非机动车的相关管理规

---

[1] 《道路交通管理条例》（已失效）第3条规定：“本条例所称的车辆，是指在道路上行驶的下列机动车和非机动车：（一）机动车是指各种汽车、电车、电瓶车、摩托车、拖拉机、轮式专用机械车；（二）非机动车是指自行车、三轮车、人力车、畜力车、残疾人专用车。”

定。自动驾驶汽车的出现使得“二分法”不再适用。[1] 自动驾驶汽车在物理性质上仍属于机动车，但其与传统机动车已存在本质区别，自动驾驶汽车已经归类于人工智能的范畴。[2] 在道路交通管理上，它的准入机制、运行模式、通行规则、安全保障等都与传统汽车存在较大差别，自动驾驶汽车的属性界定不应当仅以物理性质为依据，更需要综合考虑安全、管理、效率等因素，平衡各方面利益。在自动驾驶汽车法律属性明确之前，一旦出现交通事故，将导致事故处理缺乏法律规范，使受害者陷入赔偿不能的困境。

2. 自动驾驶汽车技术安全标准缺失

现行《道路交通安全法》第10条规定，要求机动车登记注册前应当接受相关部门的安全技术检验，确保符合国家标准。[3] 我国现行机动车国家安全技术标准为2018年1月1日起实施的《机动车运行安全技术条件》（GB 7258—2017）。2021年4月，工信部发布《关于实施GB 7258—2017第2号修改单相关事项的通知》，要求自2022年1月1日起我国新生产乘用车必须配备EDR系统，即行车时间记录器，俗称“汽车黑匣子”。EDR系统的强制配备，可以帮助解决当前汽车行业新技术带来的部分安全隐患，如EDR系统所保存的行车数据在未来处理诸如“特斯拉刹车门”“智能驾驶罗生门”等类似事件中将起到关键作用。工信部的本次修改，可以看作管理部门对自动驾驶等新型技术的积极回应。但总体上看，我国目前仍缺乏专门针对自动驾驶汽车的国家安全技术标准。自动驾驶汽车属于高度危险物，相较于其他产品，需要更加严格的安全准入标准。自动驾驶汽车是通过加载在汽车上的各种硬件（如雷达、轮胎传感器、摄像头、主控电脑等）对周围环境信息进行分析、处理并做出反应行为

---

[1] 《道路交通安全法》第119条第3项规定：“‘机动车’，是指以动力装置驱动或者牵引，上道路行驶的供人员乘用或者用于运送物品以及进行工程专项作业的轮式车辆。”第4项规定：“‘非机动车’，是指以人力或者畜力驱动，上道路行驶的交通工具，以及虽有动力装置驱动但设计最高时速、空车质量、外形尺寸符合有关国家标准的残疾人机动轮椅车、电动自行车等交通工具。”

[2] 参见刘旭：《人工智能体犯罪的刑事归责——以自动驾驶汽车为例》，载《山西省政法管理干部学院学报》2019年第1期。

[3] 《道路交通安全法》第10条规定：“准予登记的机动车应当符合机动车国家安全技术标准。申请机动车登记时，应当接受对该机动车的安全技术检验。但是，经国家机动车产品主管部门依据机动车国家安全技术标准认定的企业生产的机动车型，该车型的新车在出厂时经检验符合机动车国家安全技术标准，获得检验合格证的，免予安全技术检验。”

的。❶ 自动驾驶汽车显然不再适用传统汽车的安全技术标准，专门安全技术标准的缺失意味着无法从法律上认定一辆自动驾驶汽车是否合格。

（二）驾驶许可制度存在缺陷

《道路交通安全法》第19条确立了我国驾驶许可制度，为机动车驾驶许可的设立提供了法律依据。驾驶许可实质上是行政许可的一种，是行政许可制度在交通管理领域的具体体现。❷ 驾驶许可从属于行政许可，驾驶许可制度以“驾驶许可”为中心，《道路交通安全法》《机动车驾驶证申领和使用规定》《加强机动车驾驶人管理指导意见》等均对驾驶许可制度进行了规定。驾驶许可制度具有重要的实践价值，该制度可以有效地平衡享受出行便利的个人利益与安全有序的交通环境的社会利益之间的冲突，妥善解决交通安全维护问题。驾驶许可制度也可以有效地监督行政主体许可权的实施，合理进行资源的有效配置，保障公民合法权益。驾驶许可制度更是强化车辆驾驶者管理、保障道路交通安全的根本性手段。在自动驾驶汽车中仍然需要坚持驾驶许可制度，并根据新型交通工具的特点，改进完善驾驶许可制度，规范驾驶主体的准入，及时回应技术发展的变化。

自动驾驶环境下驾驶许可制度的缺陷体现在以下两个方面：一是驾驶主体准入条件的设置；二是责任主体注意义务的分配。

1. 自动驾驶主体准入条件需要改变

《道路交通安全法》第2章第2节对驾驶人作出了全面的规定，包括对驾驶人的年龄、身体状况、精神条件等都设定了一定的要求，不能满足上述条件的人员无法参加驾驶证考试。在满足这些基础条件之后，驾驶人仍然要参加一系列由公安机关交通主管部门组织的理论和实践考试，考试合格的由该部门核发相应类别的机动车驾驶证。❸ 为了顺利通过考试，驾驶人需要熟练掌握交通安全法律、法规和相关理论知识，并应当具备娴熟的驾驶技能，可以准确地操控车辆，妥善地应对各种交通状况。可见驾驶许可的取得对驾驶人的身体条件、

---

❶ 参见翁岳暄、［德］多尼米克·希伦布兰德：《汽车智能化的道路：智能汽车、自动驾驶汽车安全监管研究》，载《科技与法律》2014年第4期。

❷ 参见李蕊、王建懿：《“机动车驾驶许可降级”规定的法律分析》，载《中国人民公安大学学报（自然科学版）》2014年第1期。

❸ 参见夏颖：《论我国机动车驾驶许可制度的完善》，华中科技大学2016年硕士学位论文。

健康状况、操作能力等都有较高要求，这也使得残疾人、未成年人等都无法取得驾驶资格。但在自动驾驶系统中，因为无须人类过多的参与，上述对驾驶人的要求不再是必备条件，人类对自动驾驶系统的操控资格条件也应相应放开。自动驾驶汽车更多的是依赖系统的自动运行，驾驶人作用会逐渐降低。在完全自动驾驶汽车中，甚至根本不需要驾驶人的操控，已不存在“驾驶人”的身份，所有人都是“乘客”。同时，自动驾驶汽车研发也是为了服务更多的人群，如果自动驾驶仍然对驾驶人设定一系列限制，就违背了自动驾驶技术发展的初衷。因此，驾驶许可的准入条件要依据新的技术条件进行必要的变更。

2. 自动驾驶责任主体的注意义务需要调整

注意义务的作用在于迫使行为人遵守一定行为规范，且将行为人遵守规范的能力维持在某种水平之上，从这个维度来考虑，注意义务实质上是一种能力维持规范。[1] 注意义务通常来源于日常社会生活准则或规范，包括相关领域的法律、法规、行政规章、司法判决、职务要求等。[2] 其中，法律、法规是注意义务的基本来源，行为人应当遵守该行为规范，否则应当承担相应的过失责任。《道路交通安全法》对机动车驾驶人、所有人、乘车人均规定了相应的注意义务，如该法第22条规定驾驶人负有安全驾驶的义务；第66条规定乘车人需要安全乘车，不得出现危害行车安全的行为；第98条规定所有人具备缴纳保险以及妥善维护机动车的义务。考虑到驾驶机动车是一项高度危险作业，任何一个因素单独或同时出现问题，都会给安全驾驶带来危害，因而驾驶人应当承担较重的注意义务。《道路交通安全法》规定机动车驾驶人在取得驾驶资格时应当知晓相应的法律法规和具备娴熟的驾驶技能，并在日常驾驶中对上述因素均保持高度注意，不可存在懈怠。在传统交通法领域内，驾驶人的注意义务主要涉及三个方面：一是对车辆性能的准确认知；二是对驾驶行为的谨慎义务；三是遵守交通法规的法律义务。[3] 但在自动驾驶环境下，注意义务责任主体以及注意义务范围均有所变化。自动驾驶技术的应用将使得责任人权利义务的分配发生根本性变化，既有的行为规范将受到颠覆，有关的准入标准和规制方式可能

---

[1] 参见陈璇：《注意义务的规范本质与判断标准》，载《法学研究》2019年第1期。

[2] 参见高铭暄：《刑法学原理》，中国人民大学出版社2005年版，第94页。

[3] 朱利明、王斌：《论侵权责任法的安全注意义务》，载《黑河学刊》2018年第5期。

被新技术的灵活要求所取代。[1]

自动驾驶汽车所有可能的责任主体有四个：生产商、[2] 驾驶人、所有人、乘车人。[3] 在自动驾驶汽车行驶过程中，任何一个主体的疏忽均可能导致严重事故的发生，因而保障行车安全的注意义务应当在所有主体之间进行合理分配，任何一个未尽到合理注意义务的责任主体必须承担相应的过失责任。虽然驾驶人、所有人、乘车人在传统汽车中也均负有一定程度的注意义务，但在自动驾驶汽车中，其注意义务须根据自动驾驶汽车的特点重新进行分配。例如，驾驶人在自动驾驶条件下应负有更严格的义务，驾驶人在掌握驾驶技能的基础上也应对自动驾驶技术有更为充分的了解，在发生紧急情况时，可以采取必要的、适当的措施以避免更严重的后果发生。从技术的角度出发，自动驾驶汽车必然比传统汽车更为安全可靠，驾驶主体注意义务本应降低，但由于当前自动驾驶技术尚不成熟，为了有效规避交通风险，驾驶人应当就自动驾驶系统的功能、特点进行必要的培训。[4] 此外，自动驾驶汽车新增的一个责任主体为生产商，生产商注意义务的根本来源在于产品责任。[5] 在产品责任基础上，自动驾驶汽车生产商需要为汽车使用者提供基本安全保障并为此承担法律责任。相较于一般产品的用户与其生产厂家之间的关系，自动驾驶汽车使用者与生产商之间显然具备更为密切的联系，二者之间是一种近乎信任的关系，法律应当为此种新型产品关系提供法律保护。[6] 自动驾驶技术尚处于初级阶段，目前没有完备的法律监管体系，也没有形成相关的习惯规则或司法判决等，因而在《道路交通安全法》中对生产商的注意义务加以界定，是保证生产商对车辆安全负责最为有效的手段。

---

[1] 参见崔俊杰：《自动驾驶汽车准入制度：正当性、要求及策略》，载《行政法学研究》2019年第2期。

[2] 生产商应当包括硬件制造商与软件开发商两个主体，但对于消费者而言，无须进行区分。未来自动驾驶汽车必然具备明显的品牌标识，消费者只需要认定品牌运营主体即可，消费者没有必要也没有条件去识别品牌背后所包含的其他主体。因此可以将硬件制造商与软件开发商视为一个统一主体，即生产商。

[3] 参见吴士东：《人工智能自动驾驶法律规制——以“Uber无人车致人死亡案”为视角》，载《四川职业技术学院学报》2018年第4期。

[4] 参见杨剑锋：《论自动驾驶事故的法律责任归属》，载《河北科技大学学报（社会科学版）》2018年第1期。

[5] 参见彭文华：《自动驾驶车辆犯罪的注意义务》，载《政治与法律》2018年第5期。

[6] Clint W. Westbrook, The Google Made Me Do It: The Complexity of Criminal Liability in the Age of Autonomous Vehicles, *Michigan State Law Review*, Vol. 1, p. 141 (2017).

（三）自动驾驶路权有待确认

路权是指各个交通参与者使用公共道路的权利，公共道路作为有限的社会资源，交通参与者的用路需求需要由法律确认并进行合理分配，以保障不同交通主体自由平等地占用公共道路。❶ 自动驾驶汽车上路行驶的过程实际上便是自动系统对路权的实时检测、请求、响应，多个交通工具共同运行的过程意味着多个交通主体对路权的竞争或放弃。❷ 因此，自动驾驶汽车路权需要在法律上予以明确。据分析，包括交通安全管理、标准化、质检、通信、信息、运输、测绘在内的七个领域，涉及 24 部以上的法律需要进行修改，才能适应自动驾驶汽车的部署。❸ 特别是在我国交通类法律法规中，如《道路交通安全法》第 11 条、第 19 条和《道路运输条例》（2022 修订）第 9 条均对机动车和驾驶人实质要件作出了强制性规定，当前情形下自动驾驶汽车显然无法满足这些条件。交通主体路权的行使有赖于《道路交通安全法》的分配以及其所授权的行政机关的调整。自动驾驶汽车进入公共道路仍然以路权的取得为前提，在路权行使过程中也要遵循行政机关的依法管制。行政机关对自动驾驶汽车路权的管制也要与其他行政行为一样，以实现公共利益为根本出发点，同时参照自动驾驶汽车运行特点，制定合理的路权分配与限制方案。道路是一种有限的、稀缺的公共资源，将各参与主体的路权进行合理的分配与限制是道路交通管理部门的重大课题。

三、我国自动驾驶汽车法律监管制度的构建

自动驾驶汽车上路行驶面临着巨大风险。自动驾驶汽车与其他交通主体的关系需要进一步厘清，如何构建一种完善可行的监管制度是对行政机关执政能力的重大考验。科学的监管制度不仅能保障自动驾驶汽车的安全运行，维持交通秩序的稳定，更能进一步推进自动驾驶汽车产业发展。

（一）自动驾驶汽车车辆安全的监管路径

1. 机动车范围重定的立法选择

《道路交通安全法》采取“二分法”的目的在于充分发挥不同种类车辆优

---

❶ 参见王坚：《路权研究——以公路及城市道路为中心》，西南政法大学 2012 年博士学位论文。

❷ 参见李德毅、杜鹢：《不确定性人工智能》，国防工业出版社 2014 年版，第 236 页。

❸ 参见江溯：《自动驾驶汽车对法律的挑战》，载《中国法律评论》2018 年第 2 期。

势，提高道路通行的经济性和安全性。在车辆分类中，不仅要考虑驱动力，更要综合考虑不同交通工具的速度和安全性能。传统车辆的行驶方式往往由其驱动方式所决定，工程学的分类方法对车辆在法律上的分类有着决定性的影响。但自动驾驶汽车超出工程学范畴，使得问题更加复杂，自动驾驶汽车与传统机动车之间的关系不易界定。有学者提出，应当重新定义“机动车”含义，在现有基础上予以拓展，比如将“搭载人工智能技术、传感器技术和全球定位系统”等定义加入其中，使自动驾驶汽车归入机动车类别。[1]但是，简单地将自动驾驶汽车归类于机动车，对其适用机动车的管理模式，并不足以解决自动驾驶汽车的现实问题。自动驾驶汽车以机动车的身份参与交通运输，降低了其注意义务的标准，存在更大的安全隐患。车辆分类的最终目标是保证不同交通工具的和谐相处，提高道路资源利用效率。车辆种类的划分应当综合考虑车辆行驶中的危害程度等因素。

车辆属性“二分法”的源头是大陆法系传统概念的划分方法，是公众习惯性的二元思维。但该分类方法掩盖了大量中间状态的存在，而中间状态的属性不明导致了大量纠纷发生。在交通管理中，我国是以“二分法”为基础模型建立的管理制度，比如在路权的分配和交通事故的归责方面均以该模型为基础做出区分。[2]但自动驾驶汽车由于其特殊的物理性质，无法在当前的模型中对其法律属性进行准确定位。在当前的分类框架内，强行地将自动驾驶汽车归为机动车或非机动车都无助于解决现实的监管难题，因而我们应当考虑打破传统的“二分法”，在效率与安全价值博弈的基础上，对自动驾驶汽车进行名副其实的界定。价值理念因个体的差异而存在相当的对立性，价值的对立也是冲突产生的根源，自动驾驶汽车归为机动车还是非机动车，实质上是一种价值判断的不同，无论哪一种选择都会给其他的交通参与者带来负外部性，二者之间的选择过程也就是效率价值与安全价值的博弈过程。[3]“二分法”体系下无论怎样界定自动驾驶汽车均意味着一个重要法律价值的牺牲，但效率与安全均是道路交通

---

[1] 参见袁媛：《我国无人驾驶汽车道路交通事故的法律思考》，载《重庆邮电大学学报（社会科学版）》2018年第4期。

[2] 参见魏玉成、赵海燕、孟繁超：《轻型快速交通工具的法律属性辨析——以电动自行车为例》，载《南京航空航天大学学报（社会科学版）》2007年第4期。

[3] 参见许光清、董文娟：《机动车交通的外部性及改善措施分析》，载《哈尔滨商业大学学报（自然科学版）》2006年第5期。

最根本的价值属性，不得偏废任何一方。鉴于此，一个平衡两种价值的方案是采用“三分法”的立法方式，自动驾驶汽车既不属于机动车，也不属于非机动车，而是作为一个独立类型存在的。具体的种类划分可以为：自动驾驶汽车、机动车、非机动车。自动驾驶汽车的独立存在意味着其在车辆监管的各个方面都不得适用机动车的管理方法，而应当在道路设计、路权分配、交通规则、事故责任等各方面适用自动驾驶汽车独特的管理模式。

2. 制定自动驾驶技术安全标准

《道路交通安全法》第10条与《机动车运行安全技术条件》（已失效）都是从硬件设施的角度对车辆提出技术要求，而自动驾驶汽车安全技术标准应当包含机械硬件安全、软件系统安全、程序设计伦理安全等多个方面。

一是自动驾驶汽车硬件和软件产品合格标准。自动驾驶汽车的产品标准应当比传统汽车更为严格。2017年，美国率先出台了自动驾驶汽车安全指引《自动驾驶系统2.0：安全愿景》，其中包含了车辆网络安全、人机交互功能、消费者教育培训、ADS碰撞标准等12个优先考虑的安全设计因素。[1] 可见，自动驾驶汽车产品标准不仅包含汽车本身，还要综合考虑汽车性能、系统运行情况以及自动系统与消费者之间的互动能力等。自动驾驶汽车是硬件和软件的组合体，对于硬件方面，可直接套用现有较为成熟的国家对机动车装备质量及有关标准的要求，包括安全标准、环保标准以及运载量、速度等方面的要求。除此之外，应当增加硬件与软件的融合度指标，考察二者是否可以有效地协同运行等。在软件系统方面，应当重点考察其感知能力、判断能力和控制能力。感知能力是指系统的信息采集能力，考察系统是否可以全面采集信息并加以分析，迅速做出处理，精确定位等；判断能力是指系统是否可以准确判断路况，遵照通行规则正确行使以及内置算法的合理性等；控制能力是指系统是否具备准确判断系统指令进行相应动作，且能准确完成系统指令和人类目的的能力。一个完备的自动驾驶汽车安全技术标准应当包含硬件和软件两个方面，核心价值是提升自动驾驶汽车的安全性能，保障乘车人和社会公众的人身安全。

---

[1] 参见曹建峰：《全球首例自动驾驶汽车撞人致死案法律分析及启示》，载《信息安全与通信保密》2018年第6期。

二是程序设计伦理标准。自动驾驶汽车运行中涉及道德判断问题，应当制定伦理标准对其加以规制。自动驾驶属于弱人工智能，自动驾驶系统的决策依赖于程序设计，但系统本身并不具有任何道德观和伦理观，它们只是一种物体，被程序设计者灌输了为达到特定目的而编写的代码。❶ 程序设计者输入的算法必定体现了其自身的价值观和偏好，制定程序伦理标准便是约束程序设计者的有效办法。❷ 针对自动驾驶汽车涉及的伦理问题，2017 年德国联邦交通与数字基础设施部下设的伦理委员会制定了全球首套自动驾驶伦理准则。该准则共有 20 条规定，主要从三个方面提出了自动驾驶汽车程序设计应当遵守的原则：一是自动驾驶的首要目标应当优先考虑所有交通参与者的安全，在同等程度上降低交通参与者的安全风险；二是自动驾驶系统要平等对待所有交通参与者，不得有任何歧视；三是人的生命安全优先于其他利益，在发生事故时，可以牺牲财产及动物的生命，以保护人的生命安全。德国伦理规范的出台对我国有很好的示范作用，自动驾驶汽车自主行为的核心在于程序设计，程序决定行为，但由于“算法黑箱”❸ 的存在，人们无法了解其内部决策过程。因而，系统决策的透明化对自动驾驶汽车监管具有重要作用，通过制定一定的伦理规则用以约束程序设计者行为，在发生交通事故之后要求设计者将程序设计原理用自然语言翻译出来，有利于认定并追究相关责任人的法律责任。❹

（二）自动驾驶主体准入规则和注意义务

1. 驾驶主体的法律界定

讨论驾驶主体之前，我们应当对驾驶主体进行明确界定，这包含两个方面的问题：驾驶主体的法律概念和驾驶主体的认定依据。

一是驾驶主体的法律概念。在自动驾驶模式下，应当使用“驾驶者”的概念来替代“驾驶人”。《道路交通安全法》施行之前，我国相关的法律法规一般

---

❶ 参见［美］约翰·黑文斯：《失控的未来》，仝琳译，中信出版集团 2017 年版，第 22 页。

❷ 参见马长山：《人工智能的社会风险及其法律规制》，载《法律科学》2018 年第 6 期。

❸ 在控制论中，通常把人类所不知的区域或系统称为“黑箱”，把全知的区域或系统称为“白箱”，而把介于“黑箱”和“白箱”之间或部分可察“黑箱”称为“灰箱”。一般来讲，在社会生活中广泛存在着不能观测却可以控制的“黑箱”问题。比如，我们每天都看电视，但我们并不了解电视机的内部构造和成像原理，对我们而言，电视机的内部构造和成像原理就是“黑箱”。

❹ 参见郑戈：《人工智能与法律的未来》，载《公民与法》2017 年第 12 期。

将机动车驾驶人称为机动车“驾驶员”。[1] 但随着社会进步，具有较强职业色彩的“驾驶员”已不能够代表所有的机动车驾驶主体。因此，在2004年开始施行的《道路交通安全法》中采用了“驾驶人”的概念，同时新颁布的其他法律法规也都使用“驾驶人”概念。随着自动驾驶时代的来临，“驾驶人”概念也显现出局限性。“驾驶人”一词仅指代进行驾驶操作的“人”，但自动驾驶汽车的驾驶任务显然不仅由人类来承担，更多的是由自动驾驶系统进行自主操作。针对该情况，已经有研究者提出应当使用“操作人”的概念来替代“驾驶人”，因为在自动驾驶汽车运行中，驾驶人和自动驾驶系统行为的本质都是对汽车的操控，使用“操作”一词比“驾驶”更为形象。[2] 但从我国当前立法情况来讲，没有必要采用如此生硬的名词，只需要从现有名称中淡化“人”的属性即可，笔者建议将“驾驶人”改为“驾驶者”，显然后者的含义可以做扩大化解释，能同时覆盖驾驶人与自动驾驶系统。

二是驾驶主体的认定依据。自动驾驶汽车驾驶者不仅包含驾驶人，也包含自动驾驶系统。当驾驶者并不在车内，而是某个远程操控汽车的主体在驾驶汽车，这种情形下如何确定驾驶者身份显得尤为重要。对于自动驾驶汽车驾驶主体的问题，美国的法律更倾向于将“按下开始按钮”的人认定为驾驶者，美国内华达州自动驾驶汽车管理部门规定“任何人启动自动驾驶汽车（即打开发动机）都被视为‘操作员’，即使操作员在汽车行驶时不在车内”。德国立法者也持有相似观点，2017年德国颁布的《道路交通法》第八修正案第1a条第3款规定：“自动驾驶汽车驾驶者指的是启动该车辆的，并利用自动驾驶功能的人，即使该启动者不亲自操控车辆。”[3] 美国和德国的立法思路很有借鉴意义。从操作角度而言，不容易确定自动驾驶汽车中存在的动态操控主体，汽车行驶过程中可能涉及驾驶主体的切换问题。但从源头来判断，则较为简单。虽然在自动驾驶汽车行驶过程中可能不再需要人类的参与，但自动驾驶汽车必须有一个主体对其进行启动操作，无论启动者是谁，启动之后该主体是否位于车内，都可以

---

[1] 1996年发布的《机动车驾驶证管理办法》即使用“驾驶员”一词，但该办法已被2004年5月1日起施行的《机动车驾驶证申领和使用规定》（公安部令第71号）所取代，在《机动车驾驶证申领和使用规定》中已开始使用“驾驶人”的概念。

[2] 参见李磊：《论中国自动驾驶汽车监管制度的建立》，载《北京理工大学学报（社会科学版）》2018年第2期。

[3] 参见江溯：《自动驾驶汽车对法律的挑战》，载《中国法律评论》2018年第2期。

将启动者作为最终的责任主体。将启动者作为责任主体，符合“行为人对自己的行为负责”的法理要求，同时也便于对可能出现的交通事故确定责任分担。由启动者承担责任也可以给予启动者以约束，使其对启动自动驾驶汽车更为谨慎，在事前尽到充分的审慎义务，这显然更有利于自动驾驶汽车的安全运行。

2. 驾驶许可分级设立

自动驾驶汽车的发展和应用使得我国当前的驾驶许可制度不能适应。在自动驾驶汽车的应用中，因为无须人类过多的参与，当前《道路交通安全法》对驾驶者的要求就不再是必备条件。汽车自动驾驶根据汽车自动化水平大致可分为三个阶段：辅助自动驾驶阶段、有限自动驾驶阶段、完全自动驾驶阶段。汽车自动驾驶许可的设定也要根据不同的自动驾驶阶段，分别进行规定。

在辅助自动驾驶阶段，对驾驶人驾驶许可的要求不得降低。在该阶段，自动驾驶系统并不具备独自操作汽车的能力，仅是辅助驾驶人进行操作，替代驾驶人进行一些简单的重复性动作，无法真正进行自主决策，不能应对复杂的交通状况。辅助自动驾驶阶段对驾驶人的驾驶许可应当参照传统汽车驾驶证设立，但可以相应加入一些新的内容，比如增加考核驾驶人对自动驾驶系统的了解程度、对自动驾驶辅助功能的运用能力等。

在有限自动驾驶阶段，对驾驶人的驾驶许可条件可适当降低。在该阶段，自动驾驶系统已经具备独自操作汽车的能力，可以独立做出决策，自主处理复杂状况，但此时驾驶汽车仍然要求配备驾驶人，以在必要情况下接管汽车，进行人工处置。[1] 因而该阶段对汽车驾驶人的要求可适当降低，譬如可不要求驾驶人掌握非常熟练的驾驶技能，只需要掌握如何操作自动驾驶系统，以及一些必要的制动措施等。驾驶人身体条件也不必要求完全健康，只需要能完成相应动作。当然，驾驶人仍须具备相应的年龄条件和精神状况。

在完全自动驾驶阶段，对驾驶人的驾驶许可限制应完全取消。此时，汽车的所有操作均由自动驾驶系统来完成，不再需要人类的任何参与，甚至汽车的形状也与现在的汽车完全不同，已经取消了驾驶舱的设置，变成了一个智能运输工具。车内的成员全部是乘客，不再有驾驶人与乘客的区分，因此在该阶段

---

[1] 在有限自动驾驶阶段还不能做到汽车驾驶完全脱离人类，仍然要求驾驶人具备接管义务，如德国《道路交通法》规定驾驶人应具备相应警觉和接管义务。

已经不需要对驾驶人进行任何限制，任何人都可以自由乘坐自动驾驶汽车出行。完全自动驾驶阶段已经不需要“驾驶人”的存在。

然而，自动驾驶技术的发展需要从辅助自动驾驶阶段向完全自动驾驶阶段逐步过渡，因此现阶段只能在保留传统驾驶制度的同时，新增一套自动驾驶许可制度。主管部门可以参照传统驾驶证的考核制度设立自动驾驶许可资格的考核形式与内容，比如可以将驾驶者对自动系统的熟悉程度、紧急情况下接管汽车的反应速度、精神状况等作为部分考核指标。自动驾驶汽车驾驶证应当依照不同自动驾驶阶段确定不同类别，且各类之间不得存在包容关系。在未来的一段时间内，驾驶传统汽车的仍需要通过当前的考核取得传统驾驶证；而驾驶自动驾驶汽车的，则需要通过自动驾驶汽车的资格考试取得自动驾驶汽车驾驶证，且两类驾驶证不得互相替代。随着技术的发展，完全自动驾驶汽车将逐渐普及，以后可以考虑逐步减少传统驾驶证的授予。

3. 责任主体的注意义务

《道路交通安全法》对车辆驾驶人、乘车人规定了相应的注意义务，但自动驾驶汽车行驶过程中，责任主体不仅限于二者，将涉及多个主体。具体包括：驾驶人、所有人、乘车人、生产商等。在新的交通形势下，各个责任主体应当具备怎样的注意义务，要根据实际状况提前设定。

一是驾驶人。自动驾驶汽车中的驾驶人，在当前驾驶人注意义务之外，要增加一些新的法律义务。《道路交通安全法》第21条、第22条规定了驾驶人负有对汽车进行安全检查的义务以及遵守其他法律法规的义务。❶ 在自动驾驶中，驾驶人仍应当具备这些检查义务与守法义务，但一些限制条件可以适当放宽，如《道路交通安全法》第22条中对饮酒和服用精神药品的禁止。在自动驾驶汽车中，可以根据实际情况放开该禁止性规定，以便自动驾驶汽车使用人更好地享受科技利益。同时，在自动驾驶中，驾驶人也出现一些新的注意义务，比如在有限自动驾驶阶段，驾驶人负有在紧急情况下及时接管车辆的义务。但驾

---

❶ 《道路交通安全法》第21条规定：“驾驶人驾驶机动车上道路行驶前，应当对机动车的安全技术性能进行认真检查；不得驾驶安全设施不全或者机件不符合技术标准等具有安全隐患的机动车。”第22条规定：“机动车驾驶人应当遵守道路交通安全法律、法规的规定，按照操作规范安全驾驶、文明驾驶。饮酒、服用国家管制的精神药品或者麻醉药品，或者患有妨碍安全驾驶机动车的疾病，或者过度疲劳影响安全驾驶的，不得驾驶机动车。任何人不得强迫、指使、纵容驾驶人违反道路交通安全法律、法规和机动车安全驾驶要求驾驶机动车。”

驶人是否尽到注意义务在实践中非常难以认定，这有可能导致驾驶人与系统之间的事故责任分配困难。对于这些困难，应当另行制定司法解释或实施条例对义务范围进行细致的规定，《道路交通安全法》作为基本法只需要一些原则性条款即可。

二是所有人与乘车人。《道路交通安全法》中规定了所有人的保险义务，同时规定所有人对机动车具有维护保养等合理注意义务。针对乘车人，《道路交通安全法》第66条规定乘车人需要安全乘车，不得出现危害行车安全的行为。汽车自动驾驶过程中，乘车人仍应具有遵守安全规定的义务，不得有影响汽车安全行驶的行为，特别是在完全自动驾驶汽车不存在驾驶人的情形下，任何乘车人均不得出现干扰自动驾驶系统运行的行为，否则应当受到相应处罚。同时，自动驾驶汽车所有人应负有对自动驾驶汽车硬件和软件进行定期检测、及时更新升级的义务。自动驾驶技术精密复杂，硬件软件需要协同运行，各个系统既相互独立又相互配合，任何一个环节出了问题都将导致严重后果。因此，自动驾驶汽车要不断进行硬件检测维护和软件更新升级，每次上路行驶时都要确保系统处于最新版本，在行驶过程中也要实时对它的硬件损耗、软件运行、数据分析能力进行全方位的监测，确保它的行驶不存在任何安全隐患。

三是生产商。生产商应当承担自动驾驶汽车的安全保障义务。传统汽车在出厂之后，除非因产品质量问题被召回或造成侵权，汽车购买人并不会与生产商产生直接联系。但自动驾驶汽车在所有权转移至购买人后，并不能完全与生产商脱离关系。原因在于：自动驾驶技术属于人工智能技术，其程序设计者能随时掌控系统运行，比如可以升级更新系统、强制系统停止运行、紧急情况下接管系统等，即自动驾驶系统最终的控制权仍保留在生产商一方。生产商掌握控制权，享有运行利益，则应当承担相应的法律义务。具体而言，生产商的安全保障义务应当包含自动驾驶系统的维护保养、自动系统异常情况的紧急处置、交通事故的协助救援，以及关系车主和乘车人生命安全的其他服务保障。

（三）自动驾驶汽车路权的优先通行权以及合理限制

1. 自动驾驶汽车优先通行权

路权分配的本质在于，交通主体在道路通行时，从交通法律法规中获得许可和保障，以达到自身或要求他人做出或不做出某种行为。[1] 路权配置是一个

---

[1] 参见常春春：《“禁摩限电”的行政法规制》，东南大学2017年硕士学位论文。

权利分配的过程，但不同的交通参与者之间存在路权的冲突，解决冲突应当在不同权利之间进行衡量，通过对权利属性进行分析比较并最终做出判断，将某种权利置于优先的位置。[1] 优先通行权源于对路权冲突的解决，具备优先通行权的主体，在道路上与其他主体相遇时得以优先使用道路资源并通过，另外一方则应当暂时退让，延迟通行。[2] 优先通行权最开始体现在技术规定中，其存在的法理基础在于控制交通事故率，在有限范围内尽量提升资源利用效率。[3]《道路交通安全法》第 53 条和第 47 条分别规定了特种车辆和行人的优先通行权，在自动驾驶环境下，优先通行权应当进一步扩展。自动驾驶自身的技术优势使其在缓解拥堵压力、减少事故、降低污染等公共利益方面更能发挥作用。从我国当前城市交通发展模式看，自动驾驶汽车更符合现代化城市的发展要求，更有利于大型快速公共交通系统的形成。在法律中，赋予自动驾驶汽车优先通行权是在制度设计中保障公共交通优先原则的体现，符合社会经济发展的需求。

自动驾驶汽车的优先通行权可在以下两个方面体现。一是自动驾驶汽车具备道路优先通过的权利。以交叉路口的通行为例，《道路交通安全法》第 44 条、第 45 条要求机动车按照交通信号灯的指引依次通行。自动驾驶技术的优势在于车辆可以获取有关位置、轨迹、其他汽车行驶状况等丰富的实时信息，车联网技术的运用将使得交叉路口信号系统与自动驾驶车辆可实现直接互动。未来的控制系统可以实时分析车辆行驶状况，动态调整各个车辆的通行顺序。比如，未来系统可以在给定时间段内收集所有车辆主体目的地信息、车辆行驶位置和轨迹信息等，通过大数据分析进行交通控制，将交叉路口通行顺序直接传递给自动驾驶车辆，使路口通过总延迟率最小化，此时自动驾驶车辆便可获得优先通行的权利。二是自动驾驶汽车可以优先占用道路资源。在道路整体规划设计中，应当优先考虑自动驾驶因素，可以采取设立优先通行带、自动驾驶专用车道等方式。在分道行驶规则的设计上，普通机动车与非机动车应当在其专用车道内行驶，除非发生法定借道情形，否则不得占用自动驾驶汽车车道。但自动驾驶汽车在行驶过程中，既可以在自身专用车道内行驶，也可以在特别情况下进入其他车道行驶。得益于自动驾驶技术的先进性，自动驾驶汽车的换道

---

[1] 参见方芳：《论当代中国城市道路通行权》，吉林大学 2017 年博士学位论文。

[2] 参见郭震：《路权分配与限制的法理分析》，辽宁师范大学 2017 年硕士学位论文。

[3] 参见石子坚：《为路权正名》，载《公安学刊》2007 年第 1 期。

行驶将更为安全，此方案可以兼顾安全与效率。

2. 自动驾驶汽车路权的合理限制

权利的设定是对自由的彰显，但自由不是绝对的，权利的自由需要受到限制，法律对权利边界的界定以及对权利行使的约束即是对自由的限制。❶ 道路资源有限，立法者在赋予自动驾驶主体优先通行权的同时，也要基于正当的理由对其路权进行一定的限制，以保障自动驾驶汽车与其他交通主体协调一致，各自实现通行自由。❷ 同时，路权的限制应当以权利分配的正当性为前提，应当基于分配权利正当合理的需求。路权限制是解决路权冲突的必然要求，是实现优先权的制度安排和实现社会公共通行利益的本质需求。❸

自动驾驶汽车路权应当从以下三个方面进行限制。首先，是对驾驶主体资格与交通工具资质进行限制。自动驾驶汽车路权取得的前提是设立严格的驾驶许可制度，驾驶主体需要满足驾驶许可相应级别的各项条件，否则无法获得路权。自动驾驶汽车本身也要满足车辆安全管理的各项规定，在保证通行安全的范围内进行通行行为，影响通行安全的通行行为要受到限制。其次，是对自动驾驶行为方式进行限制。自动驾驶汽车应当具备道路通行的目的，遵守道路限速规定及道路通行方向等基本通行规则。自动驾驶汽车对道路通行条件要求较高，在不具备自动驾驶通行条件的道路环境中，应当禁止自动驾驶汽车的通行。最后，是对自动驾驶汽车行为自由的限制。自动驾驶主体应拥有通行自由，原则上他人和行政机关不得随意干涉。但现实的交通状况并不能保证其绝对的自由，有限的道路资源不能承载过多的机动车。在道路过度拥堵或有其他突发状况时，交通管理部门可以依据《道路交通安全法》授权采取限行、限号等措施进行交通管制。自动驾驶汽车的路权限制需要参照公共资源和土地资源的使用情况而进行，为了更好地发挥道路作用和自动驾驶优势，对其进行路权限制是资源合理分配的有效方式。

四、结语

自动驾驶汽车的出现给道路交通管理带来了挑战，进一步凸显了科技进步

---

❶ 参见丁文：《权利限制论之疏解》，载《法商研究》2007 年第 2 期。

❷ 参见方芳：《我国“城市”道路通行权分配研究》，载《山东警察学院学报》2016 年第 1 期。

❸ 参见方芳：《论道路通行权及其限制》，载《学术交流》2017 年第 4 期。

与法律滞后的矛盾。特别是在我国全面推进依法治国、提升国家核心竞争力的背景下，更加需要发挥法律对科技风险的规制作用和对科技发展的引导作用。[1]《道路交通安全法》以车辆、参与人、道路三个交通要素为基础，确立了道路交通管理的基本制度。自动驾驶汽车的出现则使交通形态发生根本转变，在车、人、路三个方面均对当前《道路交通安全法》带来了冲击。

在车辆安全规制方面，应当明确自动驾驶汽车的法律属性，采用自动驾驶汽车、机动车、非机动车的车辆“三分法”立法方式。自动驾驶技术安全标准要包含硬件和软件产品合格标准、程序设计伦理标准等多个方面，以保障公众安全，促进行业发展。

在驾驶主体准入方面，应当明确界定驾驶主体的法律含义，自动驾驶汽车驾驶主体的准入资格要根据汽车的自动化程度进行区分，在现有的机动车驾驶许可制度框架内新增自动驾驶汽车驾驶许可类型，并设置相应的考核指标。自动驾驶汽车行驶过程中涉及驾驶人、车辆所有人、乘车人、汽车生产商等多方主体，在法律制度设计中应当合理分配各方注意义务，强化自动驾驶汽车安全管理。

在路权配置方面，应当在《道路交通安全法》中尽快确认自动驾驶汽车路权，同时为鼓励自动驾驶汽车产业的发展，建议赋予自动驾驶汽车有限范围内的优先通行权，充分发挥自动驾驶技术优势。但在权利资格、行为方式、行为自由等方面，也应对自动驾驶汽车路权进行一定限制，以保障道路资源的合理分配。

自动驾驶汽车作为弱人工智能的代表，是第四次工业革命的关键部分，我国已将自动驾驶行业的发展提升到国家战略的高度。自动驾驶汽车发展的成功与否，关系着我国在21世纪工业发展上能否实现弯道超车。因此，在法律研究上，要对其开展全方位、细致深入的研究，以便为我国自动驾驶行业以及人工智能行业的发展繁荣保驾护航。同时，自动驾驶汽车的监管问题不仅局限于法律层面，还应当从加强我国国内产业布局和抢占国际话语权两个层面共同发力。在当前技术尚不成熟的阶段，我国应尽快建立起完备的法律监管制度，占据法律层面的话语权，取得行业主导地位。

---

[1] 参见张玉洁：《论无人驾驶汽车的行政法规制》，载《行政法学研究》2018年第1期。

交通运输智慧监管的问题与破局

徐　丹　郭坤旭*

摘　要：交通运输监管事关人民生命财产安全和社会稳定大局，兼具多部门、多层级、多环节的复杂性，实践中存在着多头监管、职能交叉、被动履职、流程僵化、任务繁重、监管效能不足等多重难题。随着产业数字化、政府服务化和治理现代化的发展，交通运输监管的管理对象、治理目标和技术条件都发生了深刻变化。智慧监管正在改造各个业务领域的监管模式，也为应对交通运输监管固有的难题提出了新的解决方案。同时，智慧监管对传统的行政法治提出了新的问题和挑战。立法部门、监管机构和社会多元治理主体需要共同思考智慧监管模式下主体责任、正当程序、规则标准等的合法性和合理性，尽快形成共识，推动交通运输监管体制的优化升级。

关键词：交通运输　智慧监管　问题　破局

交通运输监管事关人民生命财产安全。近年来，国内外发生过多起关于危险化学品的交通运输安全事故，如2019年我国威海龙眼港“金海翔”号货轮“5·25”重大中毒窒息事故、2020年黎巴嫩首都贝鲁特港口硝酸铵爆炸事件等，不但造成极大的人身危险和经济损失，还产生了严重的社会影响。在行业治理和安全生产监管领域，交通运输监管是承前启后的关键环节，大数据时代下，智慧监管模式的兴起，为当前交通监管的难题提供了全新的解决思路，同时也提出了诸多需要应对的新问题。

---

* 徐丹，工信部赛迪研究院政策法规所研究室主任。郭坤旭，工信部赛迪研究院政策法规所研究人员。

一、智慧监管兴起的时代背景与机制变迁

（一）时代背景：产业数字化、政府服务化和治理现代化的共同追求

1. 大数据时代的产业模式数字化要求监管方式革新

当今世界，以互联网、大数据、云计算为特征的数字经济深度融入实体经济，强势赋能千百行业的数字化转型，正在重塑全球产业格局。经过多年发展，我国的产业数字化转型成效明显，培育了多个世界级数字型企业，服务业、工业的数字化转型进程也明显提速。特别是近年来5G、大数据、人工智能等新一代信息通信技术不断融入社会生活的各大领域，诸如智慧能源、远程医疗、在线教育、智慧交通、智能矿山、智慧农业等的出现，不仅极大地便利了人们的生产生活，也推动了产业的转型升级，提高了经济效率。以制造业数字化转型为例，截至2021年8月，制造业企业数字化研发设计工具普及率、关键工序数控化率分别达到了74.7%和54.2%，具有影响力的工业互联网平台已经超过100家，连接设备超过7600万台（套），被广泛应用至40多个国民经济重点行业。[1]

这一新的产业组织模式，促使政府要加快创新监管方式，改变市场巡查、监管到户、手抄笔录、人工台账等传统监管方式，以大数据为支撑，借助互联网实现智能服务，整合政府、企业、社会多种监管资源，打造从生产到流通、消费全过程监管，打造升级版的事中、事后监管，依靠信息技术手段综合分析监管重点、难点、盲点和高风险点，进一步优化监管手段，统筹各方力量，提升效能，不断提高监管的精准性和针对性。

2. 监管智能化是服务型政府建设的题中之义

服务型政府要求政府摒弃全能型政府的角色定位，注重有限性和法治性，弱化自身管制的政治职能，强化社会服务职能。服务型政府体现的是政府职能重心的一种转移，从注重经济建设转向民生建设，注重向公众提供公共产品和公共服务。[2] 在市场经济下，政府和市场都不是万能的，为了保障市场的健康

---

[1] 参见黄舍予：《数字化“加速度”驱动传统产业“新活力”》，载《人民邮电》2021年12月28日，第1版。

[2] 参见竺乾威：《服务型政府：从职能回归本质》，载《行政论坛》2019年第5期。

高效运转，政府需要加强重点领域的监管，在服务型政府建设视角下，更加管得精准、管得到位，尽可能不给市场主体增加多余的负担。通过智能化监管，一方面，精准分类施策，保护企业的正常生产经营，做到“无风险不打扰、低风险预提醒、中高风险严监控”，打造违法要追究、全过程智控的监管体系，推动从经验式执法向科学精准执法转变，实现“精确执法”。另一方面，寓监管于服务之中，将服务理念有机融入政府监管之中，让监管既有温度，也有力度。从这个层面来看，建设服务型政府必然要推动监管智能化。

3. 国家治理体系和治理能力现代化对政府监管效能提出更高要求

国家治理体系和治理能力现代化是完善和发展中国特色社会主义制度的必然要求，是实现社会主义现代化的应有之义。[1] 推进国家治理现代化，要适应时代发展潮流和社会主义现代化建设总路线，要注重治理能力建设，提高国家机构履职能力。国家治理现代化对政府监管效能提出了更高的要求。具体而言，优化政府职责体系，完善市场监管，需要建立健全运用互联网、大数据、人工智能等技术手段进行行政管理的制度规则，进一步提升“互联网+监管”发展水平；依托于智慧监管平台，加强对数据的实时采集和初步分析，增强应对突发事件的能力，通过“无感监管”，减少企业的抵触情绪；统一监管事项，打破条块分割，统筹执法队伍，最终提升治理效率，改善效果。[2] 透过推进国家治理体系和治理能力现代化的视角，我们可以发现加强智慧监管尤为重要。

（二）机制变迁：监管主体多元化、监管信息非对称化、监管工具丰富化、监管职责系统化

1. 监管主体多元化

治理主体多元化是现代国家治理的特征，人民不再是纯粹的、被动的治理客体，也是治理主体。[3] 除传统的政党、政府机关外，社会团体、行业协会、

---

[1] 参见罗文东：《推进国家治理体系和治理能力现代化》，载《光明日报》2017年5月12日，第2版。

[2] 参见许垚、庄晨曦：《提升“互联网+监管”发展水平 推进国家治理体系和治理能力现代化》，载《宏观经济管理》，2021年第5期。

[3] 参见姜明安：《现代国家治理的五大特征》，载共产党员网，http：//www.gcdr.gov.cn/content.html? id=16531，2022年2月22日访问。

非政府非营利性社会公益组织、基层自治组织，乃至公民、法人和其他组织都能通过听证会、论证会、网上讨论、政府职能外包、政府购买服务、志愿者服务等形式参与国家治理，最终形成政府、自律组织、公民等多个监督主体共同协调运作的格局。❶ 当然，在多元主体的监管中，政府监管是方向盘和压舱石，行业监管是推进器，第三方监管是测向仪，内部自我监管是稳定器，各方彼此相互支撑，互相补充。

2. 监管信息非对称化

数字时代的到来，激发了各类信息指数级爆发。随着监管事实信息的逐渐增多，监管规范信息也会同步增多，在信息交流不畅的情况下，加剧了信息不对称。尽管监管主体直接生产监管规范信息，不仅了解监管规范信息的内容，还熟悉监管规范信息在各种不同情况下的适用，在监管规范信息方面处于优势地位；但受到人力、物力等各种主客观条件的限制，监管主体对于监管对象在市场经营中所形成的监管事实信息往往不能迅速、充分、及时地掌握，因此在监管事实信息方面相对处于劣势。反之，监管对象在监管事实信息方面具有相对优势，而在监管规范信息方面处于相对劣势。❷ 同时，部门、地域之间存在“信息壁垒”，跨地域数据共享尚未实现，也使得已采集的信息难以集中汇聚，从而产生监管对象数据信息不全和信息不对称的问题。❸ 在市场监管处于过渡期，事前监管这一传统的监管手段被削弱、事中、事后监管尚不能恰当应对的事实情况下，监管信息非对称化的问题极易诱发治理危机。

3. 监管工具丰富化

得益于信息技术的蓬勃发展，除传统的人工监管方式外，算法监管、信用监管、电子监管等方式逐渐兴起。以信用监管方式为例，其本质就是运用大数据，根据市场主体的信用状况实施差异化的监管手段，实现对守信者“无事不扰”，对失信者“重拳出击”，提高监管效率，提升社会治理水平和能力。再以电子监管方式为例，即对每件产品赋予唯一的电子监管码，“一件一码”，类似

---

❶ 参见钱冰、刘熙瑞：《构建以政府为核心　多元主体共同参与的市场监管网络》，载《中国行政管理》2007 年第 8 期。

❷ 参见刘恒、李冠钊：《市场监管信息不对称的法律规制》，载《行政法学研究》2017 年第 1 期。

❸ 参见王宏宇、吴仲铠：《政府数字化转型背景下行政执法监管有关问题的思考》，载《中国建设信息化》2019 年第 18 期。

于商品的身份证，使产品的生产、流通、运输、储存乃至配送等产品全流程状态都在监管之下，完成产品的状态查询、追溯和管理，以便政府进行执法打假、质量追溯和产品召回管理，促进和谐社会建设。

4. 监管职责系统化

新事物层出不穷，对政府监管提出了新的挑战。一是新事物可能打破原有的产品/业划分类别，不属于任何现有的产品/业门类，不知道该新事物属于哪个部门管理，从而产生监管盲区，出现“监管无门”的窘境。二是新事物可能属于交叉行业，归于不同的政府部门管理，因囿于部门利益的约束，容易产生监管真空，扰乱市场秩序。为了应对这种情况，政府监管正在逐步打破原有的条块分割、各自为政的监管模式，更加注重系统监管，从全局视野出发，将多个监管主体各自为政的职责转化为系统中的组成部分，以达到标本兼治的效果，克服“头痛医头，脚痛医脚”的弊端，实现由部门职责到治理分工的思路转化。

二、交通运输监管体制的现状分析和改革目标

（一）现状分析：以危险化学品交通运输监管体制为例

目前，我国关于危险化学品交通运输监管，主要涉及交通运输、公安、工业和信息化、应急管理、生态环境、市场监督管理等主管部门。其中，交通运输主管部门负责危险化学品运输的许可发放以及运输工具的安全管理，负责危险化学品运输企业、驾驶人员、船员、装卸管理人员、押运人员、申报人员、集装箱装箱现场检查员的资格认定。公安机关负责危险化学品的公共安全管理，核发剧毒化学品道路运输通行证，并负责危险化学品运输车辆的道路交通安全管理。工业和信息化主管部门负责对《道路机动车辆生产企业及产品公告》内的危险货物运输车辆生产企业和《危险货物运输车辆结构要求》（GB 21668—2008）的危险货物运输车辆类型进行监督检查，依法查处违法违规生产企业及产品。应急管理部门依法负责危险化学品生产、储存、使用和经营环节的监管，按照职责分工督促企业建立健全充装管理制度规程。生态环境主管部门负责放射性物品运输容器的设计、制造和使用的监督管理，对核设施营运单位、核技术利用单位建立健全并执行托运及充装管理制度规程进行监督管理。市场监督管理主管部门负责危险化学品生产、储存、经营、运输企业营业执照，以及危

险化学品及其包装物、容器（不包括储存危险化学品的固定式大型储罐）生产企业的工业产品生产许可证等的核发。除此之外，卫生主管部门、邮政管理部门也对危险化学品的运输负有监管职责。

从危险化学品的运输过程来看，大致包括危险品货物信息、承运任务信息、行驶路线备案及审批、运输安排准备、运输安全监控、运输完成六个环节。由企业提供危险化学品货物运输需求，承运单位获取承运任务信息，同时将承运车辆的行程路线、时间等上报相应的管理部门，获批后，承运单位做好运输安全准备，在运输过程中，承运单位进行运输安全监控，直至运输完成。[1]

危险化学品的运输监管是一个涉及多部门的系统工程，需要公安、交通运输、应急管理、生态环境等多部门和运输企业对危险化学品及其运输等相关信息共享、交换和互联。但从监管实践来看，目前的系统性和科学性存在明显隐患。一是危险化学品在监管范畴上存在复杂性，不同行业管理部门的概念界定存在差异。例如，市场监管部门和应急管理部门着眼于广义的危险化学品；公安部门主要监管易燃易爆化学品、易制毒化学品等特定的危险化学品；食品药品监管部门所监管的特种药物、特种制剂与危险化学品的监管目标存在重复性；此外，还有监控化学品、剧毒化学品等多种相关概念。不同的概念对应不同的监管主体，而交通运输监管需要回应以上所有监管机制的需求，实践中可谓应接不暇。二是交通运输监管的环节和过程十分多元化，节点诸多，既需要衔接从生产、销售、使用、储存、进出口等各个环节，也需要对接车站、港口等各类交通枢纽，监管的时空范围过于宽泛，需要涵盖并协调的监管机制也纷繁复杂。目前我国按职责分工负责的监管模式虽然有利于充分发挥不同部门的专业优势，但也不可避免地带来了职能交叉、效能不足等问题。出现问题之后，解决的办法更多是加强各监管主体的沟通协调，而这不利于充分发挥监管主体的主观能动性。同时，对于各监管主体而言，其负责监管标准、规则的制定与发布，对其没有触及的标准/规则制定领域，一旦出现问题，将直接导致监管盲点，致使其他执行部门无依据可依，这样一种单向的信息流动不仅增加了监管难度，而且对监管对象来说，同样也孕育着风险。

---

[1] 参见刘强、高晖：《危险化学品运输安全统一监控平台的探讨和设想》，载《中国安全科学学报》2006 年第 2 期。

（二）改革目标：从以行业管理到以风险规制为目标的监管角色转变

1. 目标决定方式：保障交通安全的监管目标，要求必须实现全流程系统化的监管

党的十八大以来，以习近平同志为核心的党中央高度重视交通安全问题，特别指出要在危险化学品、道路运输等方面深入开展专项行动，不能以牺牲安全为代价去发展生产，不能不顾人民群众的福祉和安全，要进一步细化各级党委和政府的领导责任、相关部门的监管责任和企业的主体责任，确保不发生重大安全生产事故。与之相对应，政府的监管目标也发生了变化，安全稳定成为政府的首要考量。这也体现在《安全生产法》（2021 年修正）中，该法第 3 条第 3 款中规定，“安全生产工作实行管行业必须管安全、管业务必须管安全、管生产经营必须管安全”。安全生产被置于首要位置，也是政府监管的目标所在。

但目前我国的监管体制，更多秉持狭义的政府监管模式，将监管理解为政府或公共机构通过制定法律或颁布条例规定，以市场准入、突击检查、强制信息披露、资格审查、产品质量认证鉴定等硬手段，监管可能造成负面影响的社会行为。这种模式将公、私机构明显区分，把公共机构看作监管者，把私营机构看作被监管者，这适用于带有垄断性质的基础设施领域的经济性监管，但对于安全、健康、环保等注重社会价值实现的社会性监管作用不大。这也可以解释为什么尽管政府近年来制定了众多安全生产领域的法律法规等规范性文件，但安全事故仍多发频发。事实上，传统的政府监管仍然是一种“单向”监管，更多地发挥了政府的积极作用，相对地忽视了企业主体的主动性，但在高度市场化的当代社会，仅靠政府的一己之力无法实现安全稳定的目标。而危险化学品运输是一个系统工程，涉及主体、环节众多，每一个环节出现问题都会带来不可估量的严重后果，必须将每个环节、流程、操作、手续都纳入政府监管范围，整合政府、企业、行业协会、社会多方监管力量，形成监管合力，实现全流程系统化监管。

2. 理念引导变革：治理理论和风险规制理论呼吁监管“流程再造”

区别于管理理论，近年来治理理论在世界范围内兴起并逐渐成为主流。关于治理理论，尽管学界众说纷纭，但最具代表性和最权威的定义当属全球治理委员会在 1995 年发布的《我们的全球伙伴关系》研究报告中所作出阐释：治理是各种公共的或私人的、个人和机构管理其共同事务的多种方式之和，是使

相互冲突的或不同的利益得以调和并采取联合行动的持续过程。关于治理，主要有以下四个特征：其一，治理不是一整套规则，也不是一种活动，而是一个过程；其二，治理过程的基础不是控制，而是协商；其三，治理既涉及公共部门，也涉及私人部门；其四，治理不是一种正式的制度，而是持续的互动。也就是说，公共管理领域的治理是指政府、市场、社会在明确各自权力边界的基础上，处理公共事务的一种多中心互动合作管理模式。治理理论注重主体的多元性和手段的协商性、互动性，倡导注重发挥政府以外的社会力量，鼓励社会组织、市场和公民个人作为"多中心"的一分子，充分发挥各自的优势来共同管理公共事务。[1] 显而易见，治理理论强调"多中心"维度，避免单一主体处理公共事务的不足。事实上，在危险化学品领域，目前很多国家法律都要求建立"过程安全管理制度"，重视企业主体在危险化学品监管中的作用，这也是治理理念在实践中的具体体现。

进入21世纪以来，社会转型加速，各类社会冲突和矛盾集中爆发，"不平等"的社会价值体系被"不安全"的社会价值体系所取代，人们所追求的价值已经由正面获利，转为规避、预防风险，生活的动力也由对物质的追求，转变为对风险的处理、分散和整合。[2] 政府监管的领域和目的也在发生变化，不仅重视"已知"问题的应对与解决，而且将"未知"领域纳入视野。[3] 风险规制是一种典型的"决策于未知之中"的领域，其"不确定性"源自方法论、认识论甚至本体论上的诸多问题，[4] 并且由于风险兼具主客观双重属性，规制行为本身也容易导致次生风险。因此，风险管制，应当尽可能有效果、有效率并兼具公平。[5] 在政府监管领域，要努力实现监管效果、效率和公平三者的统一，就必须重塑以往的监管流程，将预防原则和应急原则植入其中，更加注重"实然问题和治理取向"，实现建设性的政府监管。

---

[1] 参见刘俊英：《区块链技术之于社会治理创新的影响分析——基于多中心治理理论的视角》，载《社会科学战线》2021年第6期。

[2] 参见刘莹：《贝克"风险社会"理论及其对当代中国的启示》，载《国外理论动态》2008年第1期。

[3] 参见戚建刚：《风险规制的兴起与行政法的新发展》，载《当代法学》2014年第6期。

[4] Vern R. Walker, Risk Regulation and the "Faces" of Uncertainty, *Risk: Health, Safety & Environment*, Vol. 9, pp. 29–34 (1998).

[5] 参见Vern R. Walker、金自宁：《风险规制与不确定性的多种面貌》，载《行政法论丛》2009年第12期。

3. 问题需要应对：数字化和智能化是应对现有监管体制难点的最优路径

危险化学品的交通运输安全监管工作是一个涉及多主体的复杂系统工程。从政府监管来看，主要是通过构建党政同责、专业监管、部门协同、网格管理的责任体系，以及“管行业必须管安全、管业务必须管安全、管生产经营必须管安全”的政府部门监管体制，规范政府的履责行为，以及明确地方政府与部门的监管职责，倒逼地方政府注重安全监管的职责落实。从企业责任主体来看，主要包括以下三方面：一是形成企业安全生产责任制度，明确不同岗位人员的权利和责任分工；二是构建科学、系统的企业内部安全生产规章制度、操作流程、教育培训计划、事故应急救援预案等；三是建立适合企业自身风险管控与管理组织架构的安全管理体系。[1] 但无论是企业的主体责任，还是政府的监管责任，往往都倾向于各自内部责任体系的建立，相对地忽视了政府和企业的双向互动，导致实践中极易产生主体责任下沉、层层加码的现象，政企之间更多的是一种命令—控制式的硬规范调整模式，降低了企业的自愿性和主动性，使交通运输安全生产工作极易流于形式、应付监管，进而造成监管失灵。

为了应对现有政府监管的难点，监管体制改革创新势在必行。2022年《交通运输部关于进一步加强交通运输安全生产体系建设的意见》（交监发〔2022〕4号）指出，实施科技兴安，促进先进制造技术、新一代信息技术与安全生产融合发展，深化“互联网+安全生产”，亦即智慧监管，依托互联网、大数据技术，打造交通运输安全生产大数据平台，提升安全生产智能化水平。通过数字化和智能化手段赋能政府监管具有非常重要的作用和意义。一是能够整合政府、企业、互联网和第三方的监管信息，分类形成执法监管事项清单数据库、执法人员信息库、监管对象信息库、投诉举报信息库等多类信息库，解决监管部门信息碎片化、分散化、区域化等问题，[2] 打通监管部门和企业主体的信息通道。二是将数据进行知识化处理，形成预置知识和业务规则，随后再通过预制知识对业务和数据进行自动化处理，实现数字化、协同化和知识化的目标。[3]

---

[1] 参见卜素、李青：《论安全生产责任制监管模式的困境与重塑》，载《中国安全科学学报》2021年第11期。

[2] 参见王宏宇、吴仲铠：《政府数字化转型背景下行政执法监管有关问题的思考》，载《中国建设信息化》2019年第18期。

[3] 参见廖政：《浅议智慧监管的范围和实现路径》，载《中国市场监管研究》2020年第9期。

三是有助于增加政府监管的公开性和透明度，构建扁平化的政府监管架构，降低企业主体的抵触情绪，主动加强与监管部门的沟通协调，增强监管合力。

三、交通运输智慧监管体系建设的法理探讨——以危险化学品为例

从传统监管模式到智慧监管模式的变迁，是大数据、互联网、人工智能技术等科技进步带来新的治理手段，是促使传统的“政府—市场主体”二元监管模式向多元治理主体参与的共治模式转变的结果。这种变迁，一方面体现了公共治理的民主化和科学化，另一方面也带来了行政权力的扩张，打破了传统行政法所建构的公权力与私权利之间的平衡。智慧监管模式对治理主体、治理对象、治理活动的全新演绎，也给行政法理论的再造带来了合法性等问题的探讨和思考。

（一）智慧监管模式模糊了传统模式的管理主体责任界定

在智慧监管模式下，行政管理行为实质上是由行政机关、受委托组织、智能化系统，以及系统建设、运营、使用的各类企业共同参与完成的。依法行政的本质要求是约束治理者的权力行使，确保行政管理活动的各个环节均符合公平正义、公开透明、廉洁高效等行政法治的内在要求，这就需要将法定性、稳定性、透明性的要求覆盖到参与管理活动的所有主体，对其行为进行合理引导。但目前来看，行政法律体系还未能拓展到行政机关以外的多元化主体，即使它是在行政委托理论所能解释的范围内。例如，行政机关委托相关市场化、社会化主体参与监管系统的建设和使用，委托行为的边界、行政机关对受委托主体的管理义务、对可能产生的违法后果如何认定和归责，依然存在海量的法律问题亟待解答，更遑论基于人工智能、算法等衍生出的更为抽象化的治理活动。理想状态下的智慧监管活动是系统能够根据数据分析和算法识别做出判断并处理风险，当系统优化到一定程度，势必能够在人工不做干预的情况下对行政相对人的活动做出判断，甚至处理。不难看出，智慧监管模式中，监管工具的算法、人工智能以及相应的服务机构和企业组织，基于其自身的技术优势，实质上被赋予了管理职能，但就政府对系统和算法的这种赋权——实质上是对操作者的赋权——是否具有合法性基础，能否配以相应的主体责任，目前尚无定论。实践中，因为后台设置、概念差异，甚至是系统漏洞等造成判断不准确甚至错判的情况，是极有可能发生的。在传统的行政行为中，纠错和归责有明确的法

律规范，但智慧化场景下所产生的错误判断，如果对行政相对人权益造成损害，就很可能面临归责体系不健全、无法合理分配责任的问题。从理论上说，系统开发者、系统使用者乃至系统本身，都是在为行政机关服务，应当由行政机关承担相应责任，但实践中，行政机关确实不具备认识和掌控算法运行规则的能力，很难在系统规划建设和使用过程中，通过规范自身规避缺陷和漏洞，而系统开发者大多也不具备准确把握规则概念和管理目标的能力，因此主体责任认定方面就容易陷入死循环。如果对管理责任认定的问题没有清晰且一致的共识，智慧监管模式的应用将很难有序地开展。

（二）智慧监管模式进一步凸显了风险治理自身的正当性基础

交通运输监管的本质是风险治理。风险治理的理念极大地突破了传统行政管理的范畴，在对象上，从确定的违规行为延展到不确定的风险行为；在时空上，从当下场景延伸到未来一段时期内的情形；在治理目标上，从维持现实的市场秩序和社会秩序转变为主动预防未来可能发生的危险和损害；在行为准则上，从追求稳定性、程序化转向追求智能化、高效性。然而，行政权力行使的根本目的是保障人民的合法权益，这是其正当性的来源。但面向概率性的、不确定性的风险行为的规制，不可避免地存在不当损害公民权利的可能性。以风险规制为目标的智慧监管模式，需要不断审视其权力行使的正当性，平衡公权力和私权利之间的矛盾。以危险化学品交通运输监管为例，如果行政相对人实际存在法律法规规定的不当行为，行政机关对其经营活动进行限制是毋庸置疑的，但此时可能损害后果已经发生，并不能高效地预防风险。如果借助大数据和算法规则，能够标记一些潜在的风险行为，对其运输活动进行监测防控、重点监管，这无疑提高了监管效能，但也可能会在没有违法事实和损害后果的情况下限制行政相对人的正常经营，一旦这种限制缺乏必要约束，就存在权力失控的风险。另外，智慧监管模式下，对行政相对人的权利保障范围迅速延伸，以个人信息保护最为突出。数据是智慧监管的基础，个人信息作为最主要也是最重要的数据来源，对其进行海量收集处理是建立监管机制的前提。但是，各级各部门保护和合理使用个人信息的能力参差不齐，加上政务一体化系统建设和部门间业务衔接的要求，扩大了行政机关的信息使用权限，也加速了个人信息的流转频率，客观上增加了行政机关滥用或不当保存个人信息的可能性，并且在实践中也存在公民对行政机关在一定范围内履行个人信息保护义务的质疑。

近年来，《数据安全法》《个人信息保护法》等法律相继出台，形式上完善了个人信息保护的法律体系，但实践中仍存在不少问题。例如，对条文的解读存在不确定性，就“履行法定职责所必需的范围和限度”如何界定存在争议；行政机关在个人信息泄露问题上的履职范围和追责标准如何确定等。在这个信息爆炸的时代，个案矛盾易被放大为群体性争议，如果在运用智慧监管模式的过程中无法充分避免对行政相对人权利的不当侵害，就极易影响政府的公信力，甚至破坏稳定的市场秩序或社会秩序，这也是在构建智慧监管模式中必须优先解决的合法性前提。

（三）智慧监管模式的构建须平衡合法性和效能性两大行政法原则的博弈关系

行政法的基本原则，是行政行为和政府规制活动的基石，在出现规范冲突和制度空白时，其作为稳定和厘清行政行为效力的标尺，有利于避免因法律创制的滞后性和社会经济活动的高速发展带来的制度动荡。在传统的行政法理论中，合法性是行政法基本原则的核心，行政法的使命首先就是要明确行政权力边界、规范行政权力行使、保障行政相对人的合法权益。传统行政法上的法律保留、法律优位、比例和信赖保护原则，无不体现出对行政权的警惕与规训，具有明显的消极性。❶ 但随着技术革命的发展，社会经济活动加速，客观上要求政府规制不断提升效能，及时回应不断更新的治理需求。行政法作为与行政管理活动相生相伴的规范体系，效能性是其中的一项重要基本原则，其地位和意义在近年来也不断提升。但是，效能性原则与合法性原则映射在具体的管理制度创建、市场活动规制中，存在优先级的取舍，尤其是在智慧监管模式的创建中。面对本身就是源于前所未有的业态创新而产生的治理创新，是效率为先，合法兜底，还是规范性为要，效率次之？不同的选择将面临差异性巨大的制度构建。比较典型的就是在交通运输监管中的分级分类监管。近年来，我国在多个监管领域倡导推行分级分类监管，这种治理模式区别于传统的普遍撒网式监管，倡导精准化、靶向化分配监管资源，区别不同信用水平、不同行业领域、不同社会风险程度的监管对象以采取相应的监管策略，集中反映了对政府治理效能的追求。分级分类监管是智慧监管的重要内容，需要基于科学的划分标准、

---

❶ 参见章志远：《监管新政与行政法学的理论回应》，载《东方法学》2020 年第 5 期。

完整的信息归集共享和有抓有放的工具精化。但在交通运输监管领域，由于监管对象复杂、监管节点众多、与其他监管部门的交叉界面复杂，在分级分类的标准制定和系统全面的信息收集方面，面临着巨大挑战。与此同时，在交通运输监管的重点“两客一危一货”方面，监管漏洞和安全事故的出现，对于行政机关而言，是“一票否决”式的行政责任，因此行政机关必须首先关注合法性的前提，避免因未作为或者少作为而承担事故追责，这往往是从严容易，从轻难。但对于有限的行政管理资源而言，只从严不从轻的“分类分级监管”存在形式大于实质之嫌，从长远来看，也难以为继。

（四）智慧监管模式的应用须同步应对行政行为类型化理论的变迁

智慧监管模式的构建既是对传统行政管理手段的革新，也调整了传统行政行为理论的内涵和外延。在智慧监管模式中，不只是传统的行政许可、行政处罚、行政确认等概念和实施过程发生着不断演变，一些全新的监管手段，或者在此前不被行政法学所关注的监管手段，也正在成为监管实践的主要方式。而传统的行政行为类型化理论体系尚未对此做出有效的应对和规范。

1. 智慧监管模式追求的是事前事中事后全链条监管，其中标准监管是最重要的事前监管方式之一

随着互联网、大数据和算法规则参与到监管活动中，行政法律关系中的技术属性逐渐强化，传统行政法及其体系中，构成典则和规范的主要是原则和规则两个元素，二者共同支撑起了行政法典则，并使之在运行过程中正当地调整相应的社会关系。然而，当代行政法的发展却动摇了传统行政法中这两个基本元素的定位，在行政法典则和规范体系中渗入了技术标准，即当代行政法典则不应当是原来的二元结构，而应当是现在的三元结构，即原则、规则和技术标准。[1] 因此，技术标准的制定、实施和调整活动也成为一类重要的行政活动。但目前我国的行政法律关系对于标准制定活动的规范和引导仍相对欠缺，一方面，《标准化法》及其配套的规范主要约束的是国家标准，在针对新技术新业态的监管上，国家标准的供给是相对滞后的，作用也十分有限；另一方面，对于具有更强的灵活性和效能性的行业标准、企业标准、团体标准，其法律属性、制定程序、应用场景、责任归属等内容，目前仍缺乏健全的制度框架来予以

---

[1] 参见［美］劳伦斯·索伦：《法理词汇》，王凌皞译，中国政法大学出版社2010版，第143页。

规范。

2. 评估、约谈、行政指导等柔性监管方式，在智慧监管模式中将得到越来越高频的应用

智慧监管所追求的监管方式服务化、规制节点前移和风险防范等价值导向，与柔性监管具有内在的契合性，因此高效地运用风险评估、行政约谈、行政指导等柔性方式，不仅符合智慧监管的治理宗旨，还能更好地兼顾风险治理理论下行政主体、准行政主体和行政相对人之间的法益平衡。但是，由于柔性监管方式不追求权力的强制性和行为效果的确定性，也没有被作为一类明确的行政行为纳入正当程序的规制框架，因而在制度建设和实践探索上进展较慢。

3. 传统的行政处罚、行政奖励等行政行为的内容和范式需要及时更新

在智慧监管模式下，已有的行政行为在内容上也不断发生调整。以行政处罚为例，智能化的信用标记与行政相对人的资格资质紧密绑定，不是行政处罚却胜似行政处罚，失信联合惩戒也在各个领域广泛应用，而针对此类处罚手段的定性和相应的法治化约束则须进一步加快完善。

四、完善交通运输智慧监管体系的两点建议

（一）构建并完善智慧监管模式下政府职能转变的行政法理论基础

1. 再造行政主体理论及其职责体系

无论是理论上还是实践中，人工智能、企业组织和市场主体自身都在智慧监管模式中承担了相应的治理职责，但由于行政权力的来源和运行目标没有改变，行政机关依然需要承担主要的治理主体责任。一方面，政府要转变职能定位，将行政资源和注意力从微观的执法活动中解脱出来，加强对制度建构和风险防范的设计。另一方面，行政机关要主动理顺与委托机构、技术组织之间的行政法律关系，建立必要的政企合作规范体系和归责制度，承担治理效果的兜底责任。此外，行政法学的理论发展仍须正视人工智能、算法及企业组织的“准行政主体”角色，以更好地应对行政法治在智慧监管模式中的逻辑自洽问题。

2. 推动智慧监管模式的正当程序再造

严格的程序规范、公开透明的程序运行和完备的程序责任，是监管机关与行政相对人之间相互信任的基础，也是行政法治的前提。智慧监管模式的发展，

必须持续地研究如何避免基于技术壁垒而排除行政相对人参与的程序环节，持续地提升算法的透明度和可追溯要求；同时，在程序过错的认定上，要建立涵盖算法缺陷和算法歧视在内的追责体系。

3. 进一步强化智慧监管中行政相对人的权利保障

智慧监管的核心在于数据处理，在管理者和技术革新自发地提升数据归集分析和使用效能的同时，法治须充分发挥其保障数据主体权利的使命，从而实现公共利益与私权利之间的平衡。对数字化、智慧化监管活动中的个体权利保障，美国和欧盟分别基于各自的法治传统采取了不同的规制路径。美国没有创设数据权利，而是以隐私权保护为核心，通过在判例中发挥司法能动性，弥合治理需要与个体权利之间的冲突。欧盟则建立了一系列的数据保护规范，大力推动新型数据立法。鉴于这两种路径各有利弊得失，我国在交通运输智慧监管中，可以借鉴二者经验，通过明确数据权属，课以数据使用者明晰的数据保护义务，同时加强行政监管与司法救济之间的衔接，或可逐渐探索出一条符合中国国情的制度路径。

（二）立足治理实际加强智慧监管的要素供给

1. 注重数据利用的制度建设，完善智慧监管的核心要素保障

建立全国性、统一化的交通运输监管平台，形成数据库完整、全过程覆盖、全链条设计的监管智慧化流程。运用大数据、云计算等技术手段实现建设完整的危险化学品数据库并实时动态更新。不断挖掘数据价值，开发重点场景监测、关键数据追溯、风险监测预警、突发事件调度等数据分析应用功能，真正实现动态监测活动、智能识别风险、有效事故预警、即时布控应对。注重完善数据要素使用和数据安全保护方面的制度建设，加强《个人信息保护法》《数据安全法》等相关法律规范的学习和适用，强化监管部门对于数据安全保护职责的正确认识和规范履行。研究制定交通运输领域的数据安全分类分级保护标准，完善数据应用的规则基础。

2. 进一步梳理部门职责，增强协调配合

交通运输监管是一个多部门、多环节联动的系统，既涵盖交通运输主管部门、公安部门、行业管理部门、应急管理部门、市场监管部门等各个职能部门，也涉及生产企业、运输企业、中介机构、金融机构等多类市场主体。建设智慧监管机制，必须首先理顺各个部门的职责边界，厘清与各类市场主体的相互关

系、管理内容、业务领域、办事流程等，做好线下的环节衔接，之后再考虑平台搭建方式。智慧化监管平台应当充分发挥管理流程衔接、数据共享应用和业务协调沟通的基本功能，最大限度地提高管理水平。

3. 完善立法及标准供给，提升治理水平

一方面，要进一步健全道路交通运输相关法规、规章和标准，尤其是应用于智慧化监管方面的数据标准、自动化裁量标准、风险评估标准等，提升智慧监管的规范化水平。另一方面，要着力开展规则、标准衔接清理工作，形成明确统一、科学合理、可复制、可推广的规则标准体系。此外，还要提高标准供给效率，优化标准制定机制，加快研发针对新型危险化学品、复杂道路运输场景中的危险化学品等特殊复杂情况下的精确侦检、精准处置技术手段，并及时进行规范转化和监管应用。

4. 增强执法力量和共治水平

与市场化的系统建设相类似，智慧化监管系统也需要在应用中及时迭代，从而实现功能最优化和效能最大化。相关主管部门要加强对交通运输智慧监管系统的推广应用和业务培训，提高监管人员的系统应用能力，在应用中不断实现技术更新和查漏补缺，提升系统科学性。同时，监管部门要做好对行政相对人、系统建设相关方、有关第三方机构的法治引导和宣讲，提高社会共识，实现良性共治。

专题四

综合交通运输的理论更新与业态发展

醉酒驾驶构罪的阶梯与竞合*

郭旨龙　杜　佩**

摘　要： 醉酒驾驶可能构成危险驾驶罪、交通肇事罪、以危险方法危害公共安全罪、过失以危险方法危害公共安全罪。醉酒驾驶构成危险驾驶罪，在不法要件上要求抽象危险，对类型性的醉酒驾驶行为进行实质解释的基础之上，通过经验法则上可反驳的推定加以认定；在责任要素上借鉴要素分析模式，对行为要素要求具有故意，对结果要素和情状要素具有预见可能性即可，从而构建主观罪过的要素阶梯。《刑法》（2020 修正）第 133 条之一第 2 款具有普遍适用的意义，司法者应当善于运用竞合犯的原理，正确解释相关犯罪的构成要件，对醉酒驾驶的案件事实由重罪到轻罪作出判断，建立起犯罪竞合的坐标。

关键词： 醉酒驾驶　构成要件　抽象危险　要素分析法　竞合

《刑法修正案（八）》增设危险驾驶罪，正式将醉酒驾驶机动车的行为写进刑法条文，但业内相关讨论远没有停止。面对醉酒驾驶日益普遍的现状，司法实践中，诸如醉驾型危险驾驶罪要求的抽象危险是什么，❶ 对抽象危险的证明责任应当如何分配，本罪主观罪过为何，醉酒驾驶相关犯罪如何衔接的问题仍旧云遮雾罩。明确醉驾型危险驾驶罪的犯罪构成，梳理相关犯罪之间的竞合关

---

* 本文系国家社会科学基金一般项目“以危险方法危害公共安全罪认定规则实证研究”（21BFX065）的阶段性研究成果。

** 郭旨龙，中国政法大学刑事司法学院副教授，法学博士。杜佩，中国政法大学刑事司法学院 2022 级法学硕士研究生。

❶ 有观点认为，醉驾型危险驾驶罪不单是抽象危险犯，还包含过失的具体危险犯的情形，但这种观点的支持者较少。限于文章篇幅不在此展开介绍。参见梁根林：《〈刑法〉第 133 条之一第 2 款的法教义学分析——兼与张明楷教授、冯军教授商榷》，载《法学》2015 年第 3 期。

系，有助于上述司法适用问题的解决，进一步实现对醉酒驾驶行为的有效规制和预防。

醉酒驾驶行为可能触犯我国《刑法》[1] 第133条、第133条之一、第114条、第115条第1款和第2款。本文选取醉驾型危险驾驶罪为主要分析对象，说明其不法要件抽象危险应当采取的认定标准，以及实现控辩双方证明责任平衡的具体路径；说明其主观罪过的内容，提出应对主观罪过证明难题和处罚范围合理划定问题的方法。由点及面，然后从竞合的角度梳理醉酒驾驶相关犯罪的同类要件，为司法者认定犯罪提供简明的判断坐标。

一、作为醉驾型危险驾驶罪不法要件的抽象危险

根据处罚根据是对法益的现实侵害还是侵害危险，犯罪可以分为实害犯和危险犯，危险犯又可以分为具体危险犯和抽象危险犯。[2] 尽管通说认为醉驾型危险驾驶罪是抽象危险犯，[3] 但抽象危险与具体危险的区分争议纷繁复杂，归类并不能当然解决本罪的具体适用问题。本文无意挑战通说，仅从抽象危险是作为结果的危险这一基本立场出发，结合相关学说，从实体内容和判断方法上厘清抽象危险的认定思路，构建醉驾型危险驾驶罪中抽象危险的具体判断路径。

（一）抽象危险实体内容与判断方法争议的理论厘清

对抽象危险犯的识别，相关理论通常围绕其与具体危险犯实体内容上的区别展开。第一种理论认为，虽然抽象危险犯和具体危险犯的处罚根据都是引起的现实危险，但是抽象危险不是构成要件要素，具体危险则是构成要件要素。[4] 然而，既然承认二者处罚根据的相同性，为什么在是不是构成要件要素的问题上却存在差别？换言之，在抽象危险犯的具体案情中，不是构成要件要素的抽象危险也可以不存在，但是仍以其为处罚根据，逻辑上不能自洽。即便把抽象

---

[1] 本文所涉《刑法》，均指由2020年修正，于2021年3月1日施行的《刑法》，以下不再一一标注。

[2] 参见张明楷：《刑法学（上）》（第6版），法律出版社2021年版，第214页。

[3] 参见张明楷：《抽象危险犯：识别、分类与判断》，载《政法论坛》2023年第1期；周光权：《论刑事一体化视角的危险驾驶罪》，载《政治与法律》2022年第1期；陈兴良：《公共安全犯罪的立法思路嬗变：以〈刑法修正案（十一）〉为视角》，载《法学》2021年第1期；高贵君、马岩、方文军、曾琳：《〈关于办理醉酒驾驶机动车刑事案件适用法律若干问题的意见〉的理解与适用》，载《人民司法（应用）》2014年第3期。

[4] 参见张明楷：《外国刑法纲要》（第3版），法律出版社2020年版，第86～87页。

危险解释为一种不成文的构成要件要素，不同于具体危险作为成文的构成要件要素，也难以给出这种技术性操作背后合理的实质理由。第二种理论认为，具体危险是发生实害结果的可能性，而抽象危险是发生具体危险的可能性，二者造成实害结果可能性程度不同。❶ 但正如考夫曼所述，“发生实害结果的可能性”已经有一定的模糊性，那么作为“发生实害结果的可能性”的可能性，抽象危险更加不确定，难以成为一种明确的实体内容。第三种理论认为，具体危险是紧迫的危险，抽象危险包括比较缓和的场合，二者的危险程度不同。❷ 这种观点亦是日本刑法学界的通说。这种观点在肯定抽象危险是构成要件要素的同时，围绕对法益造成危险的紧迫程度构建抽象危险与具体危险不同的实体内容，符合法益保护的目的。但是，紧迫危险与缓和危险毕竟是规范论而非存在论意义上的，不借助一定的判断方法，确定由谁判断、以什么为根据判断，无法为抽象危险的司法认定提供一个明确统一的标准，也会面临难以证明的难题。

除实体内容外，也有围绕判断方法展开的抽象危险的识别，即抽象危险由立法推定或拟制，不像具体危险需要由司法者具体判断存否。❸ 尽管从判断方法上加以区别的整体思路是可取的，但以立法推定、立法拟制代替司法认定的做法，有将抽象危险的论证难题转移给立法之嫌，只能掩盖而不能填补处罚根据的欠缺，亦不能用于明确缓和程度的判断，本质上是在回避而非解决实体内容区分中存在的问题，并无实益。由此，回归到抽象危险与具体危险均应由司法具体判断的做法更为适宜，但这并不意味着从判断方法上识别的思路是错误的。实际上，通过配置不同的判断根据，完全可以区分二者：具体危险以行为当时的具体情况为根据；抽象危险以行为本身的一般情况为根据，或者说以一般的社会生活经验为根据。❹ 承认抽象危险的司法判断，可以经由个案具体判断实现不具有现实危险情形的出罪；不同判断依据的设置，可以在一定程度上减轻抽象危险的证明难度。

结合实体内容和判断方法，抽象危险是不需要个案具体判断的，从一般的

---

❶ 参见林东茂：《危险犯及经济犯罪》，五南图书出版公司 1996 年版，第 25 ~ 26 页。

❷ 参见［日］山口厚：《刑法总论》（第 3 版），付立庆译，中国人民大学出版社 2015 年版，第 46 页。

❸ 参见张明楷：《外国刑法纲要》（第三版），法律出版社 2020 年版，第 86 ~ 87 页。

❹ 参见张明楷：《刑法学（上）》（第六版），法律出版社 2021 年版，第 214 页。

社会生活经验可知行为具有的发生侵害结果的现实危险。张明楷教授虽然没有对此作此归纳，但其在识别抽象危险时也兼顾了这两点，其观点也经历了从单一的判断方法（对事实的抽象程度）向实体内容与判断方法并用的转变。[1] 不难理解，判断方法只具有方法论意义，如果将之作为抽象危险认定的唯一标准，很难解释立法者为具体危险和抽象危险设置不同的判断方法的最终目的是什么，这种分类的价值也会遭到质疑。实体内容围绕对法益造成的危险展开，能够体现与法益的关联性，借助实体内容能够支撑起判断方法背后的原理和价值。具体危险要求危险达到紧迫程度，紧迫危险容易被识别，能够且需要由裁判者具体判断；而抽象危险一般是较为缓和的现实危险，是构成犯罪最低的危险要求，构罪意义上的危险与不构罪意义上的危险之间的微妙关系已然由立法者调整，裁判者只需要根据一般的社会生活经验加以判断即可。

醉驾型危险驾驶罪中的抽象危险，也应当综合实体内容和判断方法进行认定，即从一般的社会生活经验出发，醉驾行为引起了对公共安全的现实危险。

（二）醉驾型危险驾驶罪类型性行为的认定

明确了抽象危险的判断根据是一般的社会生活经验，接踵而至的问题是在司法实践中如何具体应用之。在一般社会生活经验的判断素材中，类型性的危险行为无疑处于重要位置。抽象危险产生于类型性行为，即特定社会活动领域中十分典型、被归纳为具体类型的行为，虽然抽象危险犯的罪状通常不包括对抽象危险的描述，但是会以行为要素的形式对类型性行为加以规定，足见其重要性。因此，在判断醉驾型危险驾驶罪的抽象危险之前，首先应当认定类型性行为。

在醉驾型危险驾驶罪中，类型性的行为是“醉酒驾驶机动车”，但“醉酒”是一个日常用语，语义边界具有模糊性，最高人民法院、最高人民检察院、公安部制定《关于办理醉酒驾驶机动车刑事案件适用法律若干问题的意见》，确

---

[1] 张明楷教授最初明确提出“对事实的抽象程度不同”的标准来区分具体危险和抽象危险，并将二者的实体内容均界定为“具有发生侵害结果的可能性”。在后来的论文中，其又明确表达了具体危险和抽象危险的危险程度不同的观点。论文中最新的表述中删去了“对事实的抽象程度不同”标准的概括，同时强调具体危险犯必须达到“紧迫危险”的程度，虽然其也承认不同的具体危险犯类型可能有不同的危险程度，但实际上已经不再采取事实抽象程度的单一标准，加入了不同危险程度的实体内容。参见张明楷：《“风险社会”若干刑法理论问题反思》，载《法商研究》2011年第5期；张明楷：《危险驾驶罪的基本问题——与冯军教授商榷》，载《政法论坛》2012年第6期；张明楷：《刑法学（上）》（第六版），法律出版社2021年版，第214页。

定了血液酒精含量达到 80mg/100ml 的即为醉酒。长期以来，这也是司法机关认定醉酒驾驶的唯一标准。

尽管这一标准使得醉酒驾驶的认定更加简单，却也引发了巨大的争议。首先，这一数值的准确性遭到质疑，究竟何种数值是应然的、符合社会发展现状的、表征醉酒的血液酒精含量标准，注定无解。某种程度上，目前关于提高血液酒精含量标准的争论根源于此。其次，血液酒精含量超出特定数值是一种事实判断，而醉酒是一种规范判断，将二者等同是否会导致构成要件行为的类型性丧失？前者充其量只能说明存在理论意义上的醉酒，醉驾行为还要体现“刑法设置危险驾驶罪的规范保护目的”❶，只有体现出不具有安全驾驶能力的本质才是类型性的危险行为，才能真正该当构成要件。最后，行为要素是故意的认识内容，要求驾驶人认识到自身血液酒精含量超过 80mg/100ml 实属强人所难，会因此导致预防目的的落空。由此观之，应当回归本罪的法条规定和保护法益，将本罪的类型性行为界定为不具有安全驾驶能力而仍然驾驶机动车的行为。即，司法解释确定的血液酒精含量仍可作为判断醉酒的标准，但应同时排除对驾驶时血液酒精含量超标却仍然具有安全驾驶能力的行为人的追究；而对血液酒精含量没有超标的行为人，即便其丧失安全驾驶能力，也应当作有利于行为人的处理，不认定其构成本罪。

在司法实践中，除血液酒精含量外，司法机关开始综合考虑多种因素，或者提高本司法区域内的血液酒精含量标准，❷ 对醉酒驾驶进行认定。这无疑是积极的尝试。当然，这不是对血液酒精含量标准的否定，而是司法者综合运用各种经验法则，通过人体平衡实验和简单的语言交流能力测试等辅助测试，考量各种因素，如醉酒驾驶原因、机动车类型、行车时间、车辆行驶道路等，为血液酒精含量超标的行为人提供出罪的窗口。

总而言之，采用单一的血液酒精含量标准，实际上是追求形式逻辑上极致的无矛盾性，反而会导致对刑法上醉酒驾驶行为的认定偏差。而以是否不具有

---

❶ 梁根林：《“醉驾”入刑后的定罪困扰与省思》，载《法学》2013 年第 3 期。

❷ 最高人民法院和各省级人民法院都出台了相关的规定，要求在判断醉酒驾驶时需要综合考虑其他因素，如醉酒驾驶的原因、目的、机动车类型、车辆行驶道路、行车时间、是否造成实际损害等；有些省份还提高了醉酒驾驶的血液酒精含量标准。参见周光权：《论刑事一体化视角的危险驾驶罪》，载《政治与法律》2022 年第 1 期。

安全驾驶能力为中心进行判断，则可以在发挥血液酒精含量标准的直观性和科学性的同时，充分发挥司法者在司法实践中形成的集体经验的价值，准确认定醉酒驾驶行为。

（三）刑事一体化视角下抽象危险判断路径的构建

醉酒驾驶不能等同于危害公共安全，因为前者是对驾驶人"个体能力"的判断，后者是对"行为于公共安全之影响"的判断。❶ 因此，具备了类型性的醉酒驾驶行为，并不等同于抽象危险必然发生。在借助醉酒驾驶行为推断抽象危险的过程中，必须承认存在行为人实施了行为但没有引起现实危险的情形。如何在合理排除这种情形的同时，平衡控辩双方的证明责任，不仅是刑法理论要解决的问题，也与整个刑事司法实践息息相关。必须坚持刑事一体化的理念，与刑事诉讼法上的举证责任和诉讼模式保持协调一致，构建抽象危险的具体判断路径。

第一，醉酒驾驶行为与抽象危险之间的高度关联性，是构建具体判断路径的逻辑起点，为后续减轻抽象危险证明难度的设定提供了现实依据。在此前提下，抽象危险的认定采取经验法则意义上可反驳的推定的结构，为没有造成现实危险的醉驾行为提供出罪可能。

根据我国《刑事诉讼法》的有关规定，公诉案件原则上应当由公诉方承担举证责任，即证明醉驾行为引起了危害公共交通安全的现实危险，由法官审查是否达到"案件事实清楚、证据确实充分"的证明标准，并决定是否由公诉方承担证明不利、无法给被告人定罪的结果责任。必须承认，在醉驾型危险驾驶罪中，如果要求公诉方在每个个案中充分举证、裁判者全面审查，会导致司法资源极大的浪费和不合理分配，甚至影响其他案件被告人程序利益的实现。因此，有必要减轻公诉方的证明负担。

立法推定是被广泛接受的方式，❷ 但其中包含着巨大的缺陷。根据证明原理，立法推定是由法律对被推定的事实作出规定，法官可以将之作为依据径行判决，推定不利的一方当事人进行的反驳不是反证，而是本证。❸ 在醉驾型危

❶ 参见于志强、郭旨龙：《抽象的危险和危险的具体化路径——以醉酒驾驶中抽象危险的判断为视角》，载《法律适用》2015年第1期。

❷ 参见陈洪兵：《准抽象危险犯概念之提倡》，载《法学研究》2015年第5期；陈京春：《抽象危险犯的概念诠释与风险防控》，载《法律科学（西北政法大学学报）》2014年第3期。

❸ ［德］莱奥·罗森贝克：《证明责任论》（第五版），庄敬华译，中国法制出版社2018年版，第254页。

险驾驶罪中，如果进行立法推定，那么推定有利的公诉方无须举证证明抽象危险的存在，被告人对抽象危险不存在的证明成为本证，显然违背了公诉案件由公诉机关承担举证责任的证明原理。如果采取立法推定且不允许反驳的结构，那更是对被告人权利的进一步剥夺。

妥当的做法是，运用经验法则意义上的推定，即法官根据经验法则从已知的事实中推断（推定）出争议事实，认为已然完成证明过程，但允许另一方当事人反证。在自由心证过程中，法官通过运用经验法则，结合醉驾行为推定抽象危险的存在。这一过程不是逻辑学上的演绎推理，而是一般的社会生活经验在诉讼证明中的运用。经验法则本身的合理性有社会学、统计学上的研究结论加以佐证，至少是国民普遍认可的一种趋势或规律。❶ 除此之外，对经验法则的反证只是被告人可采用的一种影响法官内心确信的诉讼手段，并未将举证责任转移给被告人，符合举证责任的基本规定。这种经验法则上的推定也可以解决立法推定的另一个硬伤——设置不利于被告人的推定和“存疑有利于被告原则”之间的矛盾。❷

第二，对抽象危险进行反证的证明标准低于本证的证明标准，不会加重被告人的证明负担，可以为被告人提供可行的自我救济途径。对于抽象危险的存在，即便是以国家公权力为后盾的公诉机关都存在举证上的困难，更不应该寄希望于被告人自证不存在抽象危险。经验法则意义上可反驳的推定结构下，反证和本证的证明标准和结果责任是不同的，提出反证的行为人无须达到本证的证明标准，即便没能直接证实不存在抽象危险，只要提供初步证据，形成合理怀疑的雏形，影响法官的内心确信，负有举证责任的公诉方就有义务对此进行反驳和回应，否则公诉方将承担证明不利的诉讼后果。在醉驾型危险驾驶罪中，被告人完全可以提出怀疑和初步证据，诸如行为当时驾驶路段因为修路根本没有其他车辆，或因为极端灾害天气该路段已经被暂时封锁等，从而影响法官对经验法则的运用。

第三，法官调查权的运用，可以平衡推定带来的被告人诉讼上的不利，促

---

❶ 参见《公安部：上半年全国查处酒驾醉驾超 90 万起》，载 http：//www. gov. cn/xinwen/2019 - 07/24/content_5414042. htm，2019 年 7 月 24 日访问；《醉驾入刑有效果　实施三年改变行为习惯》，载 https：//www. chinanews. com. cn/fz/2014/10 - 20/6693702. shtml，2014 年 10 月 20 日访问。

❷ 转引自付立庆：《应否允许抽象危险犯反证问题研究》，载《法商研究》2013 年第 6 期，第 77 ~ 78 页。

进实体正义的实现。我国职权主义的刑事诉讼模式下，法官在诉讼中扮演的不是消极中立的角色，其可以积极调查案件事实，从而形成自己的内心确信。一旦被告人提出不存在抽象危险的怀疑及初步证据，只要不是显然不成立，法官就有义务核实，以查清案件事实。即便被告人没有主动提出，也不意味着出罪可能性完全丧失，必要时法官应当确认被告人是否有主张不存在抽象危险的意思，这种释明符合被告人的期待和利益，也不违反《刑事诉讼法》的规定。

据此，醉驾型危险驾驶罪中抽象危险的判断，一是要考虑行为人醉酒驾驶的生活事实是否符合《刑法》第133条之一规定的类型性的醉酒驾驶行为；二是要结合经验法则，推定具有危害公共交通安全的一般性的现实危险；三是应根据被告人的反驳，考察行为当时是否根本不存在现实危险，如果被告人没有主动提出，或者在法官释明后仍未提出怀疑，可认定危险确实存在。

二、醉驾型危险驾驶罪的阶层式主观罪过

行为人醉酒驾驶机动车，引起了公共安全的现实危险，并且不存在违法阻却事由，就应当构成要件且违法。但是还必须具备责任要素，才能对不法进行归责。责任的基础是心理事实，因此本罪有责性判断中最重要的是主观罪过。下述将结合国内学说和域外经验，在确定本罪整体是故意犯罪的基础上，借鉴要素分析模式构建不同构成要件要素的主观罪过阶梯。

（一）醉驾型危险驾驶罪主观罪过的理论探析

根据责任主义原则和我国《刑法》第16条的规定，对行为人的非难可能性以其存在故意或过失为前提。目前，关于醉驾型危险驾驶罪是故意犯罪还是过失犯罪，仍有争论，根据对结果的心理事实本身及规范评价不同，大体上可以分为故意说、过失说、新过失说三种观点。

故意说的基本观点为醉驾型危险驾驶罪是故意犯罪，只是故意说内部对于故意的认识内容可能存在差异理解，有必须同时对醉驾行为和抽象危险有故意的观点，[1] 也有只需要对可能危及公共安全的醉驾行为有故意的观点。[2] 故意说

---

[1] 参见张明楷：《刑法学（下）》（第六版），法律出版社2021年版，第931页；李翔：《论微罪体系的构建以醉酒驾驶型危险驾驶罪研究为切入点》，载《政治与法律》2022年第1期；田宏杰：《“醉酒驾车”刑事案件的规范适用》，载《中国检察官》2011年第17期。

[2] 参见陈兴良：《过失犯的危险犯：以中德立法比较为视角》，载《政治与法律》2014年第5期。

是学界的通说观点。过失说认为本罪是过失犯罪，行为人对于醉酒驾驶行为有故意，对抽象危险仅仅具有过失。❶ 新过失说同样认为本罪是过失犯罪，但“论证方法以及所界定的危险驾驶罪的范围”❷ 与过失说存在重大差别。新过失说采取“事实认定与规范评价二元区分”的模式，对醉驾行为的心态无关本罪性质，故意、过失均可；对抽象危险，无论存在论上是故意还是过失，“均应规范性地统一评价为过失”。❸ 实际上，新过失说包含了故意说和过失说界定的醉驾型危险驾驶罪的范围，甚至包含了对行为和抽象危险均为过失的情形。

过失说和新过失说虽有一定的合理性，但也有值得商榷之处，下述将一一回应。相对于故意说，过失说有四个主要理由。

第一，故意说主张的情形应当按照《刑法》第 114 条以危险方法危害公共安全罪的未遂犯处理，这样和过失说主张的情形一起，能够划定更大的处罚范围。❹ 但这一设想难以成立，《刑法》第 114 条系具体危险犯，即便引入未遂犯的故意，也难以将行为人对公共安全抽象危险的故意解释为对具体危险的故意。这样一来，故意醉驾并故意引起现实危险的情形受限于罪刑法定原则不会被定罪，同一行为过失造成抽象危险却会被定罪，反而会形成处罚漏洞。❺

第二，过失说能实现刑罚均衡。在法定刑的配置上存在一个规律，我国《刑法》中相关犯罪的危险犯与实害犯的法定刑一般都是相衔接的。❻ 采取过失说，本罪的法定刑能与交通肇事罪（过失的实害犯）衔接；而采取故意说，本罪的法定刑则不能与以危险方法危害公共安全罪（故意的实害犯）衔接。

在相同主观罪过下，相关犯罪的危险犯与实害犯具有不同的法益侵害程度，这也会反射到法定刑的关系上，体现出一定的层次性和衔接性，这是上述规律背后的原理。但是，过失说忽视了以危险方法危害公共安全罪的具体危险犯的

---

❶ 参见冯军：《论〈刑法〉第 133 条之 1 的规范目的及其适用》，载《中国法学》2011 年第 5 期；刘宪权、周舟：《危险驾驶罪主观方面的刑法分析》，载《东方法学》2013 年第 1 期。

❷ 参见梁根林：《〈刑法〉第 133 条之一第 2 款的法教义学分析——兼与张明楷教授、冯军教授商榷》，载《法学》2015 年第 3 期。

❸ 梁根林：《“醉驾”入刑后的定罪困扰与省思》，载《法学》2013 年第 3 期。

❹ 参见冯军：《论〈刑法〉第 133 条之 1 的规范目的及其适用》，载《中国法学》2011 年第 5 期。

❺ 参见张明楷：《危险驾驶罪的基本问题——与冯军教授商榷》，载《政法论坛》2012 年第 6 期。

❻ 参见刘宪权、周舟：《危险驾驶罪主观方面的刑法分析》，载《东方法学》2013 年第 1 期。

存在，对这一规律的理解存在偏差。采取故意说不会违背规律背后的原理：醉驾型危险驾驶罪（抽象危险犯）、以危险方法危害公共安全罪（具体危险犯）、以危险方法危害公共安全罪（实害犯）三者的法定刑从低到高，体现出由轻到重的不法程度。后两者是上述规律的直接体现，以危险方法危害公共安全罪的具体危险犯与实害犯实现了法定刑的衔接；但前两者也符合规律背后的原理，抽象危险犯和具体危险犯之间同样存在着不法程度的不同，彼此的法定刑也应当体现层次关系和衔接关系，醉驾型危险驾驶罪的法定刑低于以危险方法危害公共安全罪的具体危险犯恰是如此。

第三，故意说将会导致《刑法》和《刑事诉讼法》中的相关制度内部出现矛盾和混乱，过失说则能保持有关制度的一致，比如犯罪工具的没收制度。❶根据我国《刑法》第64条，如果本罪是故意犯罪，作为醉酒驾驶实行行为组成部分的涉案车辆可能会被没收，本罪仅仅是被判处拘役和罚金的微罪，行为人却会因此失去价值巨大的涉案车辆，显然不合理。❷

过失说主张的制度上的矛盾，往往不是故意说本身导致的，也并非采取过失说就能彻底解决的。在犯罪工具的没收问题上，从事实层面上来看，在明确表明醉驾型危险驾驶罪是故意犯罪的案件判决中，被告人并未因此被没收涉案车辆；❸ 在未明确承认这一点的案件判决中，亦未见“没收”字样。❹ 虽然不能推导出全国的案件皆如是处理，但是至少可以动摇“没收车辆是必然结果”的论证基础。从理论层面上来看，犯罪工具的没收与其价值没有直接关联，我国《刑法》也没有规定犯罪工具的没收与法定刑的轻重挂钩。如果同一类犯罪工具因为价值大小不同而不同处遇，显然违背了法律面前人人平等的基本原则。

---

❶ 参见冯军：《论〈刑法〉第133条之1的规范目的及其适用》，载《中国法学》2011年第5期。

❷ 参见付晓雅：《危险驾驶罪的主观要件研究》，载《当代法学》2014年第5期。

❸ 在许某某危险驾驶案中，检察机关认为行为人不具有醉驾的故意而不构成危险驾驶罪；在荣某某危险驾驶案中，荣某某与正犯飞某某构成危险驾驶罪的共同犯罪，表明本罪是故意犯罪。两案中均未没收被告人的车辆。参见《青海通报10起醉酒驾驶典型案例》，载 https：//m. gmw. cn/baijia/2022 -02/17/1302808027. html，2022年10月30日访问。

❹ 在北大法宝上以“危险驾驶罪”为案由、“醉酒”为全文关键词对司法案例进行检索，检索结果包括90个“经典案例”（包含指导性案例、公报案例和其他出版物中的案例），这90个案例中均未判决没收案涉车辆。参见北大法宝网 https：//www. pkulaw. com，2022年10月31日访问。

第四，采取故意说将会给行为人带来一系列严重的附随后果，采取过失说则不会如此。[1] 比如律师、司法鉴定、新闻采编等职业，禁止因故意犯罪受过刑事处罚者从业。如果采取故意说，行为人会被大量的职业拒之门外，这种后果与其所犯微罪之间显然失衡。[2]

这一理由虽然一定程度上反映了现实状况，但是过度评价了附随后果的严重性。其一，大量职业行为人无法从事，是对理论上可能的从业禁止进行简单累加得出的结论。现实中，一个人很难同时从事律师、司法鉴定人员、新闻采编人员、拍卖师等涉及领域广泛、跨度大的职业。醉驾者可能被实际影响的只有主业和兼职，其以前没有从事、以后大概率也不会涉足的职业即便被禁止从事，也没有影响。况且，法律和行业自治规则设限的往往是某一个职业而非某一行业，比如行为人虽然不能从事律师职业，但是仍然可以担任公司法务，或者以非律师身份为他人提供法律咨询。其二，我国对于从业禁止的规定并不统一，不是所有的职业都专对故意犯罪设限。[3] 即便采取过失说，行为人也有许多以受过刑事处罚作为禁止条件的职业无法从事，可见过失说也无法避免此种附随后果的存在。

新过失说的观点也存在一些问题。首先，新过失说的论证基于一个前提，即醉驾型危险驾驶罪具有“特殊罪责与不法内涵”，对醉驾行为和抽象危险持故意心态时的不法和罪责程度不总是高于持过失心态时，因此故意与过失的区分在本罪中无意义。[4] 既然持过失心态时的罪责程度可能高于持故意心态时的罪责程度，又如何能根据一般意义上故意与过失的位阶关系，把后者规范评价为前者呢？新过失说也意识到这一点，但是为了避免突破责任主义原则，还是认为醉驾型危险驾驶罪是过失犯罪。然而，罪责程度上的矛盾始终存在，二元区分模式的合理性和妥当性也因此存疑。其次，新过失说认为如果将本罪认定

---

[1] 参见刘宪权、周舟：《危险驾驶罪主观方面的刑法分析》，载《东方法学》2013 年第 1 期。

[2] 参见冯军：《论〈刑法〉第 133 条之 1 的规范目的及其适用》，载《中国法学》2011 年第 5 期。

[3] 比如，根据法律和相关行业规则的规定，法官、检察官、人民陪审员、公务员、警察、外交人员禁止曾因犯罪受过刑事处罚者从事；律师、拍卖师、破产管理人、新闻采编人员禁止曾因故意犯罪受过刑事处罚者从事；司法鉴定人员、公证员禁止曾因故意犯罪和职务过失犯罪受过刑事处罚者从事。

[4] 参见梁根林：《“醉驾”入刑后的定罪困扰与省思》，载《法学》2013 年第 3 期。

为故意犯罪，在对醉驾行为和抽象危险至少具有过失的情形都会被认定为正犯的前提下，共犯范围还会进一步扩大；认定为过失犯罪，则可以遏制处罚范围的扩张。❶ 这实际上只是新过失说对自身过度放宽罪过程度的修正和完善，即便认为醉驾型危险驾驶罪是故意犯罪，在正犯的范围上也不一定和新过失说划定的范围相同，不能以此作为故意说相对于新过失说的劣势。最后，诚如过失说论者所说，“在法理空间许可的范围内，是否得将‘醉驾’同意降格评价为过失犯，取决于刑事政策的需要”，❷ 但新过失说下对醉驾行为和抽象危险的主观罪过事实上均只需要具有过失，这种无限放宽的处理是不是穷尽其他方法后减轻证明难度的最后选择？是否在保障公民的自由权利与保护公共安全法益之间实现了平衡？新过失说并未展开论述。

由此可知，过失说也好，新过失说也好，都存在难以自洽之处。笔者认为，相比之下，故意说是醉驾型危险驾驶罪的最佳选择。

（二）比较法视野下故意说的立场重申

尽管过失说与新过失说存在缺陷，但故意说的合理性并非不证自明。回归到刑法规定和危险犯理论基础本身，采取故意说有如下理由：

第一，醉驾型危险驾驶罪是故意犯罪，这一结论与《刑法》条文和刑法的目的相适应。我国《刑法》第15条第2款规定：“过失犯罪，法律有规定的才负刑事责任。”有学者论，“罪过形式的确定，主要取决于如何理解和贯彻刑法第15条第2款的‘法律有规定’这一法定的标准。与此同时，还需要牢记并落实尊重人权主义、责任主义以及刑法谦抑性等原理”。❸ 其一，过失犯罪需要有《刑法》的明确规定，这种明确规定一方面可以表现为直接使用“过失”一词，如我国《刑法》第233条、第115条第2款；另一方面可以表现为使用“严重不负责任”“发生事故”“玩忽职守”等可推知为过失的表述，如《刑法》第409条、第408条、第397条。“醉酒驾驶机动车”显然不符合上述任一种。其二，根据责任主义原理，“过失的抽象危险犯的设立是以故意的抽象危险犯为前提的”。❹ 前已述及，醉驾型危险驾驶罪系抽象危险犯，而《刑法》第114条

---

❶ 参见梁根林：《“醉驾”入刑后的定罪困扰与省思》，载《法学》2013年第3期。

❷ 同注❶。

❸ 参见张明楷：《刑法分则的解释原理（上）》（第二版），中国人民大学出版社2011年版，第125页。

❹ 参见陈兴良：《过失犯的危险犯：以中德立法比较为视角》，载《政治与法律》2014年第5期。

规定的是具体危险犯，如果本罪是过失犯罪，则不存在相对应的故意的抽象危险犯。其三，依照《刑法》的谦抑性和刑法的目的，罪过形式的确定不能以其他法领域的过错形式为标准。虽然行政法上处罚过失的醉酒驾驶行为，但过失行政违法行为并不必然成为刑法上的犯罪，更不能以此作为醉驾型危险驾驶罪是过失犯罪的根据。行政法和刑法的目的不同，行政法可以出于效率原则的考虑，不区分行为人的主观心态，只要实施醉酒驾驶行为就给予行政处罚；但是效率原则并非刑法的基本原则，对于构罪与否应当根据罪刑法定原则进行独立判断，不能将行政法领域的过失行为直接等同于刑法上的犯罪行为，二者在价值导向上完全不同，即便它们在表述上可能极为相似。

第二，从危险犯立法背后的实质理由出发，应当慎重对待风险社会理论与过失危险犯。“我国目前主要是在从风险社会理论中引申出来的风险刑法的框架内论证过失犯的危险犯的正当性与必要性”，❶ 但是，“风险社会并不一定是社会的真实状态，而是文化或治理的产物，不应将‘风险社会’当作刑法必须作出反应的社会真实背景。刑法不应当盲目增加抽象危险犯，更不能设立过失危险犯”。❷ 虽然醉驾型危险驾驶罪的设立有预防社会危险的考量，但对过失危险犯的规定必须考虑社会一般人的接受程度和对行为自由的保护，社会一般人既是本罪的保护对象和受益者，同时也可能是本罪的犯罪人，对危险犯的惩罚不能走得太远。

第三，比较法视野下的考察也能支持《刑法》第133条之一的醉酒驾驶是故意犯罪。根据《德国刑法典》第316条的规定，德国的酒后驾驶罪包括故意的抽象危险犯和过失抽象危险犯，过失形态不被第1款所包含，而是由第2款单独规定。❸ 我国《刑法》第133条之一与《德国刑法典》第316条第1款类似，因而我国《刑法》仅规制故意形态，而不规制过失形态的醉酒驾驶。再如，我国台湾地区所谓的“刑法”第185条之3第1款规定了不能安全驾驶罪的基本犯，有台湾地区学者提出，“由于本罪仅处罚故意犯，并未罚及过失，而与德国立法不同……”❹ 由此可知，我国台湾地区所谓的“刑法”第185条

---

❶ 参见陈兴良：《过失犯的危险犯：以中德立法比较为视角》，载《政治与法律》2014年第5期。

❷ 参见张明楷：《“风险社会”若干刑法理论问题反思》，载《法商研究》2011年第5期。

❸ 参见徐久生译：《德国刑法典》，北京大学出版社2019年版，第223页。

❹ 许泽天：《刑法分则（下）》，新学林出版股份有限公司2019年版，第352~355页。

之三第1款规定类似于我国《刑法》第133条之一，为故意犯。故此，将我国的醉驾型危险驾驶罪理解为故意犯罪更为合适。

综上，故意说无论是在文义解释和目的解释的可行性和合理性上，还是在其背后的实质理由上，以及在域外经验的对比考察上，都更符合我国《刑法》的规定。因此，有必要在醉驾型危险驾驶罪的主观罪过上坚持故意说的基本立场。

（三）醉驾型危险驾驶罪主观罪过阶梯的具体搭建

通过以上分析，在我国《刑法》语境下醉驾型危险驾驶罪是故意犯罪。但是过失说与新过失说提出的质疑也不无道理，即如果要求行为人对醉驾行为和抽象危险都有故意，是否会限缩本罪的处罚范围，引发证明上的困境？故意说的结论不能被全然接受，究其根本，是结果本位主义的传统刑法与行为本位主义模式的立法倾向之间的矛盾。[1] 由此引发本罪主观罪过的问题：对醉驾行为、抽象危险以及其他情状要素可否持不同的主观罪过？

我国传统的故意理论采取单一罪过形式，即“一个罪名只能有一种罪过形式”，对罪过采取的是整罪分析模式。有学者意识到单一罪过形式不足以概括刑法中所有犯罪的主观罪过样态，因此提出“复合罪过形式”[2]。比如丢失枪支不报罪，对于不报告行为和造成的严重后果，行为人的主观心态可能完全不同，此时无论是将之认定为过失犯罪还是故意犯罪，都不能完整准确地评价行为人对不同要素的不同主观心态。此后有学者针对这类较为特殊的主观罪过，提出客观的超过要素理论、罪量要素说、主要罪过说等学说进行解释。但这些理论都存在着共同的缺陷：一方面，承认在某些犯罪中，采取整罪分析模式不符合现实状况，也无法实现对当罚行为的处罚；另一方面，又试图维持传统的故意理论和整罪分析模式，因而在修正理论中不得已对《刑法》的基本原则如责任主义原则进行突破，左支右绌。[3]

考察其他大陆法系国家如德国和法国，其刑法理论中的“中间类型”和“第三类主观要件理论”，[4] 本质上是在整罪分析模式下，将故意与过失的基本

---

[1] 参见劳东燕：《犯罪故意理论的反思与重构》，载《政法论坛》2009年第1期。

[2] 参见储槐植、杨书文：《复合罪过形式探析——刑法理论对现行刑法内含的新法律现象之解读》，载《法学研究》1999年第1期。

[3] 参见张明楷：《“客观的超过要素”概念之提倡》，载《法学研究》1999年第3期；陈兴良：《规范刑法学》，中国人民大学出版社2008年版，198页。

[4] 参见杨书文：《复合罪过形式论纲》，中国法制出版社2004年版，第68~71页。

形式之间难以区分的罪过样态，设定为一种或数种新的罪过类型，以不区分解决区分难题。且不说我国如何在立法上实现、在司法中适用新的罪过类型，其非难可能性大小如何确定，与故意、过失之间是何种关系，会不会导致主观罪过类型的混乱和责任主义原则的违反，尚且存在争议。最关键的是，新罪过类型的扩张可能导致故意过失内涵的模糊，甚至走向不区分故意过失的极端。

由此可见，“无法实现罪责的精确化”是整罪分析法始终无法解克服的难题。[1] 采取要素分析模式，针对不同的构成要件要素设立不同的主观罪过要求，才能从根本上解决这一难题。要素分析法由美国《模范刑法典》确立，“要求该犯罪中每一个实质要件都证明特殊主观罪过——蓄意、明知、轻率或疏忽”。[2] 虽然要素分析法和整罪分析法都分出了主观罪过的不同类型，但前者对不同的实体要素设定不同的主观罪过类型，后者在一个犯罪中只设定一种主观罪过类型，并且适用于该犯罪所有的实体要素。要素分析法不是与整罪分析法对立存在的，而是对整罪分析法的一种辅助。对于整罪分析法无法合理解释的主观罪过部分，采取要素分析法可以合理界定处罚范围，实现罪责认定的精确化，贯彻责任主义原则。[3] 我国《刑法》规定的直接故意、间接故意、有认识的过失和无认识的过失四种主观罪过类型，与美国《模范刑法典》中规定的四种主观罪过有相似之处，虽然我国传统上将之用于整罪分析，但是用以认定具体犯罪中不同要素的主观罪过，构建主观罪过的要素阶梯，也不存在认知上的障碍。

就醉驾型危险驾驶罪而言，抽象危险在各种学说和实践中基本上都是被推定或拟制的，如果要求积极证明对此的认识和意志，在逻辑上就难以自洽。新过失说也考虑到这一点，提出把存在论上的故意和过失都规范地评价为更低位阶的过失，相应降低证明难度，从而解决故意认定上的困境。[4] 但这是一种有缺陷的妥协处理，也并非解决问题的唯一路径。如果采取要素分析法，可以从根本上解决对要素设定不同罪过心态的正当性问题。要素分析法也并非难以接

---

[1] 参见王华伟：《要素分析模式之提倡——罪过形式难题新应》，载《当代法学》2017 年第 5 期。

[2] ［美］约书亚·德雷斯勒：《美国刑法纲要》，姜敏译，中国法制出版社 2016 年版，第 149 页。

[3] 参见王华伟：《要素分析模式之提倡——罪过形式难题新应》，载《当代法学》2017 年第 5 期。

[4] 参见梁根林：《〈刑法〉第 133 条之一第 2 款的法教义学分析——兼与张明楷教授、冯军教授商榷》，载《法学》2015 年第 3 期。

受，以往的学说如客观的超过要素理论、罪量要素说、主要罪过说已经带有区分要素进行分析的色彩，为要素分析法的适用奠定了基础。

在醉驾型危险驾驶罪中，醉驾行为是行为要素，抽象危险为结果要素，道路、机动车为情状要素。整罪分析法对此三种要素都需要有故意；而要素分析法则可以进行直接故意、间接故意、有认识的过失和无认识的过失的选择和组合。从故意出发，逐步放宽对意志因素和认识因素的要求，可以形成“故意—明知（故意＋有认识的过失）—具有预见可能性（故意＋过失）—无过失”四层由严及宽的心理状态范围，与不同的实体要素对应。❶ 本文在坚持本罪是故意犯罪的基本立场的同时，对部分要素的罪过类型进行精确认定，从坚持责任主义原则、合理界定处罚范围的角度出发，构建本罪的主观罪过的阶梯。

1. 对行为要素的主观罪过

如上所述，醉驾型危险驾驶罪是故意的抽象危险犯，醉驾行为又是推定抽象危险的前提，因此对行为要素应当具有故意。如果行为人对醉驾行为不具有故意，对抽象危险事实上不可能持故意心态，故意在核心要素上无从体现，故意犯也将不成其为故意犯。真正的难题是如何认定对行为的故意。

有学者认为，“行为人必须认识到自己是在醉酒状态下驾驶机动车。但是对于醉酒状态的认识不需要十分具体（不需要认识到血液中的酒精具体含量），只要有大体上的认识即可”。❷ 不需要认识到血液酒精含量的观点无疑是正确的。从事实上来说，不可能要求行为人对血液酒精含量有一个精确到数值的认识，否则行为故意根本无法认定。退一步来说，即便认为本罪中“醉酒”仅指血液酒精含量达到较大程度，行为人不需要认识到具体数值，但“没有认识到影响违法性程度的重要客观因素，就不能令其对该违法事实承担责任”，❸ 行为人仍然需要认识到自己的血液酒精含量达到了较大程度，可操作性问题还是没有解决。同时，从规范目的来说，《刑法》中仅仅规定了行为人“醉酒驾驶机动车”，其意图规制的是行为人在不具有安全驾驶能力下实施的驾驶行为，而非行为人血液酒精含量超过一定标准情况下实施的驾驶行为。即便我国台湾地区所谓的“刑法”在不能安全驾驶罪的罪状中明确规定了酒精含量的标准，但

❶ 参见劳东燕：《犯罪故意的要素分析模式》，载《比较法研究》2009年第1期。

❷ 张明楷：《刑法学（下）》（第六版），法律出版社2021年版，第931页。

❸ 张明楷：《刑法分则的解释原理（上）》（第二版），中国人民大学出版社2011年版，第416页。

也不妨碍学者认为不需要认识到体内的酒精浓度，“酒精值只是法院发现真实的证据方法，行为人不需要认识国家证明其有罪的证据方法究竟为何，更遑论说要认识到证明的程度”。❶ 同理可知，血液中酒精含量只是辅助安全驾驶能力判断的一种统计学标准和医学标准，不能直接等同于“醉酒”的概念，行为人当然不需要对此有所认知，只需要对自己醉酒以致不能安全驾驶有大体上的认识即可。

关注认识因素并不代表意志因素不重要，本罪中行为人认识到自己醉酒而仍然实施醉驾行为，可以推知行为决意，因此不需要单独讨论意志因素存否。

2. 对结果要素的主观罪过

按照上述“故意—明知（故意 + 有认识的过失）—具有预见可能性（故意 + 过失）—无过失”四层心理状态，对抽象危险，如果要求“故意”，则对危险既要有认识，也要有希望或放任心态，这和整罪分析法的要求一致，成罪范围最窄；如果要求“明知”，即放弃故意中的意志因素，对行为造成的危险具有认识因素即可，有认识的过失会被进一步纳入成罪范围；如果要求“具有预见可能性”，在认识因素中采取客观的判断标准，只要求客观上具有预见可能性，可以将无认识的过失进一步纳入；如果要求“无过失”，实际上不再要求对抽象危险具有过错，即便因为意外事件导致危险的发生，亦属本罪处罚范围，使得本罪的范围最大化。

“故意”和“无过失”均不合适，前者存在的证明上的困境正是整罪分析法无法适用的原因；后者虽然可以扩大处罚范围，但是把行为本位主义走向了极端。更重要的是，对抽象危险的推定已经包含对被告人的某种潜在不利，进一步放弃对抽象危险的过错要求，违反责任主义的原则，也会导致处罚范围过于广泛。真正需要判断的是“明知”和“具有预见可能性”何者更为合理，两者的区别就在于是要求行为人实际认识到，还是客观上可能预见到抽象危险的存在。

笔者认为，对抽象危险应当要求“具有预见可能性”。首先，醉酒驾驶作为一种常见的犯罪类型和违法类型，其具有的一般意义上的危险早已通过媒体宣传和现实案例深入人心，要求行为人在认识到一般意义危险的基础上，对于

❶ 许泽天：《论酒精影响下的不能安全驾驶罪》，载林东茂等：《酒醉驾车刑法问题研析》，元照出版有限公司 2016 年版，127 页。

可能造成《刑法》上更高程度的抽象危险有一定的心理预期并非强人所难，也符合一般人的法感觉。试举一例说明，某地段因极端自然灾害天气被暂时封锁，居民原则上不出门，道路上不允许社会车辆通行，一居民醉酒驾车行驶于该路段，其没有意识到还有应急车辆在该道路上行驶，从而产生了现实危险，此种情形下当然有处罚的必要性。其次，抽象危险犯往往与具有典型的社会风险、需要行为人具有较高的注意水平的场景有关，如果要求“明知”，意味着行为人可能以没有实际认识到现实危险为由出罪，进而影响一般预防效果的实现；相比于更为客观的“预见可能性”，与具体行为人认识因素有关的“明知”在证明难度上也更大。最后，从与客观要件的一致性上看，本罪对于抽象危险进行的是可反驳的推定，如果要求公诉方对行为人推定事实的主观心态进行证明，将会陷入两难境地：要么直接根据行为人对行为的故意心态推定其对危险明知，使得对抽象危险的主观罪过判断流于形式；要么积极证明行为人的主观心态，使得证明难度提高，与推定所希望达到的平衡证明责任的效果相悖，呈现出证明责任设定上的矛盾。因此要求对抽象危险应当“具有预见可能性”则更为妥帖。

3. 对情状要素的主观罪过

情状要素是行为要素、结果要素等核心要素以外的时间、地点、方法等要素，“道路”和“机动车”均为本罪的情状要素。“一般而言，在严重犯罪中，对其中的核心要素要求具有故意或轻率，但对客观要件中的某些附带因素疏忽过失有时即足够。”[1] 对于本罪中的“道路”，采取“对该情状具有预见可能性”的标准也是合适的。以行为人未预见到自己在“道路”上醉酒驾驶为例，虽然行为人本人未能预见，但是一般人完全可能认识的情形下，如果不对行为人进行处罚，会纵容其放松对驾驶地点的判断，甚至对公共安全造成现实危险，无法起到遏制醉酒驾驶行为的效果；如果一般人在此情形下亦不能预见，此时也不应当对行为人提出更高的要求。因此，应当要求行为人对情状具有故意或过失。

过失说虽然也承认对行为故意、对抽象危险过失的情形构成本罪，但无法妥善处理对行为故意、对抽象危险过失情形的归罪问题；在要素分析法之下，此种情形同样构成醉驾型危险驾驶罪。此外，主观罪过说和要素分析法有相似

---

[1] 转引自劳东燕：《犯罪故意的要素分析模式》，载《比较法研究》2009年第1期。

之处，都认为在同一个犯罪中可以有不同的罪过形式，并且一个犯罪只能有一个罪过，[1] 但是前者主张根据主要罪过认定整体罪过，却没有给出“如何确定主要罪过”的答案。而本文直接承认，即便对不同要素可以有不同的罪过心态，但是故意犯罪中，至少对行为要素应当是故意。

通过上述分析，醉驾型危险驾驶罪的罪过被构建为“对行为故意—对抽象危险故意或过失—对情状故意或过失”三级阶梯。由公诉方证明被告人对类型性的醉酒驾驶行为有故意，其认识到自己不具有安全驾驶能力而仍然驾驶，然后从客观上判断其对抽象危险和附随情状是否有预见可能性，满足主观罪过的三级阶梯后，方可在有责性判断上得出肯定答案。

三、醉驾型危险驾驶罪与其他犯罪的竞合坐标

醉酒驾驶除了构成危险驾驶罪，还可能同时触犯《刑法》中的其他条款，如第 133 条、第 114 条、第 115 条第 1 款或第 2 款，形成竞合关系，这也是第 133 条之一第 2 款的题中应有之义。这些犯罪的共同之处在于，会对公共安全造成危险或者实害，并且主观心态上存在着关联。下述将从对公共安全的危险现实化程度，即从抽象危险到具体危险再到实害，以及对此的主观心态两个维度出发，对相关犯罪逐一分析，构建醉酒驾驶的犯罪竞合坐标。

（一）醉酒驾驶触犯《刑法》第 133 条的要件定位

醉驾型危险驾驶罪被规定于《刑法》第 133 条之一、第 133 条规定的交通肇事罪之后，意味着两罪在保护法益、行为对象等方面有着紧密关联。那么醉驾型危险驾驶罪与交通肇事罪之间呈现出何种关系?

按照学界的通说观点，交通肇事罪包含两种类型，一种与构成危险驾驶罪的醉酒驾驶无关，由其他违反交通运输管理法规的行为过失造成实害结果；另一种作为危险驾驶罪结果加重犯的交通肇事罪，即故意醉酒驾驶，并因此过失造成加重结果，即交通肇事罪的实害结果。[2] 值得注意的是，这种基本犯与结果加重犯的关系，亦有学者称之为“递进式的、罪名调整上的救济关系”。[3]

---

[1] 参见周光权：《论主要罪过》，载《现代法学》2007 年第 2 期。

[2] 参见戴玉忠：《醉酒驾车犯罪相关法律规定的理解与适用》，载《检察日报》2011 年 6 月 20 日第 003 版；阮齐林著：《中国刑法各罪论》，中国政法大学出版社 2016 年版，第 58 页。

[3] 参见张建：《“醉驾型”危险驾驶罪的反拨与正源》，载《华东政法大学学报》2011 年第 5 期。

醉酒驾驶构成交通肇事罪，在结果要素上要求实害结果，在主观心态上要求过失。在主观心态方面，具体来说，对醉驾行为引起公共交通安全的具体危险，行为人具有过失即可，因为如果行为人对具体危险没有故意过失，事实上对实害结果也不会有故意过失，也就不会构成交通肇事罪；但是具体危险并非构成要件要素，行为人对其持故意过失均有可能。当危险进一步现实化为实害，而行为人对实害有过失，就构成交通肇事罪。对实害的过失既包括被证明的过失，也包括故意过失无法确定，但至少具有过失的情形。基于故意和过失是位阶关系而不是对立关系的理论，存疑时应当有利于被告人，故意过失无法确定但至少有过失的，应当认定为过失。❶

（二）醉酒驾驶触犯《刑法》第114条的要件定位

根据《刑法》第114条的规定，醉酒驾驶可能成为一种"危险方法"，醉酒驾驶行为可能构成以危险方法危害公共安全罪，那么构罪的结果要素和主观心态条件为何？

《刑法》第114条规定的以危险方法危害公共安全罪系具体危险犯，醉酒驾驶行为须与放火、决水、爆炸、投放危险物质等危险方法具有相当性，结果要素要求对公共安全的具体危险；主观心态上要求故意。❷ 由此可知，醉酒驾驶行为并非都可构成以危险方法危害公共安全罪，还需要具体情形下醉酒驾驶行为与放火、决水、爆炸、投放危险物质等方法具有相当性，并且此时是一行为触犯醉驾型危险驾驶罪、以危险方法危害公共安全罪等数罪名的竞合。至于行为是否具有相当性，可以从车辆的状况、行为人的驾驶能力、驾驶方式、交通状况等角度综合判断，"理论上也可能作类型化的思考"。❸

另外，"尚未造成严重后果"实质上是不需要严重后果的，如果造成严重后果但不能证明因果关系，或者造成严重后果未遂的，仍应当认定为以危险方法危害公共安全罪的危险犯。"尚未造成严重后果"是表面的构成要件要素，不是成立该条犯罪必备的要素，是不需要被证明的要素。❹

---

❶ 参见张明楷：《犯罪构成体系与构成要件要素》，北京大学出版社2010年版，第33页。

❷ 高铭暄、马克昌主编：《刑法学》（第九版），北京大学出版社、高等教育出版社2019年版，第334~335页。

❸ 张明楷：《危险驾驶的刑事责任》，载《吉林大学社会科学学报》2009年第6期。

❹ 参见张明楷：《犯罪构成体系和构成要件要素》，北京大学出版社2010年版，第256页。

（三）醉酒驾驶触犯《刑法》第115条的要件定位

《刑法》第115条第1款规定了以危险方法危害公共安全罪的实害犯，第2款规定了过失以危险方法危害公共安全罪，在考察醉酒驾驶行为构成此两罪的要件之前，必须由此有关的争议进行梳理和厘清。

对于第1款规定存在两种截然相反的理解。一种理解认为，“对伤亡实害结果具有故意时，或者对具体的公共危险具有故意，对现实发生的伤亡实害结果仅有过失时，都应当适用《刑法》第115条第1款；当然，对二者的量刑必须有明显区别”。❶ 这种理解有一个重要的前提，《刑法》第115条第1款规定的以危险方法危害公共安全罪系《刑法》第114条的结果加重犯，对于加重结果具有预见可能性即可。另一种理解截然相反，认为《刑法》第115条第1款不能包含对实害过失的情形，否则会导致《刑法》第115条第1款和第2款的考察标准大相径庭：因为对实害结果罪过要求的降低，前者的成罪重点放在方法的“相当性”和对具体危险的心态上，后者的成罪重点仍然是对实害结果的心态。两个对立设立的罪名，标准不应当不一致。❷ 这一理由并不充分，即便两罪有着密切的关联，两罪中对实害结果的心态也未必要相对设立。第115条第2款规定的是过失犯罪，过失犯罪只能将判断重心放在结果上，这并非立法者的特别考虑，而是由过失犯罪的特性决定的。不能以此为由，主张第115条第1款也要以对结果的心态为考察标准。相比之下，把第115条第1款解释为结果加重犯颇为合理，从法条位置上看，以危险方法危害公共安全罪的具体危险犯规定在实害犯之前，说明具体危险犯的形态更为基础；从法条结构上看，刑法设立本罪的具体危险犯形态，实现对公共安全高度危险的控制，对于极易现实化的结果，设立本罪加重法定刑的形态，对于加重结果只需要具有预见可能性即可。故此，对具体危险故意、对实害结果过失的情形也符合第115条第1款。

根据上述分析，醉酒驾驶行为成立第115条第1款规定的以危险方法危害公共安全罪的要件为：其一，醉酒驾驶行为具有与放火、决水、爆炸等行为的相当性；其二，对行为和具体危险有故意心态；其三，对实害结果具有故意或过失。

---

❶ 参见张明楷：《危险驾驶的刑事责任》，载《吉林大学社会科学学报》2009年第6期。

❷ 参见陈兴良主编：《刑法各论精释（下）》，人民法院出版社2015年版，第756页。

对于第115条第2款规定的情形，学界的研究相对较少。在认为醉驾型危险驾驶罪是过失犯罪的前提下，冯军教授认为故意的醉酒驾驶行为也可以构成过失以危险方法危害公共安全罪。❶ 虽然本罪为过失犯罪，但是不一定要求行为人对任何构成要件要素都是过失，只要行为人对于行为造成的具体危险以及实害结果这两个核心构成要件要素具有过失，即便行为人对于行为是故意心态，仍然可以认为本罪是过失犯罪，在解释论上有成立本罪的空间。是否要承认故意的醉酒驾驶也可以构成过失以危险方法危害公共安全罪，取决于对合理的处罚范围的确定。

对醉酒驾驶可能触犯的《刑法》条款及其要件以及竞合关系，现总结如下（见表1）。

表1 醉酒驾驶可能触犯的刑法条款及其要件以及竞合关系

条文 违法/有责要件	第133条之一	第133条	第114条	第115条第1款	第115条第2款
抽象的公共危险	故意/过失	/	/	/	/
不相当的具体危险	（故意/过失）	（故意/过失）	/	/	/
与放火等相当的具体危险	（故意/过失）	（故意/过失）	故意	故意	过失
实害结果	（故意/过失）	过失	（故意/过失）	故意/过失	过失

说明：括号表示不要求该要素，但有该要素也无妨。

以上竞合坐标从对公共安全的危险或者实害和行为人对此的主观罪过两个维度搭建，司法者可参照以上竞合坐标中的结论，确定醉酒驾驶行为相关《刑法》条款的竞合关系，准确适用《刑法》条文。

《刑法》第133条之一第2款的提示规定，为竞合坐标的构建提供了指引。在《刑法》中，运用概念思维把握不同罪名之间的区别固然重要，但“非此即彼”的思考方式，忽视了中间情形和混合情形，也无法准确把握复杂多变的社会现实。竞合体现的类型思维，承认“即如此亦如此”的情形，有助于弥补概念思维的缺陷。❷ 因此，“妥当的做法应是……正确解释各种犯罪的构成要件，

---

❶ 参见冯军：《论〈刑法〉第133条之1的规范目的及其适用》，载《中国法学》2011年第5期。

❷ 参见杜宇：《类型思维与刑法方法》，北京大学出版社2021年版，第27~28页。

对案件事实由重罪到轻罪作出判断（有时也可能由轻罪到重罪作出判断）；并善于运用想象竞合犯的原理，准确适用刑法条文”。[1] 诚哉斯言！

四、结论

本文以醉酒驾驶为线索，探讨醉驾型危险驾驶罪的不法要件——抽象危险，和故意犯罪基本前提下本罪阶梯式的主观罪过要素。对于前者，关键是如何对抽象危险进行认定，在判断路径之内将完全没有引起任何现实危险的情形进行出罪，经验法则上可反驳推定的判断路径可以在实现法益保护的同时，平衡证明责任；对于后者，关键是在本罪整体是故意犯罪的基本立场下，如何实现本罪主观罪过的准确认定，解决司法上对故意的证明困境，合理划定处罚范围。构建行为要素、结果要素和情状要素的主观罪过阶梯，无疑是妥当的选择。在醉驾型危险驾驶罪的基础之上，探讨醉酒驾驶相关犯罪的竞合关系，构建面向司法者的竞合坐标，不仅为醉酒驾驶的定罪与罪数问题找到答案，更在于实现概念思维与类型思维的交替运用，使该问题的答案能举一反三，通过理论解释保持刑法持久、旺盛、顽强的生命力。

---

[1] 参见张明楷：《犯罪之间的界限与竞合》，载《中国法学》2008 年第 4 期。

论未经许可开展快递加盟招商的法治逻辑

——基于《邮政法》第 51 条第 1 款的分析

徐霄飞*

摘　要：《邮政法》[1] 第 51 条第 1 款规定，经营快递业务，应当依照本法规定取得快递业务经营许可；未经许可，任何单位和个人不得经营快递业务。实践中，在商业特许经营框架下，快递加盟经营成为快递企业组织形态与运营模式的典型特征。但有争议的是，某企业在尚未取得快递业务经营许可的情形下，其是否可以开展快递加盟招商？就此，从合同缔结自由与内容形成自由立场出发，沿循民商事主体"证照分离"进路，聚焦于"商业特许经营"与"经营快递业务"之构成要件要素，并落脚于《邮政法》第 51 条第 1 款规定之构成要件要素的解析，可以发现，把快递加盟（招商）行为本身等同于"经营快递业务"行为，并不是一个准确的法律判断。某企业未取得快递业务经营许可，但并不能据此否认其具有开展快递招商加盟与缔约的资格。不能将未取得快递业务经营许可而开展快递加盟招商之行为，直接等同于未取得快递业务经营许可而经营快递业务之违法行为；前者并不构成对《邮政法》第 51 条第 1 款之强制性规定的违反。

关键词：快递业务经营许可　快递加盟　民事法律行为　合同自由　强制性规定

一、问题的提出

在立法上，《邮政法》第 51 条第 1 款规定："经营快递业务，应当依照本

---

* 徐霄飞，中国人民公安大学警体战训学院讲师，法学博士。

[1] 本文所涉《邮政法》指的是现行《中华人民共和国邮政法》(2015 修正)，下文不再一一说明。

法规定取得快递业务经营许可；未经许可，任何单位和个人不得经营快递业务。”该条款规定确立了快递业行政许可制度，亦即实施快递市场准入制度。同时，《邮政法》第 52 条第 1 款规定，申请快递业务经营许可，应当符合企业法人条件……也就是说，我国经营快递业务的经营主体只能是企业法人，若要经营快递业务，必须是企业法人。除此外，经营主体还要取得邮政管理部门颁发的“快递业务经营许可证”（《邮政法》第 53 条），即要求持证经营。在组织形态与运营模式上，取得快递业务经营许可的企业，有的是采取直营/自营模式，有的则是采取加盟/合作模式。其中，快递加盟经营模式，是当前我国快递企业组织与运营的典型模式。❶ “加盟”是一个比较具有行业性特色的惯用语。如果从法律概念或法律术语上界定和观察，与“加盟”相对应的是“商业特许经营”。❷

然而在实际操作中，面对快递业这个潜力巨大的市场，有的企业在尚未取得快递业务经营许可（亦即没有取得邮政管理部门颁发的“快递业务经营许可证”）的情况下，就开始进行快递加盟招商活动，缔结所谓“快递加盟合同”。❸ 由此引发了一系列监管难题和争议，争议的焦点在于：“未取得快递业务经营许可开展快递加盟招商是否违法?”如果违法，违反什么法？为什么违法？

对此，有一种比较受监管部门青睐的观点是：尚未取得快递业务经营许可的企业是不能开展快递招商加盟活动的，因为其违反《邮政法》第 51 条第 1 款规定。对此“违法说”观点，笔者并不赞同。我们认为，这种主张其实混淆了针对快递营业的加盟招商行为与《邮政法》意义上的“经营快递业务”行为之

---

❶ 参见《国家邮政局发展研究中心发布中国快递物流发展报告（2020—2021 年）》，载 http：//www. spbdrc. org. cn/yzfzyjzx/c100009/pub/gjyzfzzx/xwdt/hyyw/202109/t20210926 _ 4039325. html，2022 年 10 月 1 日访问。

❷ 参见郑佳宁：《我国快递行业发展的“潘多拉之盒”——快递加盟连锁经营模式之法律问题探讨》，载《河南社会科学》2016 年第 3 期。

❸ 参见《国家邮政局发布监管提示　要求相关主体合法经营快递业务》，载 https：//news. ifeng. com/c/7fctpEnemUx，2022 年 5 月 21 日访问；《国家邮政局重拳出击　6 月起开展快递市场清理整顿专项行动》，载 http：//www. gov. cn/xinwen/2016－05/20/content_5075026. htm，2022 年 5 月 21 日访问；《新手哪吒速运入局快递　真实力还是画大饼》，载 https：//www. bbtnews. com. cn/2021/0324/390548. shtml，2022 年 5 月 21 日访问；《加盟商资金被共同监管？哪吒速运无证招商引关注》，载 http：//www. expressboo. com/detail_8938_1. html，2022 年 5 月 21 日访问。

间的差异，或者说，这种主张其实是把“快递加盟招商”之民事法律行本身直接等同于邮政法意义上的“经营快递业务”之行为本身，由此会导向错误的法律判断。

为此，本文接下来将“未取得快递业务经营许可开展快递加盟招商是否违法”这一核心问题分解为三类子问题进行讨论和回答。第一，经营快递业务（或快递业务经营）的法律规范含义是什么，即何种行为才构成对“快递业务经营许可”（《邮政法》第51条第1款规定）的违反？第二，快递加盟的法律规范的表达是什么，它与具有制定法基础的“商业特许经营”是什么关系？同时，快递加盟在合同（法）上的构造是什么样态？第三，着重厘清法律适用中涵摄之“前提”的确定，即：快递加盟招商行为本身，是否可以归属到《邮政法法》第51条第1款意义上的“经营快递业务”？“未取得快递业务经营许可开展快递加盟招商”这一“行为”本身，是否可以涵摄《邮政法》第51条第1款之强制性规定？如果涵摄成功，则“无证招商”构成对《邮政法》第51条第1款规定的违反；如果涵摄失败，则不构成对该条款的违反。

二、违反快递业务经营许可规定的审查框架与构成要素

（一）法律规定的基本结构

判断一项行为是否违法或合法，通常需要探寻其法律规定上的基础。众所周知，不同法域下的法律规定具有不同的目的，“法律不仅仅威胁那些做其禁止之行为的人，它还承诺保护人们的利益。它对人们施加限制，同时也提供特定的保障”。❶ 但不论是禁止还是许可、威胁抑或制裁，其在法律规定构造上的抽象表达和预设被转化为事实构成与法律后果。由此，事实构成与规范性法律后果的结合成为一种特别重要的法律规定类型。❷ 在此脉络下，法律规定体现为特定的条件程式，即：如果存在x（事实构成），那么y（规范性法律后果）应当发生。❸ 在此，事实构成即是法律规定的构成要件部分。判断一项行为是

❶ 参见［英］托尼·奥诺里：《法律简义》，郑玉双译，中国政法大学出版社2019年版，第27～28页。

❷ 参见［德］齐佩利乌斯：《法学方法论》，金振豹译，法律出版社2009年版，第40页。

❸ 参见［德］罗尔夫·旺克：《法律解释》（第6版），蒋毅、季红明译，北京大学出版社2020年版，第10页。

否符合法律规定，即是判断该行为是否实现了法律所规定的构成要件，是否满足匹配其中蕴含的构成要件要素。

就此，法律适用者在找到了相关的法律规定基础后，还应当为解决案件问题加工法律规定的构成要件。换言之，将某一法条适用于具体案件之前，还必须对法条进行加工："将法的构成要件部分和法律后果部分分解为具体的要素。"❶ 作为民事法律行为，按照《民法典》第8条的规定，其受到的法律约束之一是"民事主体从事民事活动，不得违反法律，不得违背公序良俗"，尤其是不"违反法律、行政法规的强制性规定"❷。聚焦到邮政快递法律领域，对于某行为是否违反快递业务经营许可规定之违法性或合法性审查工作，一方面可以遵循形式审查（形式合法性）与实质审查（实质合法性）之框架展开；另一方面，需要对该条款的构成要件要素进行解析。具体内容分述如下。

（二）违反快递业务经营许可规定的审查框架

第一，形式审查——主体经营资格的有无。

快递业务经营许可规定是针对快递业务经营主体（经营者）所设定的法律准则。每一项法律规范都可能有不同的接受对象与不同的规制目标。《邮政法》第51条第1款规定："经营快递业务，应当依照本法规定取得快递业务经营许可；未经许可，任何单位和个人不得经营快递业务。"从立法技术上看，《邮政法》第51条第1款的规定是针对"经营"这一动作或行为的作出者，即经营主体，作出陈述的。也就是说，《邮政法》第51条第1款的规范对象和适用对象是那些"经营者"——经营快递业务之主体，而不是其他的非快递业务经营者，如快递用户。

在法条内容上，《邮政法》第51条第1款规定所确立的快递业务经营许可规范包含两项构成要素，一是"许可"要素，二是"经营快递业务"要素。从反面审查角度看，一个行为若不符合《邮政法》第51条第1款的规定，即违反快递业务经营许可规定，要同时满足两项条件，一是未经许可，二是经营快递业务。

---

❶ 参见［德］罗尔夫·旺克：《法律解释》（第6版），蒋毅、季红明译，北京大学出版社2020年版，第18页。

❷ 参见《民法典》第153条第1款。

因此，对于行为人的行为是否违反快递业务经营许可规定的判断，可以遵从先形式审查、后实质审查的判断框架。所谓形式审查，就是审查行为人是否具备经营主体资格。对此，从外在形式上很容易证成和认定，即行为人是否取得和持有邮政管理部门颁发的“快递业务经营许可证”。[1] 也就是说，行为人是否“取得许可”，或者是否构成“未经许可”，只需看其是否持有《快递业务经营许可证》。

第二，实质审查——行为（经营活动）是否属于经营快递业务。

所谓实质判断，是要对行为人之行为内容的审查，着重识别判断该行为是否属于《邮政法》第51条之法律规范意义上的经营快递业务之行为。法律规范是对行为的规范。因此，除了形式上对行为人之主体经营资格的审查，还要进一步判断的是，在行为人未取得快递业务经营许可这一情形下，该行为人作出的某个行为是否一定构成未经许可经营快递业务之行为，即是否一定违反《邮政法》第51条第1款的规定？在此，涉及的是如何准确理解和识别法律意义上的“经营快递业务”这一法律术语的特定实质内涵。

第三，主体——行为整体审查下的法律后果类型。

基于前述形式审查准据与实质审查准据，可将《邮政法》第51条第1款规定的法律适用结构及法律效果概括如下。其一，行为人取得快递业务经营许可，但其行为并不是经营快递业务之行为，那么行为人的该项行为并不受《邮政法》第51条第1款的调整，不产生该法条所规定的法律效果。其二，行为人未取得快递业务经营许可，但其行为并不是经营快递业务之行为，那么行为人的该项行为并不违反《邮政法》第51条第1款的规定，亦即不受该法条的调整，不产生该法条所规定的法律效果。其三，行为人的行为属于经营快递业务之行为，且行为人取得了快递业务经营许可，那么行为人的该行为合法，受《邮政法》第51条第1款规定调整，产生相应的法律效果。其四，行为人的行为属于经营快递业务之行为，但行为人未取得快递业务经营许可，那么该行为人的该行为违法，构成对《邮政法》第51条第1款规定的违反，并产生相应的法律效果。如依照《邮政法》第72条第1款规定进行行政处罚。

总之，取得快递业务经营许可是经营快递业务的关键，但判断某行为合法

[1] 参见《邮政法》第53条第2款和《快递业务经营许可管理办法》第13条第1款。

或违法的难点并不在“许可”，而在其行为是否可以归属到经营快递业务规范范畴内。因为，如前所述，对于是否取得快递业务许可比较容易确证，即行为人是否取得了邮政管理部门颁发的“快递业务经营许可证”。然而，《邮政法》第51条第1款本身并没有具体界定什么是经营快递业务。法谚云，“法律未经解释，不得适用”。面对这种情形，法律适用者需要开展法律解释作业。

（三）违反快递业务经营许可规定的构成要素

第一，作为法律用语的“经营快递业务”有着特定的法律含义。依据《邮政法》《快递暂行条例》《快递市场管理办法》《快递业务经营许可管理办法》，并结合快递业行业实践，可以发现，作为一个法律专业术语，邮政法意义上的“经营快递业务”“快递业务经营”，意指以快递业务经营主体的名义，面向用户，以提供快递服务为核心内容，以快件为行为对象，通过揽收、分拣、运输、存储、集散、拣选和投递等环节，将用户提供的寄递物品运送到约定地点并交付给约定收件人的营业活动。

第二，经营快递业务的行为客体是快件。从行为对象上说，《邮政法》意义上的经营快递业务，其经营指向的客体是作为物的快件。❶ 那么，快件本身的属性，是观察和区分经营快递业务与其他营业活动的重要判断要素。从物理意义上看，快件的特定性主要表现为：必须是封装的物品，即对内件（寄递物品）封装后形成的件；应当是署有名址的物品；有重量、体制限制的物品；以及不超出规定范围的“限寄物品”。❷ 可以说，没有物理形态的快件，也就没有快递业务活动的启动。经营快递业务是围绕快件展开的，快递业务经营法律关系亦是围绕着快件展开的。若一项行为并不是围绕快件展开的——从收寄到投递之一系列行为的发生与完成，进而实现快件从寄件地到收件地的空间位置的转移，那么很难说这样的行为活动是邮政法意义上的经营快递业务之行为。可以说，快件是理解快递业务经营活动的核心要素，是链接经营快递业务法律关系的纽带。

---

❶ 如《邮政法》《快递暂行条例》《快递市场管理办法》《邮件快递收寄验视规定》，以及《快递服务国家标准》（GB/T27917.1－2011）等，专门对快件作出界定，对快件及寄递物品的种类、包装规格、尺寸、重量、限禁寄递物品明目等有特定的要求。

❷ 按照快递业务操作中的一般规则，“封装的物品在快递业务中被称为‘件’，并以‘件’为计量、计价以及物品流动的基础单位。一个或一个以上相同或不同的物品封装后只作为一件快件”。参见闫靖、陈丽主编：《快递管理实务》，北京航空航天大学出版社2018年版，第11页。

第三，经营快递业务的行为结果与法律效果是快递服务与服务价值。从行为过程与结果上来看，快递业务经营者需要通过收寄、分拣、运输、投递等相连环节与活动，将快件按照封装上的名址递送给特定个人或者单位。故收寄、分拣、运输、投递等环节分别是快递业务经营整个过程与活动中的一个必要部分。而其中，揽收与投递是快递业务流程的关键。实际上，正是上门揽收和投递这一环节的业务操作与服务供给，成为决定快递业务特征和快递服务价值的重要因素。由此，这种上门也使得快递业务经营的过程及结果体现并成为一种"门到门""手到手"的精细化服务。❶

因此，作为经营快递业务之经营的应有之义，最重要的就是提供快递服务，该服务之经营需要涵盖收寄、分拣、运输、投递等要素，该服务之目的和结果在于快递行为之非物化结果，❷ 即确保快件从寄件人和寄件始发地到收件人和收件目的地之整个环节的完成，实现交付到指定地点指定人员下的空间转移之非物化行为结果。

第四，经营快递业务许可规定作为禁止规范，首先保护的法益是公共秩序；作为命令规范，是对经营者营业资格的设定。从资格准入的适用场景看，《邮政法》第51条第1款规定，确立了我国快递业之快递业务经营许可制度，是对经营者进入快递市场之准入资格的限定，而不是对其他资格的限定——如一般民事主体行为资格的限定。这种许可只是意味着经营者（快递业务经营主体）面向用户、围绕寄递快件提供快递服务、发生快递服务法律关系，达成"快递服务合同"时，应当取得快递业务经营许可。

总之，作为一个法律专业术语，《邮政法》意义上的经营快递业务，意指以快递业务经营主体的名义，面向用户，以提供快递服务为核心内容，以快件为行为对象，通过揽收、分拣、运输、存储、集散、拣选和投递等环节，将用户提供的寄递物品运送到约定地点并交付给约定收件人的营业活动。

---

❶ 通常而言，是"送货上门"，还是"货站自提"，也成为现代快递业经营活动与传统物流业经营活动的重要区分标准之一。

❷ 关于法律关系客体之"行为结果""物化结果""非物化结果"的讨论，参见雷磊：《法理学》，中国政法大学出版社2019年版，第91页。

三、快递加盟的法律关系与加盟招商行为的合同法构造

（一）法律适用的基本程式与案件事实的建构问题

法律适用，就是将一项法律规范适用于具体的案件事实。涵摄是法律适用的基本程式，“涵摄构成了一项推导程序。法律规范的构成要件构成了大前提，从应予裁判的案件事实说明中将得出小前提。作为逻辑推导的结论，案件事实要么满足了法律，要么没有满足”。[1] 在此涵摄程式下，立足于关于违反快递业务经营许可规定的审查框架及构成要素，对于未取得快递业务经营许可开展快递加盟招商是否违法这一问题而言，法律适用者的目光不应仅停留在形式审查面向：即快递加盟招商活动中当事人未取得“快递业务经营许可”。相反，其审查论证的难点与重心应当放在：快递加盟、快递加盟招商及缔结快递加盟合同可否归属于经营快递业务之行为，也就是说它们是否该当于《邮政法》第51条第1款规定的构成要件。[2] 正所谓涵摄过程的关键问题和要义在于：“如何正确地形成前提，尤其是小前提。”[3] 因此，在解决小前提（案件事实）与大前提（《邮政法》第51条第1款规定）是否互相满足、是否具备充分关联性之前，除了前述的构成要素解析工作，还需要厘清快递加盟的法律关系、快递加盟招商行为的法律属性及快递加盟合同的法律构造，以明确案件事实究竟是什么。

（二）商业特许经营视域下的快递加盟

第一，关于商业特许经营活动的实践与规范概述。普遍认为，“特许经营译自英文‘franchise’，原本是一种政府的行政许可，19世纪末以来则广泛应用于商业领域。在现代商业中，特许经营一般是指经营模式特许经营，即特许人通过签订特许经营合同授予受许人使用自己的商标、服务标志、商号、其他商业标志以及经营诀窍进行商品销售，或者利用与特许人相同的经营模式进行经营的权利”。[4] 商业特许经营作为一种商业活动与经营模式，于20世纪80年代

---

[1] 参见［德］罗尔夫·旺克：《法律解释》，蒋毅、季红明译，北京大学出版社2020年版，第28页。

[2] 可以说，本文所探讨的论题之问题症结恰恰出自这里，司法实务中也恰是在这里将问题症结隐藏了起来，要么是避而不答，要么是武断地认定它们就是“经营快递业务”。

[3] 参见［德］卡尔·拉伦茨：《法学方法论》（全本·第六版），黄家镇译，商务印书馆2020年版，第347页。

[4] 参见柏勇：《从特许经营的特征看受许人的法律保护》，载《政治与法律》2007年第2期。

末从国外引入中国，伴随着我国经济的高速增长而快速发展起来。[1] 从立法监管角度看，1997 年，我国出台第一部针对商业特许经营的《商业特许经营管理办法（试行）》（现已失效）；2007 年，国务院出台《商业特许经营管理条例》（以下简称《特许条例》），作为行政法规，该条例提升了商业特许经营领域的特别法的法律效力地位；2011 年，商务部修订《商业特许经营备案管理办法》；2012 年，商务部修订《商业特许经营信息披露管理办法》；除此外，目前我国并无其他针对商业特许经营的法律法规。而从经营涉及的范畴看，目前，商业特许经营涉猎的行业不断拓宽，几乎覆盖了社会经济生活的全部领域，且显示出强劲的扩张势头。[2]

第二，各式名目下商业特许经营（合同）关系的认定与加盟的法律定性。依照《特许条例》第 3 条第 1 款的规定，因商业经营所形成的合同（关系）通常被称为商业特许经营合同。具体而言，依照《特许条例》第 3 条的相关规定，商业特许经营的开展，即从缔约到合同履行完成，是以合同形式进行的，特许人与受许人之间要按照合同约定在统一的经营模式下开展经营，双方是一种合同关系。合同是商业特许经营活动在法律意义上得以有效展开、链接当事人之间的纽带。[3] 有商业特许经营，必然存在商业特许经营合同关系；有商业特许经营合同关系，必然存在法律意义上的商业特许经营。简言之，商业特许经营与商业特许经营合同其实是一体两面。

需要注意的是，在日常生活化用语中，商业特许经营作为一种特殊商业模式，通常也会被称为加盟。尽管《特许条例》第 3 条第 1 款在对商业特许经营界定时，并没有采用加盟之表述。但是在实务中，就个案中合同采用的名称而言，除比较正式的商业特许经营合同外，常见的有加盟合同、连锁经营合同、特许协议、加盟协议，等等。[4] 可以说，在不同行业领域的商业特许经营活动中，这种情形并不少见。

---

[1] 参见马瑞光：《我国连锁特许经营商业模式的现状特点与发展对策》，载《商业经济研究》2019 年第 4 期。

[2] 参见房绍坤、柳佩莹：《商业特许经营合同效力认定瑕疵及矫正思路》，载《山东大学学报（哲学社会科学版）》2021 年第 2 期。

[3] 参见韩强：《特许经营的责任分担和风险防范》，载《法学》2002 年第 6 期。

[4] 参见中华人民共和国最高人民法院（2016）最高法民申 1193 号民事裁定书；北京市高级人民法院（2020）京民申 4843 号民事裁定书；吉林省高级人民法院（2020）吉民终 117 号民事判决书。

实际上，透过法律解释与合同解释[1]，把日常生活中作为常态的加盟、连锁、特约代理等类似商事活动归入商业特许经营范畴并非难事，也是司法实践的惯常做法。“五花八门”的合同名称，并不妨碍裁判者将行为主体的行为及合同认定为商业特许经营行为与商业特许经营合同。[2]

第三，商业特许经营框架下快递加盟经营活动的法律规制。在司法裁判中，“对于合同的定性，应当以合同约定的具体权利义务为主要判断标准，而非单纯以合同名称进行认定，同时结合履行合同情况等予以综合判断”。[3] 作为法律专业用语，商业特许经营是一个概括性概念，其内涵与构成要素还有待结合具体个案来阐明。事实上，在快递加盟经营活动中，揭开各式各样的合同名称的面纱，将实践中的快递加盟经营、快递加盟合同认定为商业特许经营及商业特许经营合同，[4] 并非难事，也是普遍做法。不过也有学者持不同见解。[5]

而从商业特许经营法律关系的特许与经营维度看，快递加盟的实施和运营，除了遵守加盟合同本身具体的合意约定，还要遵守专门针对商业特许经营的法律规范，诸如以《特许条例》为代表的行政法规的强制性规定。同时，还要遵守包括《邮政法》《快递暂行条例》等法律、行政法规的强制性规定。概括来说，按照《民法典》的有关规定，在快递加盟民事活动中，相关行为方不得违反法律，不得违背公序良俗。

总之，商业特许经营与商业特许经营合同其实是一体两面。在快递加盟经营活动中，加盟行为与加盟合同的关系亦如此。尽管在快递业常见的快递招商加盟活动中，有时并没有采用“特许经营”的字眼，在招商人与应招者之间达

---

[1] 参见崔建远：《合同解释辨》，载《财经法学》2018 年第 4 期。

[2] 参见李晓民、宋建宝：《商业特许经营合同纠纷特有问题司法实证研究》，载《法律适用》2016 年第 9 期。

[3] 参见贵州省高级人民法院（2020）黔民终 61 号民事判决书。

[4] 参见山东省日照市中级人民法院（2021）鲁 11 民终 587 号民事判决书；广西壮族自治区南宁市中级人民法院（2019）桂 01 民终 10470 号民事判决书；广东省肇庆市端州区人民法院（2019）粤 1202 民初 148 号民事判决书；浙江省杭州市余杭区人民法院（2018）浙 0110 民初 15889 号民事判决书；甘肃省秦安县人民法院（2018）甘 0522 民初 428 号民事裁定书；云南省高级人民法院（2017）云民终 484 号民事判决书；云南省高级人民法院（2017）（2017）云民终 474 号民事判决书；四川省大邑县人民法院（2017）川 0129 民初 1690 号民事判决书；天津市宁河区人民法院（2017）津 0117 民初 1511 号民事判决书；北京市丰台区人民法院（2016）京 0106 民初 9355 号民事判决书；湖南省溆浦县人民法院民（2017）湘 1224 民初 307 号民事判决书；北京市朝阳区人民法院（2016）京 0105 民初 13394 号民事判决书。

[5] 参见王京：《快递加盟制中的合同义务构造》，《理论月刊》2019 年第 9 期。

成的“加盟协议”中，也并没有出现“商业特许经营”的字眼或明确表述，但是这并不排斥其可归属于商业特许经营行为，并相应地受到商业特许经营法律法规的规制。❶

（三）快递加盟（招商）的行动逻辑与行为特性

法律是对行为的规范。法律规范，基于利益共识的凝聚，既对当事人施加了某些行为限制，也为当事人提供了特定权益保障。对于法律适用者而言，需要检视这些法律规则背后的利益配置、行为模式和目的考量，并作出妥当的价值评价。

第一，就快递加盟活动而言，其行为样态和本质是特许人（被加盟人、快递总部企业）与被特许人（加盟、快递市场中的散户）达成的资源配置和利益分享，即“特许人对其拥有的经营资源进行授权，被特许人订立合同的目的是利用获得的资源进行经营”。❷ 而这种行为是有法律基础的。依照《特许条例》第3条第1款的规定，特许人可以用于商业特许经营的经营资源包括注册商标、企业标志、专利、专有技术等经营资源。从立法技术上说，一个“等”字，使得经营资源的构成与范围呈现出开放性特质。

也就是说，在快递加盟活动中，作为特许人可以特许给被特许人的经营资源，并不只限于《特许条例》中列举的“注册商标、企业标志、专利、专有技术”，还包括其他的未被明确列举的经营资源。经营资源要通过合同的内容进行认定，还要穿透合同，结合合同所涉及的经营之行业、事项、实践及惯例，来整体认定被特许人如要开展此等经营，借由特许人的特许而最想或最需要从特许人那里获得何种特许资源。

第二，就快递加盟模式运作过程中所采取的商业特许经营法律框架来说，被加盟人（即特许人）与加盟人（被特许人）之间所要加盟合作的对象正是被

❶ 在有些个案中，涉案合同虽然名为“快递加盟”，但其实并不属于商业特许经营，更应该归入业务承包关系与业务承包合同的范畴和框架下处理。这里就涉及各种名目下对快递商业特许经营法律关系的认定问题，亦即商业特许经营关系的认定。在本文中，我们讨论的前提是，快递加盟经营模式中，加盟关系已被假定或认定为是商业特许经营关系。也就是说，在本文论证脉络中，我们是在商业特许经营这一框架下，基于快递加盟（合同）属于商业特许经营（合同）这一假定下，展开探讨。至于具体个案中，有些法律行为及合同名称尽管为“快递×××加盟（合同）”其实它们并不属于商业特许经营（合同），但这已超出本文探讨的核心问题范围，故不再赘述。

❷ 参见房绍坤，柳佩莹：《商业特许经营合同效力认定瑕疵及矫正思路》，载《山东大学学报（哲学社会科学版）》2021年第2期。

加盟人所拥有的独特经营资源，也是加盟商所缺乏并期望获得的独特经营资源。从整体看，针对快递企业的运营，《邮政法》《快递市场管理办法》《快递业务经营许可管理办法》在经营地域范围及运营网络的设定和划分方面作了相应规定：①（地级）市级同城网络；②省级（包括自治区、直辖市）区域网络；③跨省际/大区网络；④跨境/国际快递业务区域。实际操作中，根据快递业务申请人的申请，以及其服务能力、管理能力等，邮政管理部门审核通过申请、准予许可的，会发放“快递业务经营许可证”，[1] 并会在“快递业务许可证”上注明被许可经营的业务范围和地域范围及许可有效期限。[2] 那么，对于快递企业而言，应当按照“快递业务经营许可证”记载的业务范围、地域范围和有效期限开展快递业务经营活动。

第三，从快递直营与加盟之二元视角看，[3] 快递企业基于经营成本、投递效率、市场占有率等方面的考虑，快递企业会在快递业务的不同地域范围、相关业务环节等引入加盟商，即大家一起来运营快递业务，以拓展快递业务网络、畅通快递渠道、提升快递市场占有率、增强盈利能力等。那么，从快递企业总部，到一个又一个的快递加盟商，构建起快递业务运营的庞大网络，[4] 共同构建起快递业务运营业态的加盟模式。

由此，快递加盟（招商）的法律意义和行为价值体现于，快递总部企业之快递业务经营权的“分享”，快递品牌、快递企业商标、外观标识的授权使用，快递业务网络资源、快递渠道等的授权使用。由此，在快递总部企业的架构下，快递总部企业作为特许人，各级加盟商作为受许人，形成加盟式快递企业经营模式，对外以统一的快递品牌开展统一的快递业务经营活动。经由快递加盟活动，不但可以实现快递市场经营资源的再配置，也能够促进快递市场参与者福利的增长。

---

[1] 参见《快递市场管理办法》（交通运输部令 2013 年第 1 号）第 7 条、第 8 条、第 9 条。

[2] 参见《快递业务经营许可管理办法》（2019 修正）第 18 条。

[3] 参见闫靖、陈丽主编：《快递管理实务》，北京航空航天大学出版社 2018 年版，第 29～30 页。

[4] 结合实践中快递业发展情形及趋势，快递业务网络通常包含三个方面：一是天网，即主要是以全货机 + 散航 + 无人机组成的空运网络系统；二是地网，即以营业服务网点、中转分拨网点、陆路运输网络、客服呼叫网络、最后一公里网络为主组成的路由系统；三是信息网，即以大数据、区块链、机器学习及运筹优化、自然语言处理、智慧快递物流地图、物联网等组成的全流程快递服务信息系统网络。参见《顺丰控股股份有限公司 2020 年年度报告》，载顺丰速运官网，https://www.sf-express.com/cn/sc/download/20210318-IR-RE3-2020.PDF，2022 年 5 月 21 日访问。

（四）快递加盟（招商）的合同关系展开与合同法构造

依照通说，合同具有资源配置功能。鉴于诸如经营资源的有限性、个人需求的无限性、个人决策行动的理性化考量等条件的约束，“只要商品、服务紧缺并且人们怀有无限的期望，理性的经济人就会通过缔结合同以及交换的方式实现一个相对最优的结果，而通过交换从别人手里拿来的商品和服务的价值在自己这里会更高。交换的场所被人们称为市场”。[1] 快递加盟招商活动则是以合同为抓手，借由加盟合同实现快递业务经营权益和资源的转化与利益优化。在快递加盟模式及招商交易中，对于加盟人（被特许人）而言，其所以会为加盟这一商品付款，是因为他相信加盟的价值高于约定的价款（加盟费）；相反，对于被加盟人（特许人）而言，之所以会选择加盟交易，是因为他相信约定的价款高于加盟的价值。由此也可以看出，合同是快递加盟活动在法律意义上得以有效展开、链接当事人之间的纽带。

从经验类型看，快递加盟合同是一种持续性合同（持续性债权债务系）构造形态。从快递加盟招商的开展，到快递加盟合同的执行，再到快递加盟经营的运行等，合同都贯穿其中，而诸如快递业务经营许可、快递商标、快递品牌、快递业务网络系统、快递物料、快递业务客户资源等权益的使用权转让，将是快递加盟合同主要的内容构成。同时，从合同性质及内容上看，快递加盟合同中包含着丰富的“用益租赁合同”类型及内容。[2]

而在快递加盟模式的运营实践中，对于快递企业的二级运营网点、三级网点、快递业务分拨中心、快递末端服务网点等快递服务组织体的整体打包转让（出租、承包）等交易模式，乃是快递业较为常见的操作类型。在一般性描述上，可以将此等交易牵连的合同结构与类型归属为企业用益租赁合同。当然，不管是快递业务要素整体出租，还是快递业务要素个别出租，其根本追求在于

---

[1] ［德］海因·克茨：《德国合同法》（第2版），叶玮昱、张焕然译，中国人民大学出版社2022年版，第9页。

[2] 用益租赁合同的要义和特征在于：一方面，用益出租人不仅有义务向用益承租人提供出租物的使用权，还要向其给予用益租赁标的之孳息的享用权；另一方面，可被用益租赁的不只是物，还可以是权利，例如专利权、商标权或者矿藏的开采权，以及作为整体的财产标的，例如企业——也就是通常所说的“企业用益租赁合同”。于此，企业用益租赁合同的主要表现是：“企业的所有人与另一方约定，不把属于企业的物、权利、商业前景和机会的所有权转让给该方，而是允许该方像企业的所有人一样对其进行使用、变价和用益。”参见［德］海因·克茨：《德国合同法》（第2版），叶玮昱、张焕然译，中国人民大学出版社2022年版，第223～224页。

经济目的衡量，即实现经营权益和资源的利益最优化。

四、快递加盟招商行为不能涵摄于快递业务经营许可规定

（一）从涵摄前提确定到外部证成的必要性

“法律适用是一个基于逻辑形式而为的评价，此乃一种论证，即以必要充分的理由构成去支持其所作成的法律上的判断。”[1] 而此种论证本身包含内部证成和外部证成。内部证成，是指法律适用中的涵摄推论（前已述及）；外部证成是指以内部证成过程中所适用的前提为陈述对象，进行说明证成。可以看出，外部证成关系到内部证成中大、小前提的评价与外部证成，决定着法律论证的妥当性、可接受性和正确性。[2] 很大程度上，内部证成的成败取决于外部证成的成败。然而，主张无证开展快递加盟招商违法说的法律适用者，在进行内部证成过程中，忽略了外部证成，出现了逻辑落差：没有充分、合理地证成说明为何快递加盟招商行为属于《邮政法》意义上的经营快递业务；相反，法律适用者多是武断地认定快递加盟招商及缔结加盟的行为属于经营快递业务，进而认定无证招商属于违反快递业务经营许可规定的违法行为。

实际上，如前所述，快递加盟模式在法律结构上具有鲜明的跨法域[3]特征。在处理快递加盟引发的合同纠纷，以及思考和选择介入快递加盟经营活动的法律规制工具时，法律适用者要区分不同的法律关系和规定。在快递加盟行为结构中，被加盟人与加盟人双方是一种合同关系。有快递加盟，必然存在快递加盟合同关系；有快递加盟合同关系，必然存在法律意义上的快递加盟。当人们在法律上评价快递加盟招商活动时，快递加盟合同及其合法性成为重要的评价抓手。快递加盟合同从缔约到履行，在秉持私法自治、合同自由原则之际，也不得违反《邮政法》《快递暂行条例》等法律、行政法规的强制性规定。

故针对本文论题，还需从涵摄推论结构外部完成证成的两个关键问题：一

---

[1] 参见王泽鉴：《民法思维：请求权基础理论体系》（2022 年重排版），北京大学出版社 2009 年版，第 150 页。

[2] 关于法律论证理论中内部证成与外部证成的阐释，参见［德］罗伯特·阿列克西：《法律论证理论》，舒国滢译，商务印书馆 2020 年版，第 277～290 页；焦宝乾：《内部证成与外部证成的区分》，载《浙江学刊》2009 年第 4 期。

[3] 参见陈醇：《跨法域合同纠纷中强制性规范的类型及认定规则》，载《法学研究》2021 年第 3 期。

是快递加盟招商行为不属于经营快递业务行为；二是不要把民事主体的一般缔约自由与作为特定经营主体的特定经营资格要求相互混淆。由快递加盟招商行为引发的快递加盟（招商）、快递加盟合同等案件事实，并不能涵摄于《邮政法》第51条第1款快递业务经营许可规定的构成要件之下，由此也就无法证成未取得快递业务经营许可开展快递加盟招商的行为违反《邮政法》第51条第1款的规定。故接下来将立足合同自由（缔结自由与内容形成自由），在民商事主体证照分离脉络下，以快递加盟招商的私法边界与公法边界为切入视角，展开进一步讨论。

（二）基于缔约自由的观察——快递加盟中的行为与行为人资格区分

依据《邮政法》第51条第1款的规定，企业在未取得快递业务经营许可之前，其是不能以快递业务经营主体之名义经营快递业务的。那么，是否意味着该企业在这个空档期不能进行任何经营活动，或者说开展任何民商事活动呢？未取得快递业务经营许可企业能否开展快递加盟招商等民事活动？对此，答案为否。

第一，民事主体享有从事招商等民事活动的自由，受法律保护。《民法典》第5条规定："民事主体从事民事活动，应当遵循自愿原则，按照自己的意思设立、变更、终止民事法律关系。"该条款所表达的法原理通常被称为民事法中的意思自治原则，具体到合同法领域又常常被称为合同自由。意思自治原则"是指参见民事活动的当事人在法律允许的范围内享有完全的自由，按照自己的自由意思决定实施民事法律行为、缔结民事法律关系，为自己设定权利或对他人承担义务，任何机关、组织和个人不得非法干预"。[1] 合同自由，意味着"每个人都可以自由决定是否订立一定内容的合同或者拒绝订立合同（'缔约自由'）。另外，他和缔约伙伴一起自由决定合同的内容、事后变更原来的约定或者废止整个合同（'内容自由'）"。[2]

第二，依照《民法典》的相关规定，企业法人取得营业执照，不仅意味着企业法人的依法成立，还意味着其取得了一般的民事主体资格。同时，从《邮政法》《快递市场管理办法》《快递业务经营许可管理办法》之前述规定来看，

---

[1] 参见梁慧星：《民法总则讲义》（修订版），法律出版社2021年版，第11页。

[2] 参见［德］海因·克茨：《德国合同法》（第2版），叶玮昱、张焕然译，中国人民大学出版社2022年版，第8~9页。

对于快递业务经营许可的申请资格及快递业务经营资格的制度安排，采取的是市场主体的主体资格和营业资格的分离做法，即先照后证。

进一步看，在我国近年来推进的证照分离改革举措脉络中，[1] 某企业许可营业资格未获得，并非民商事主体资格没有取得；民商事主体资格取得后，也不一定获得许可经营资格。如有学者所指出的："商事主体的营业资格分为两类，一类是一般项目营业资格，另一类是许可项目营业资格。商事主体经登记后，其主体资格与一般项目营业资格自动取得，且不可分离；与商事主体资格可以分离的是其许可项目营业资格。"[2]

对于提出快递业务经营许可申请的企业法人而言，在其被批准许可经营之前，尽管其尚未取得快递业务经营许可之许可营业资格，但其已经取得了营业执照，具备一般的民商事主体资格。也就是说，某企业尽管尚未取得快递业务经营许可，但其具有一般民商事主体的权利能力，可以以一般民商事主体的名义，基于营业执照开展基本的民商事活动，比如，开展快递加盟招商活动、购置快递业务运营所需设备、建设（租赁/购买）厂房场地等、招聘工作人员等。

（三）基于缔约行为的观察——加盟行为与经营快递业务行为的区分

以前面的分析为基础，还需要进一步明确的问题是，加盟之招商、洽谈、缔约等行为的法律定性与合同分隔问题。与经营快递业务不同的是，就快递加盟这一行为而言，快递加盟涉及招商宣传、项目洽谈、缔结加盟合同等一系列行为本身。这其中最为关键的区分就是作为加盟行为之表征的缔约行为，尽管在外观目的上，当事人所缔结的快递加盟合同之终极目的是开展快递业务经营活动，但是，缔约合同本身却不等同于《邮政法》第51条第1款规定的经营快递业务本身，二者之间具有不同的法律意义和规范属性。

在此，不妨用快递业常见的两类情形来佐证。一类是（准）快递企业租赁厂房、场地的行为，另一类是（准）快递企业购买或租赁运输车辆的行为。显然，无论是租赁行为，还是购买行为，这些行为本身并不属于《邮政法》意义

---

[1] 参见《国务院关于在全国推开"证照分离"改革的通知》（国发〔2018〕35号）；《国务院关于深化"证照分离"改革进一步激发市场主体发展活力的通知》（国发〔2021〕7号）。

[2] 参见肖林：《基于"证照分离"全覆盖的深化商事制度改革的路径选择研究》，载《华东理工大学学报（社会科学版）》2020年第5期。

上的经营快递业务，它们只是为了经营快递业务而进行的辅助行为或准备工作。

（四）基于缔约内容的观察——快递加盟合同与快递服务合同的区分

快递营业活动往往涉及多重法律关系，相应地，也牵涉多重合同关系及合同类型。关于快递加盟合同的基本构造，参见前文分析，此处不再赘述。这里要判明的是，快递加盟合同的内容与快递服务合同的基本内容与构造，完全不同，二者处于不同的法律关系、有着不同的法律效果约束。同时，从合同的法律构造与当事人角色上看，《邮政法》第51条第1款的规范射程指向的是经营者，而不是消费者，其辐射的合同类型是快递服务合同，而不是其他种类的合同。也就是说，快递服务合同恰恰表征的是经营快递业务本身，经营快递业务在合同上的呈现就是快递服务合同：一方是作为经营主体的快递企业，另一方是作为快递服务使用者的快递用户。

在快递服务合同中，经营者一方必须是取得快递业务经营许可的企业法人，这是对其缔结快递服务合同之缔约资格的特别要求。而对快递用户，现行法律、法规并没有对其缔约资格有特别的要求，相反，任何个人、法人及非法人组织等行为主体都可以作为快递服务的用户享受快递业务服务。

更广泛地看，快递营业活动作为服务和服从于物流动的全链条活动，其整个活动进程中，往往涉及多重行为主体，并产生不同的法律关系，也就具有不同的合同构造。例如，在快递业务的全链条流程中，运输是一项重要的环节。但在实践中，除采取自建自营运输车队或组建运输业务子公司的运营模式外，有不少快递企业，通常会将其快递业务中的运输业务外包给第三方，如具有道路货物运输许可的运输企业。[1] 其与第三方签订的委托运输合同，并非这里所指的快递服务合同。

总之，快递业务经营许可意味着，经营者面向用户、围绕寄递快件提供快递服务并发生快递服务法律关系，达成快递服务合同时，应当取得快递业务经营许可。从合同内容来观察也可得出，希望缔约快递加盟合同的快递加盟招商行为，并不属于提供快递服务、缔约快递服务合同的经营快递业务之行为。

---

[1] 参见《圆通速递股份有限公司2019年度报告》，载圆通速递官网，https://www.yto.net.cn/uploads/pdfs/1589013991222.pdf，2022年6月1日访问。

（五）小结

快递加盟是商业特许经营的一种具体呈现形式，其组织和运作首先是通过快递加盟合同进行的，合同不但是加盟式快递企业快运作的重要组织工具[1]之一，也是链接融汇公法管制与私法自治的纽带。

在企业未取得快递业务经营许可的情形下，并不能否认其具有开展快递加盟招商的民事行为能力（资格），其开展递加盟招商本身并不构成对《邮政法》第51条第1款之强制性规定的违反。据此，也就不能适用《邮政法》第51条第1款的规定，以违反法律、行政法规的强制性规定的理由来认定快递加盟合同无效。

行政法上不违法不代表民法上无风险。快递加盟合同作为一种继续性合同，快递业务经营许可之有无会影响到加盟合同效力的认定和走向，其传导的法律效果之类型可涵盖合同无效、解除、撤销。换言之，合同的效力实际上处于一种悬而未决的风险之中。譬如，如果在合同约定的期限内，特许人迟迟未取得经营许可，那么合同的目的最终落空。因为对于受许人而言，特许人是否取得快递业务经营许可，直接牵涉到受许人加盟目的的实现与否。[2] 于此，受许人可以主张解除合同。在快递业经营许可制度下，快递业务经营许可之有无，是决定快递加盟合同命运及加盟招商法律风险高低的一项重要变量。

五、结语

在快递加盟模式发展过程中，有一个比较突出的情形就是，某些拟从事快递业务经营的企业，在未取得快递业务经营许可的情形下便开展快递加盟招商。由此引发的法律问题是：这种民事行为在行政法上是否违法？当事人在没有取得快递业务经营许可情形下，是否可以缔结快递加盟合同，该行为是否违反《邮政法》第51条第1款的规定？可以看出，这涉及对该条款的理解和法律适用问题。

法律适用在于将抽象的法律规范适用于具体的案件事实。然而，抽象的法律规范与千姿百态的具体事实（生活事实）总是存在着一定的缝隙。如何跨越

---

[1] 参见王利明：《论合同法组织经济的功能》，载《中外法学》2017年第1期。

[2] 参见北京市朝阳区人民法院（2016）京0105民初13394号民事判决书。

这道缝隙，将事实与规范衔接起来，建立起充分的、具有说服力的、可接受的某种关联，进而得出妥当的法律判断，不但是法律适用操作的重心，也是法律适用者负有的说理义务，即证成法律判断过程和结果的义务。回应前述法律问题，在规范面向的作业是：探寻法律规范基础及构成要素，遵循法律适用的规则，既要完成有效内部证成，更不能忽略或回避正当化的外部证成。在事实面向的作业是：拆开从生活事实到案件事实，再到法律要件事实的层层包装纸，建构事实的法律意义，为评价事实奠定事实基础。聚焦于快递行业，就快递加盟这一业态论，合同既是联结快递总部企业、快递被加盟人、快递加盟人之间的纽带，也是联结作用于快递业的公法管制与私法自治的纽带。在此脉络下，基于民法上的意思自治原则，当事人享有合同缔结自由、合同形成自由。作为涉快递行业实践行为，当事人签订的快递加盟合同并不能逸出《邮政法》《快递暂行条例》等部门法律、行政法规所施加的公法规制。具体到适用《邮政法》第51条第1款之规定评价快递加盟活动时，重点在于涵摄之前提的确定，关键在于充分证成事实与规范之间的关联性。简言之，解决前述问题的关键在于要厘清《邮政法》上经营快递业务的规范内涵是什么？快递加盟招商活动，即缔约行为本身能否归属于经营快递业务？

基于上述问题背景与法律适用准则，前文一方面对《邮政法》第51条第1款规定的构成要件要素这一规范面向进行解析，另一方面对快递业加盟招商活动这一事实面向展开比较考察。研究发现，在规范层面，法律适用逻辑结构中的事实与规范并不匹配，即：适用《邮政法》第51条规定来评价快递加盟活动时，把行为主体之快递加盟招商行为本身等同于是行为主体在经营快递业务，并不是准确的法律判断。进一步说，某企业在未取得快递业务经营许可的情形下，并不能否认其具备一般民事主体的资格。相应地，其具有缔结快递加盟合同的行为能力；在证照分离情境下，更是如此。不能将无快递业务经营许可证开展快递加盟招商之行为，直接等同于无快递业务经营许可经营快递业务之违法行为；前者并不构成对《邮政法》第51条第1款之强制性规定的违反。

还要留意的是，未取得快递业务经营许可这一情形本身尽管不妨碍行为人开展快递加盟招商活动、缔结快递加盟合同，却很可能成为影响此类加盟行为或合同效力的法律障碍。尤其是不具有快递业务经营许可这一事实，极可能最终会导向快递加盟（合同）目的的落空。由此，快递加盟合同难逃被解除或被撤销的命运。这对投资加盟经营的当事人而言，无疑是竹篮打水一场空。如果以快递加盟招商为名，实质上无力开展快递业务经营，却行骗取加盟费之实，乃至发生“卷款跑路”之事，那么作为主体所承担的便不只是民事法律责任，还可能引发刑事法律责任。总之，无论是对于被加盟商，还是对于加盟商，只要一日未取得快递业务经营许可，那么快递加盟（合同）的法律风险就一日未降。

论欧盟对伽利略卫星导航系统个人位置数据的法律保护

蔡　瑶　蔡高强*

摘　要： 伽利略卫星导航系统的快速发展使个人位置数据呈指数级增长，引发了个人位置数据保护与利用之间的矛盾。分析伽利略卫星导航系统个人位置数据的法律属性，是规范个人位置数据滥用和实现个人位置数据保护的关键。欧盟形成了充分保护和有限利用伽利略卫星导航系统个人位置数据的理念，构建了以保护数据主体基本权利为主的规则，强调了监管机构的重要指导作用，形成了卫星导航个人位置数据保护的欧盟范式。中国对北斗个人位置数据的法律保护必须全面研判欧盟制度的潜在风险，构建中国制度，引领卫星导航个人位置数据全面保护的方向。

关键词： 伽利略卫星导航系统　个人位置数据　欧盟范式

随着科技的发展，卫星导航已成为大国之间竞争与合作的重要项目，导航、定位等服务成为大众生活不可或缺的一部分。全球卫星导航系统（Global Navigation Satellite System，以下简称 GNSS）可提供高精度、高价值的卫星定位数据，能时刻掌握个人在具体时间的具体位置。智能手机和其他智能设备的普及，以及汽车行业技术的不断更迭，使定位服务得以快速发展。伽利略卫星导航系统的产业化发展，使各类应用程序能收集个人位置数据，为企业创造了极高的经济价值，而高速且精准的定位服务在带来丰厚经济利润的同时，也潜藏

---

* 作者简介：蔡瑶，湘潭大学法学院 2021 级法学博士研究生。蔡高强，湘潭大学法学院教授、博士研究生导师。

着个人位置数据的隐私泄露忧患,❶ 引发了数据保护与利用之间的矛盾。欧盟高度重视个人数据的保护，伽利略卫星导航系统产生的个人位置数据作为一种新型的个人数据，其爆炸式增长给个人数据的保护带来了新的挑战。个人位置数据不仅关乎个人权益，而且具有极大的商业价值和公共利益属性，亟须对其进行保护。并且，伽利略卫星导航系统作为四大全球卫星导航系统之一，对与其相关的法律与政策的分析和研究必不可少。

一、伽利略卫星导航系统个人位置数据的法律属性

伽利略卫星导航系统（Galileo Satellite Navigation System，以下简称伽利略系统）作为欧洲独立的民用 GNSS，为用户提供定位、导航和授时等服务，由空间段、地面段和用户段组成。伽利略卫星导航系统个人位置数据（以下简称伽利略个人位置数据）是否具备个人数据的实质与形式要件，是否应该对其进行保护，以何种方式进行保护成为欧盟的重要议题。

（一）个人位置数据属于个人数据

2016 年，欧盟通过了《通用数据保护条例》（General Data Protection Regulation，以下简称 GDPR），在第 4 条中将个人数据定义为“与已识别或可识别的自然人（数据主体）相关的任何数据”,❷ 其中“任何数据”应包括伽利略个人位置数据。根据上述规定可以看出，个人数据的判定因素有两个，一是可识别性，二是相关性。值得注意的是，识别的对象是一种已然发生的事实，或可能发生的行为及结果，可识别性作为个人数据的核心特征，对于准确界定个人数据发挥着关键作用。

伽利略个人位置数据可识别的方式有两种：直接识别（单独识别）和间接识别（结合识别）。其中，直接识别即通过伽利略个人位置数据或数据集直接定位到相关个人，间接识别则可通过与移动数据、Wi-Fi 等结合识别。伽利略系统是通过空间段、地面段和用户端协作运行，为用户提供定位、导航和授时等服务。用户端的终端设备是连接虚拟空间与现实空间的连接点。例如，用户

---

❶ 吴颖：《位置的保护：隐私的合理期待与位置规范体系》，载《现代传播（中国传媒大学学报）》2022 年第 4 期。

❷ European Parliament and of the Council, *General Data Protection Regulation*, 4 May 2016, pp. 1 – 88.

的智能设备接收卫星信号，进行定位、导航和授时等服务，即便卫星连接的是智能手机，但由于智能手机受个人支配，涉及用户的虚拟空间。加之，伽利略个人位置数据指向的是个人所在的现实地理位置（酒店、住宅等），这些位置数据反映了个人的主观意志，与个人紧密相关，可揭示特定个人的健康状况或宗教信仰等敏感信息。伽利略系统在提供定位服务期间，可通过伽利略设备、移动通信运营商或地图等应用程序收集和记录自然人（数据主体）在特定时间的位置，如个人定位信息或位置变动状态，这些位置数据可以单独或结合其他方式、直接或间接地指向特定个人。

基于卫星导航系统产生的个人位置数据极具经济价值，并且以移动设备为媒介，与特定个人紧密相关，可以揭示设备使用者的行为模式、生活习惯、经济状况甚至宗教信仰、私密生活等个人特征，包含人格利益、财产利益和公共利益。[1] 因而，伽利略个人位置数据具备了个人数据的实质。

另外，早在2002年，欧盟就已将位置数据纳入了《隐私与电子通信指令》（Directive on Privacy and Electronic Communications，以下简称e—Privacy指令）保护范围。根据该指令序言的第14段，位置数据包括终端设备的纬度、经度或高度，用户的行进方向和记录位置信息的时间。[2] 伽利略系统是通过空间段、地面段和用户端协作运行，为用户提供定位、导航和授时等服务。同时，定位服务可获取用户的经度、纬度和高度，导航服务则能确定用户的行进方向，授时服务能记录位置信息的时间。因而，伽利略个人位置数据符合e—Privacy指令所规定的位置数据的特征。

综上所述，基于伽利略个人位置数据的可识别性和法益关联性、社会属性和安全属性，具备了个人数据的形式与实质要件。因此，伽利略个人位置数据属于个人数据。

（二）从隐私权向个人数据保护权跨越

一直以来，欧洲对于个人数据的保护尤为重视，不仅在一级立法上认定个人数据是一项基本权利，而且还出台了一系列二级立法来保护个人数据。

---

[1] 参见杨君琳：《论北斗时代的个人位置信息法律保护》，载《法学杂志》2021年第2期。

[2] European Parliament and of the Council, *Directive on Privacy and Electronic Communications*, 31 July 2002, pp. 0037－0047.

第一，欧盟的一级立法确定了个人数据受保护权是自然人的基本权利。《欧盟基本权利宪章》（Charter of Fundamental Rights of the European Union，以下简称《宪章》）第8条第1款和《欧盟运作条约》（Treaty on the Functioning of the European Union，以下简称《条约》）第16条第1款中都规定了个人数据有受到保护的权利。《欧洲人权公约》（European Convention on Human Rights）第8条规定了人人享有使自己的私人和家庭生活、家庭和通信得到尊重的权利，随着新兴技术的发展，这项权利的行使受到了一定的限制。1981年，欧洲理事会通过了《个人数据自动化处理中的个人保护公约》（Convention for the Protection of Individuals with regard to Automatic Processing of Personal Data）[1]，即《108公约》，是一部专门的、具有国际性的且具有法律约束力的关于个人数据保护的文件。该公约将数据保护视为个人的基本权利和自由，更是将个人信息及相关数据视作隐私权的一种。欧盟确定了个人数据保护是一项基本权利，并把它纳入了《宪章》第8条，至此个人数据保护被纳入自主权利的范畴。《条约》第16条规定，每个人都有权保护与自己有关的个人数据，欧洲议会和理事会应制定与之有关的规则处理个人数据。

第二，从欧盟关于个人数据的二级立法沿革来看，个人数据的保护摆脱了过去以隐私权为主的状态。20世纪70年代以来，西方各国陆续建立个人数据保护法制，由于各国的重视程度不一，法律规定各异，甚至存在一定的冲突。为协调各国对自然人在个人数据处理活动中的基本权利和自由的保护，确保个人数据保护在各国的自由流动，欧盟于1995年推出了《95指令》[2]。该指令第1条也规定，为与本指令相一致，成员国应当保护自然人的基本权利和自由，尤其是与数据处理有关的隐私权。[3] 位置隐私可定义为一种特殊类型的信息隐私，控制位置数据是保护位置隐私的核心问题，而跟踪个人位置本质上是具有侵入性的，因此，欧盟将个人数据视作为隐私权进行保护。《95指令》的出台虽有利于促进各成员国形成较为统一的个人数据保护规则，但需要转换成各成

---

[1] Council of Europe, *Convention for the Protection of Individuals with regard to Automatic Processing of Personal Data*, 28 January 1981, pp. 1-9.

[2] 《95指令》全称为《关于涉及个人数据处理的个人保护以及此类数据自由流通的指令》。

[3] European Parliament and of the Council, *Protection of Individuals with regard to the Processing of Personal Data and on the Free Movement of such Data*, 23 November1995, pp. 0031-0050.

员国的国内法，使欧盟的数据保护法律在地域上呈碎片化状态，一体化进程缓慢。加之，互联网的崛起、云计算和定位技术等的发展，使《95 指令》落后于现实的发展，相关法律要求和规则往往被忽视，权利的使用也受到限制。基于此，欧盟 2016 年通过 GDPR，该条例在欧盟各国境内直接生效，加强了欧盟对个人数据法律保护的一致性和协调性。该条例的第 1 条规定，本条例保护自然人的基本权利和自由，尤其是他们的个人数据保护权。该条的表述由“隐私权”调整为“个人数据保护权”，表明个人数据保护权取代了隐私权成为欧盟数据保护法制的首要权利，意味着个人数据的保护具有明确的权利基础。在 GDPR 的第三章更是明确了数据主体的权利内容。

二、欧盟对伽利略个人位置数据法律保护的核心内容

伽利略系统和智能设备的快速发展给人们的生活带来了日新月异的变化，用户在享受服务的同时，也容易忽略对个人位置数据的保护。欧盟并没有出台专门的法律条例以保护伽利略卫星导航个人位置数据，而是在《欧洲卫星导航系统开发和实施条例》第 31 条中作了规定。[1] 第 31 条规定，欧盟委员会应确保在伽利略卫星导航系统的设计、实施和使用过程中，妥善保护个人数据和隐私，并在其中纳入适当的保护措施。在条例规定的任务和活动范围内处理个人数据应符合欧盟出台的个人数据保护法，特别是《95 指令》。2021 年 4 月 28 日，欧洲议会和理事会颁布（EU）2021/696 号条例[2]取代了《欧洲卫星导航系统开发和实施条例》。（EU）2021/696 号条例建立了欧盟空间计划署。该条例第 104 条规定了对伽利略个人数据和隐私保护的内容，即在条例规定的任务和活动范围内处理的所有个人数据，包括机构处理的个人数据适用个人数据保护法，特别是 GDPR。[3] 换言之，伽利略卫星导航系统在应用过程中，若应用程序的运营商处理个人位置数据不合规，对个人数据保护构成了威胁，则适用欧盟的个人数据保护法。

[1] European Parliament and of the Council, *The Implementation and Exploitation of European Satellite Navigation System*, 20 December 2013, pp. 1 – 24.

[2] （EU）2021/696 号条例，即《关于启动欧盟空间计划及建立欧盟空间计划机构的条例》。

[3] European Parliament and of the Council, *Establishing the Union Space Programme and the European Union Agency for the Space Programme*, 12 May 2021, pp. 69 – 148.

(一) 处理原则：充分保护和有限开发

GDPR 确定了个人位置数据处理活动的基本原则框架，该条例第 5 条是与个人数据处理相关的原则的规定，明确了伽利略系统个人位置数据的处理在合法、公平的前提下，必须遵循的三类原则，即透明性原则、限制性原则和保密性原则，确保个人位置数据的准确和完整。

第一，个人位置数据处理必须遵循透明性原则。该原则是处理个人数据的首要原则，是处理个人数据最原则性的要求，透明性原则贯穿数据收集、处理和利用的全过程。该原则不仅要求收集者在特定条件下告知数据主体位置数据收集的目的、处理的风险、处理的方式和数据主体权利的行使方式等信息，还要求收集者必须以简洁易懂的语言，明确、开放地告知数据主体获取位置数据的原因和处理的方式，不得以虚假借口获得个人位置数据。

第二，个人位置数据处理必须遵循限制性原则。个人信息承载着个人的人格尊严、人身和财产安全以及通信自由和通信秘密等利益，处理者对个人信息进行过度处理容易对此等利益造成难以预测的危险和损害，[1] 因而，对个人位置数据的处理并非毫无限制。个人位置数据是高价值数据，处理方式应受到一定的限制，因此，数据控制者必须遵守目的限制原则和数据最小化原则、存储限制原则。其一，目的限制原则要求数据控制者只能基于具体、明确、合法的目的收集个人位置数据。并且，个人位置数据基于特定目的被收集后，则不能再基于与初始目的不兼容的其他目的被处理。目的限定原则能从根本上保障收集和使用的个人信息与处理目的相关，保障在必要范围内处理个人信息。[2] 其二，很多数据在收集的时候并无意用作其他用途，而最终却产生了很多创新性的用途。[3] 数据最小化原则要求处理的个人位置数据必须是“相关”“必要”“适当”的要求，数据处理者应尽量减少个人位置数据收集的总量，仅收集充分、相关且仅限于特定目的所需的位置数据，定期检查以确保处理个人位置数据的充分性和相关性，若不再需要执行指定目的时，须删除或屏蔽数据。其三，存储限制原则要求应在合理期限内存储个人信息，不得存储个人的原始生物信

---

[1] 参见张新宝：《个人信息处理的基本原则》，载《中国法律评论》2021 年第 5 期。

[2] 参见项定宜：《个人信息处理必要性原则的规范体系研究》，载《北方法学》2021 年第 5 期。

[3] 参见［英］维克托·迈尔—舍恩伯格、肯尼思·库克耶：《大数据时代：生活、工作与思维的大变革》，周涛等译，浙江人民出版社 2013 年版，第 197 页。

息，如果必须存储则应和其他个人信息分开。对存储的位置数据应进行定期审查，识别和处理超出预期用途存储的位置数据和超出保留期限的位置数据，对于已经收集但无助于达成正当目的的个人信息，或实现了正当目的个人信息，应当及时予以删除、销毁。❶

第三，个人位置数据处理必须遵循保密性原则。这一原则体现了欧盟对个人位置数据安全的重视，收集和保存的个人位置数据必须有严格的安全保护措施，确保个人位置数据的收集和保存以适当安全的方式进行。个人位置数据具有敏感性，一旦被泄露或被非法处理极有可能侵害数据主体的生命、财产等基本权益，数据处理者必须采取相关措施确保其所收集和存储的位置数据的安全，预防未经授权或被非法处理的现象，防止个人位置数据被损坏和泄露。

值得注意的是，若出于公共利益存档、科学研究、历史研究或统计目的而保存的个人位置数据，则不受目的限制原则和存储限制原则的限制。

综上所述，欧盟对伽利略个人位置数据的处理原则体现了充分保护和有限开发的保护理念，在保障个人位置数据安全的同时也实现了位置数据对于企业的经济价值。

（二）规则建构：保护数据主体的基本权利

从伽利略个人位置数据的法律属性来看，个人位置数据是个人数据的标识符，属于个人数据。因此，个人数据的数据主体拥有的权利，位置数据的数据主体同样拥有。根据 GDPR 的规定，数据主体享有以下几类权利：

第一，数据主体拥有了解位置数据的权利，包括知情权❷、访问权❸和纠正权❹。根据合法、公平和透明性原则，数据主体有权被告知个人位置数据的收集和使用情况。基于伽利略卫星导航系统的应用程序在与其他组织交易位置数据或收购位置数据时，在处理公开访问的位置数据、使用人工智能或其他处理数据的方法获得个人数据时，需要在对数据进行额外的处理前通知数据主体。值得注意的是，收集个人位置数据的方式有两种，一种是直接收集，另一种是

---

❶ 参见刘权：《论个人信息处理的合法、正当、必要原则》，载《法学家》2021 年第 5 期。

❷ European Parliament, Council of the European Union, *General Data Protection Regulation*, 4 May 2016, Article 13.

❸ European Parliament, Council of the European Union, *General Data Protection Regulation*, 4 May 2016, Article 15.

❹ European Parliament, Council of the European Union, *General Data Protection Regulation*, 4 May 2016, Article 16.

间接收集。如果是直接从数据主体收集位置数据，那么在收集时控制者就需要告知数据主体。如果位置数据是从其他来源收集的，则应用程序必须在合理的时间内通知，一般不得迟于收集位置数据后的一个月。访问权和纠正权是知情权的延伸，数据主体的知情权要求数据控制者告知，而访问权是数据主体有权知道其位置数据是否被处理，包括处理的目的、存储的期限等。数据主体有权以口头或书面的形式请求访问数据，企业需要在收到请求后的一个月内及时响应数据主体的访问请求，验证企业是否拥有与该数据主体有关的个人数据，一经验证，企业就可以开始收集满足主体访问请求所需的信息，并且需要借助用于处理数据主体请求的软件工具来确保所收集数据的准确性，并使用清晰明了的语言，以简洁、易懂且易于访问的形式向数据主体提供信息。另外，数据主体有权纠正不准确的个人数据，包括个人位置数据，数据主体也有权完成不完整的数据。当数据主体以口头或书面的形式向数据控制者提出更正请求时，数据控制者必须在收到请求后的一个月内处理，不得无故拖延，必须验证相关个人数据的准确性或完整性，如果确定有问题的数据需要纠正，则必须在控制范围内对数据进行纠正，并及时响应数据主体的请求，根据他们的请求采取相应的措施。

第二，数据主体有控制数据使用的权利，即数据主体有删除权❶、限制处理权❷、反对权❸和不受制于自动化决策的权利❹。数据主体的删除权，又称为被遗忘权，数据主体有删除自己个人数据的权利。需要注意的是，删除权并不是数据主体的绝对权利，因为该权利不适用于所有情形，如执行为公共利益执行的任务、出于公共利益、科学研究、历史研究或统计目的的存档，若删除数据可能导致严重损害的结果，则数据主体不得行使删除权。数据主体的限制处理权，这是一种数据主体可以限制企业使用其数据方式的权利，限制处理权不是绝对权利，若企业有其合法理由继续处理个人数据，则可以取消对数据的限

---

❶ European Parliament, Council of the European Union, *General Data Protection Regulation*, 4 May 2016, Article 17.

❷ European Parliament, Council of the European Union, *General Data Protection Regulation*, 4 May 2016, Article 18.

❸ European Parliament, Council of the European Union, *General Data Protection Regulation*, 4 May 2016, Article 21.

❹ European Parliament, Council of the European Union, *General Data Protection Regulation*, 4 May 2016, Article 22.

制，但是必须在取消数据限制之前通知数据主体，并向数据主体提供他们决定继续处理的详细信息。在此情况下，数据主体有权向当地监管机构投诉，若主体不满意企业继续处理其个人数据的理由，可进一步寻求司法补救。另外，数据主体有权在某些情况下向企业发送停止处理个人数据的请求。数据主体在提出反对请求权之后，企业应先验证该请求是否合法，验证后，必须确保停止处理请求中提出的合法申明，并通知用户。而且，数据主体有不受制于自动化决策的权利，由于自动化决策算法本身过于复杂，用户不清楚自己的数据是如何被处理的，决策的结果有可能影响到自己的基本权利和自由，因此，自动化决策需要获得用户的同意。

第三，数据主体拥有数据转移权，即数据可携带权[1]。数据主体有要求将自己的数据转移到另一个数据控制者的权利，数据控制者应当配合。数据可携带权的可行使的范围仅包括与数据主体相关的个人数据以及数据主体提供给控制者的数据。但行使数据可携带权不能损害公共利益或他人的合法权益，不得对第三人的个人数据、知识产权和商业秘密等造成不利影响。

由此可见，GDPR 从不同的方面规定了数据主体的八种权利，个人位置数据的数据主体应同样享有。

（三）监管机构：发挥指导作用

根据 GDPR 的规定，欧洲数据委员会（European Data Protection Board，以下简称 EDPB）对于个人数据保护有指导、提出建议、协调合作和作出具有约束力决定的权力。具体而言，EDPB 可以就个人数据的保护提供一般指导，包括指导方针、建议和最佳实践，以促进欧盟数据保护法达成共识。2020 年全球新型冠状病毒感染疫情暴发，欧盟各类机构需通过收集位置数据进行疫情防控，但欧盟及其成员国对运用各类位置数据，收集的条件、方式以及应遵守的原则、规则等都没有明确的规定。2020 年 4 月 21 日，EDPB 发布第 04/2020 号《关于在新冠疫情中使用位置数据和接触追踪工具的指南》[2] 以应对疫

---

[1] European Parliament, Council of the European Union, *General Data Protection Regulation*, 4 May 2016, Article 20.

[2] European Data Protection Board, *Guidelines 04/2020 on the Use of Location Data and Contact Tracing Tools in the Context of the COVID – 19 Outbreak*, 21 April 2020, pp. 1 – 19.

情防护中个人位置数据的保护问题。该指南确定疫情防护中的位置数据属于GDPR中的个人数据，确定了个人位置数据的法律地位。并且EDPB强调个人位置数据应包括电子通信服务提供者在提供服务过程中所收集的个人位置数据以及使用导航、交通服务等应用程序收集的个人位置数据。由此可见，在欧洲数据保护法对疫情防控中的个人位置数据没有明确规定的情形下，EDPB通过指南指导各成员国保护疫情防控中的个人位置数据（包括伽利略系统个人位置数据）。

另外，车联网环境中车辆节点对实时位置的定位可借助多种技术完成，个人位置数据可通过车辆传感器、T-Box或移动应用程序（驾驶员的设备）来获取，最常用到的定位技术是全球卫星导航技术。[1] 车联网整体可以划分为三层，即：感知层、网络层和应用层，其中感知层是通过射频识别、GPS、北斗定位系统、车载雷达等交通基础设施系统感应。[2] 欧盟车联网技术的发展，使伽利略系统融入车联网，大幅度增加了个人位置数据的收集，给数据主体带来极大的风险，为此EDPB颁布《车联网个人数据指南》[3] 确定了三类需要特别关注的个人数据：①位置数据，由于位置数据的敏感性，除非为实现处理目的所必需外不应收集；②生物特征数据，应以加密形式存储在本地；③涉及刑事犯罪和其他违法行为的数据。除此以外，指南还指出汽车和设备制造商、服务提供商和其他数据控制者应当特别注意他们所需的联网车辆的数据类型，只收集与处理相关和必要的个人数据。位置数据尤其具有侵入性，可以揭示数据主体的生活习惯，行业参与者应特别警惕。由此可见，EDPB指出了伽利略系统个人位置数据的敏感性，在车联网和执法机构处理伽利略系统个人位置数据方面发挥了重要的指导作用。

综上所述，欧盟对伽利略个人位置数据的保护，体现了充分保护和有限开发的保护理念，保障了数据主体的基本权利，发挥了EDPB的指导作用，形成了欧盟范式。

---

[1] 参见马佳荣、李兰凤、张志恒：《基于车联网的定位技术研究及展望》，载《物联网技术》2021年第11期。

[2] 参见邓雨康、张磊、李晶：《车联网隐私保护研究综述》，载《计算机应用研究》2022年第10期。

[3] European Data Protection Board, *Guidelines 1/2020 on processing personal data in the context of connected vehicles and mobility related applications*, 9 March 2021, pp. 1-36.

三、欧盟保护伽利略个人位置数据法律制度的不足

欧盟虽致力于在全球范围内形成自己的数据保护范式，但其对伽利略个人位置数据的保护仍存在一定的风险。在数据保护领域，欧盟的数据保护立法呈现出一定程度上的范式扩张，融入了日本、韩国等国家的数据法律改革之中。许多国家的数据立法都将 GDPR 奉为圭臬，GDPR 的立法模式也在很大程度上影响了我国的数据保护法制度。但在卫星导航个人位置数据的立法上，欧盟的规范仍存在一定的不足。GDPR 已将个人位置数据纳入了个人数据，作为标识符，但因伽利略个人位置数据具有敏感性甚至私密性，加之 eCall 法规、2019/320 条例和 2019/520 指令等的颁布和实施，给欧盟伽利略个人位置数据的保护带来了风险。位置数据在带给人们巨大收益的同时，也带来了泄露个人信息的危害。[1]

（一）伽利略个人位置数据未分类分级保护

GDPR 区分了普通数据与敏感数据，伽利略个人位置数据可能具有敏感性或私密性，但并非所有基于伽利略系统产生的位置信息数据都能揭示数据主体的敏感信息。并且，敏感数据与普通数据的保护力度不一，不可一概而论。

如前所述，欧盟虽将位置数据作为个人数据的标识符，但伽利略个人位置数据具备了个人数据的形式与实质，实现了从不可识别到可识别的流变，并且在特定情况下能揭示数据主体的宗教信仰、健康状况等敏感信息。GDPR 第 9 条第 1 款规定了“特殊类别的个人数据”[2]：“对揭示种族或民族出身，政治观点、宗教或哲学信仰，工会成员的个人数据，以及以唯一识别自然人为目的的基因数据、生物特征数据，涉及健康、自然人的性生活或性取向的数据的处理应当被禁止。”位置数据具有规模大、速度快、多样化及价值高的特征，还具有隐蔽性、间接性、潜伏性等独特特征。[3] 由此可见，若能揭示数据主体的种族、民族出身、政治观点、宗教、哲学信仰、工会成员的个人数据，以及基因数据、生物特征数据或涉及健康、自然人的性生活或性取向的数据等，个人位置数据也属于特殊类别的个人信息。例如，一个人频繁运用伽利略系统的终端

---

[1] 参见王璐、孟小峰：《位置大数据隐私保护研究综述》，载《软件学报》2014 年第 4 期。

[2] GDPR 中“特殊类别的个人数据”即个人敏感信息。

[3] 参见李延舜：《位置何以成为隐私？——大数据时代位置信息的法律保护》，载《法律科学（西北政法大学学报）》2021 年第 2 期。

设备（如移动设备、可穿戴设备或车辆等）去教堂、医院或工会，在这种情况下，终端设备所获取的位置数据可能会泄露用户并不打算共享或不愿为他人知晓的数据。例如，频繁地去某个教堂揭示的是教堂这个地理位置，而实际上可能揭示一个人的信仰；频繁地去某个医院，揭示的是个人的健康信息。通过伽利略系统个人位置数据获取的个人信仰和健康信息都应属于 GDPR 第 9 条中规定的特殊类别的数据，但是从 GDPR 对特殊类别个人数据的规定来看，该条例并没有将个人位置数据规定在特殊类别的数据范围内。早在《95 指令》时代，第 29 条工作组[1]就指出提供定位服务的应用程序，其提供商处理的位置数据可能涉及特殊类别的个人数据。服务提供商通过手机位置数据分析用户的行为模式，从而获取用户的重要信息，如用户常去的医院、宗教场所、政治活动的场所或其他特定的地点等。如此看来，这种能够揭示敏感信息的伽利略个人位置数据应属于第 9 条规定的特殊类别的数据范围，但欧盟并未明确。

GDPR 是处理个人数据的通用框架，为能普遍适用于条例范围内的所有数据的处理，其条款设置具有灵活性，但又具有不确定性，对伽利略个人位置数据规定的内容空泛，意义不详，难以掌握。例如，伽利略系统个人位置数据具有敏感性，根据 GDPR 的规定，个人位置数据只是一般数据，即使个人位置数据可能在某个时间揭示个人的敏感信息，仍不属于 GDPR 第 9 条所规定的特殊范围，这将导致伽利略系统个人位置数据将被当作一般个人数据进行处理。若将个人位置数据处理与一般个人数据的处理保持一致，个人位置数据可能泄露个人敏感信息。值得注意的是，从 GDPR 第 4 条第 4 款的内容来看，个人位置数据又不同于一般数据。因此，欧盟应针对伽利略系统个人位置数据的特殊性，对其进行分类保护，将涉及个人敏感位置信息的部分划分到第 9 条中的特殊类别的数据，不涉及敏感信息的个人位置数据视为一般数据，以此设置更加精准详细的保护规则，制定特殊的保护制度，形成更完整、更安全的个人数据保护的法律框架。

综上所述，尽管欧盟仅将位置数据纳入个人数据，但未对伽利略个人位置数据进行分类分级保护，难以实现数据保护与利用之间的平衡，此为个人位置数据保护的一大风险。

---

[1] 第 29 条工作组（Article 29 Working Party，简称 WP29），是关于欧盟个人数据保护工作组，依据《95 指令》第 29 条所成立，因而称“第 29 条工作组”。

（二）新态势对欧盟伽利略个人位置数据的保护规范带来的风险

面对科技侵入个人领域，滞后的法律显得心余力绌，数字技术对个人数据的侵蚀，层出不穷的侵权案例对法律提出了诸多挑战。而伽利略系统用于位置服务和智能交通系统也给欧盟个人位置数据保护带来了较大的风险，同时，疫情防控对个人位置数据的保护也具有一定的风险。

第一，基于位置的服务（Location Based services，以下简称 LBS）使个人位置数据呈指数级增长。LBS 是由移动通信网络和卫星定位系统结合提供位置信息的服务，主要通过外部定位方式获取移动终端用户的位置信息。LBS 依赖于用户位置信息的服务，如路径导航、查找酒店、餐馆或加油站等目的地位置，[1]随着获取位置数据技术的发展和进步，LBS 的应用也越来越广泛，根据其用途可以分为 17 大类：导航、地图与 GIS、地理营销和广告、安全和应急、企业应用、体育、游戏、健康、跟踪、休闲 AR、社交网络、信息娱乐系统、商业、专业应用 AR、机器人技术（低 GNSS 使用）、机器人技术（高 GNSS 使用）、物联网。[2] 其中最常见的应用是地图、导航应用程序、紧急服务和跟踪应用程序等。LBS 以庞大的地理空间信息数据库为依托，能向服务对象提供与地理信息相关的便捷、实时、精准的综合性服务，可很好地运用于紧急救灾、大流量人员追踪、复杂环境下的现场人员管控等事件中。[3] 这使个人位置数据爆炸性增长，增加了位置数据主体的风险。LBS 应用日渐重要，应用领域越来越广泛，由 LBS 应用产生的个人位置数据将日渐增多，数据主体的风险也将随之增大。

第二，智能交通系统使驾驶员的个人位置数据受到挑战。智能交通系统（Intelligent Traffic System，以下简称 ITS）又称智能运输系统，该系统可以通过 GNSS 收集大量位置数据，eCall 紧急救援、电子收费系统等应用程序都属于 ITS。根据 eCall 法规[4]的要求，从 2018 年 4 月开始，所有在欧盟销售的新车都

---

[1] 参见郑磊、张俊星：《面向连续位置服务的位置感知隐私保护方案》，载《浙江大学学报（工学版）》2020 年第 12 期。

[2] SeeEuropean Union Agency for the Space Programme, Report on Location - Based Services User Needs and Requirements, 1 January 2021, pp. 22 - 59.

[3] 参见郭迟、王梦媛、高柯夫、刘经南、左文炜：《面向重大公共卫生事件的位置服务技术——以 COVID—19 疫情为例》，载《武汉大学学报（信息科学版）》，2021 年第 1 期。

[4] European Parliament and of the Council, *Regulation (EU) 2015/758 concerning Type - approval Requirements for the Deployment of the eCall In - vehicle System based on the 112 Service and Amending Directive 2007/46/EC*, 19 May 2015, pp. 77 - 89.

必须配备伽利略系统的功能。2016/799 号实施条例[1]也规定，从 2019 年 6 月开始，智能行车记录仪也必须和伽利略系统兼容。此外，2019/520 号指令[2]表明，从 2021 年 3 月开始，所有与电子道路收费系统相关的、使用卫星导航系统的车载设备都必须与伽利略系统兼容。伽利略系统已经成为人们生活中的重要组成部分，大多数新车都配备了伽利略系统的接受器，伽利略系统的新应用快速发展，如 eCall 应急系统、道路使用者的收费系统和保险远程信息处理系统等。值得注意的是，若车辆适用伽利略系统，那么通过导航收集的个人位置数据可能涉及驾驶员，车载设备可收集和记录所驾车型的性能、驾驶员的行为习惯和位置数据。如果驾驶员不知道这些应用程序何时收集数据，也不知道车辆何时被系统跟踪，更不知道后台数据如何处理，在此情形下，可视为对车辆存在一定程度的监控和跟踪，侵犯了驾驶员的隐私。

卫星导航已经成为人们生活中的重要组成部分，大多数新车都配备了 GNSS 的接受器，因此许多新的应用程序目前正在开发中，这些基于 GNSS 的新应用就包括 eCall 应急系统、道路使用者的收费系统和保险远程信息处理系统等，根据欧盟委员会的规定，这些新应用程序，都是 ITS 的一部分。欧盟委员会第 2019/320 条例中规定，自 2022 年 3 月起，在欧盟销售的所有智能手机都必须包含 GNSS 功能，至少要包含伽利略系统的定位功能。[3] 这种 "ITS + 智能手机" 的模式产生的个人位置数据更加精确，大大增加了数据主体的风险，给欧盟个人位置数据的保护带来了巨大的挑战。

第三，新型冠状病毒感染的突发，为保护生命安全健康，公权力机关可通过电子通信服务提供者获取个人位置数据，也可通过伽利略卫星导航、交通服

---

[1] European Commission, *Implementing Regulation (EU) 2016/799 of 18 March 2016 Implementing Regulation (EU) No 165/2014 of the European Parliament and of the Council laying down the Requirements for the Construction, Testing, Installation, Operation and Repair of Tachographs and Their Components*, 26 May 2016, pp. 1 – 506.

[2] European Parliament and of the Council, *Directive (EU) 2019/520 on the Interoperability of Electronic Road Toll Systems and Facilitating Cross – border Exchange of Information on the Failure to Pay Road Fees in the Union*, 29 March 2019, pp. 45 – 76.

[3] European Commission, *Directorate – General for Internal Market, Industry, Entrepreneurship and SMEs, Commission Delegated Regulation (EU) 2019/320 of the European Parliament and of the Council with regard to the Application of the Essential Requirements referred to in Article 3 (3) (g) of that Directive in order to Ensure Caller Location in Emergency Communications from Mobile Devices*, 25 February 2019, pp. 1 – 3.

务等来获取个人位置数据。[1] 可见，欧盟在防疫过程中，各类基于伽利略系统的应用都发挥了重要作用，而且在后疫情时代也将持续发挥重大作用。疫情防控涉及公共利益、国家安全，为保护公共利益，个人利益让渡是法理要求，也是法律规范的反映，但在实践中情况复杂多变，导致在疫情防控中公民的个人信息被过度收集。[2]

毫无疑问，欧盟出台的一系列条例和指令加速了伽利略系统的产业化发展，同时，也使欧盟对伽利略系统个人位置数据法律保护的完善迫在眉睫。随着伽利略卫星导航终端设备的增多，现有的法律框架受到了新的挑战，难以解决因个人位置数据的快速增长带来的法律问题，现有的制度不足以实现伽利略个人位置数据的全面保护，欧盟必将完善伽利略系统个人位置数据的法律保护框架，确保 LBS、ITS 和疫情防控等新态势、新技术产生的个人位置数据的安全。

四、欧盟个人位置数据法律保护对我国的启示

我国北斗卫星导航系统已经全面进入运行阶段，北斗卫星导航系统已经成了当今社会的重要组成部分。随着北斗卫星导航系统的发展，应用程序增多，个人位置数据的价值越来越高，对位置数据的保护越来越重要。目前，依赖北斗卫星导航系统的应用正在稳步增长，这些应用和服务给人民的生活带来便利的同时，也将带来较高的隐私与数据风险。因此，分析欧盟对伽利略个人位置数据法律保护的核心内容，对我国北斗个人位置数据的保护具有重要启示，同时，也能分析欧盟现有规范的不足，完善我国对北斗个人位置数据的保护规则。

第一，界定北斗个人位置数据的法律属性。我国《个人信息保护法》对个人信息的定义与 GDPR 的定义非常接近，将所有可识别与已识别的自然人有关的个人信息纳入了调整范围。相较于美国的数据保护法，GDPR 和我国《个人信息保护法》的保护范围更广。以美国加州隐私法为例，其界定个人信息的方

---

[1] European Commission, *Directorate – General for Communications Networks, Content and Technology, A Common Union Toolbox for the Use of Technology and Data to Combat and Exit from the COVID – 19 Crisis, in particular concerning Mobile Applications and the Use of Anonymised Mobility Data*, 14 April 2020, pp. 7 – 15.

[2] 参见侯宇、沈莹莹：《突发公共卫生事件中个人信息保护的行政法回应——以新冠肺炎疫情为例》，载《南京邮电大学学报（社会科学版）》2023 年第 1 期。

式主要是通过定义、列举和排除的方式，而 GDPR 和《个人信息保护法》则以可识别性和相关性为判定因素，这种界定方式使个人信息的保护范围更广。因而，北斗个人位置信息也属于个人信息的范畴。按欧盟对个人位置信息的认定标准，基于北斗卫星导航系统产生的个人位置数据（以下简称北斗个人位置数据）应同样具备个人数据的形式与实质，应属于个人信息。但相较于欧盟的规定，我国《个人信息保护法》中并没有将位置信息作为个人信息的标识符，只是列举了行踪轨迹，对北斗个人位置数据是否属于行踪轨迹的范畴并没有明确的规定。另外，欧盟对于个人数据的保护实现了从隐私权到个人数据保护权的跨越，我国北斗个人位置数据的属性如何也有待探讨。

第二，明确可携带权的内容。GDPR 和我国《个人信息保护法》规定的数据主体的权利对应了数据处理者的义务，即数据处理者必须采取安全保障措施保护个人位置数据，对个人位置数据的存储不得超过期限，并且在发生数据安全事件时，必须及时通知数据主体。2022 年 5 月，EDPB 指出应将可携带权的范围扩展到可能揭示有关个人（包括儿童和其他弱势类别的数据主体）高度敏感数据的产品和服务上，明确指出，来源于车辆、家庭设备、医疗健康设备等的数据将是该建议所针对的。[1] 我国《个人信息保护法》也同样规定了相应的权利，保障了北斗个人位置信息。[2] 值得注意的是，我国《个人信息保护法》对可携带权（即数据转移权）的内容仅是原则上的规定，只是概括性引入了可携带权，其数据类型、场景管理等方面还有待进一步明确。[3]

第三，细化北斗个人位置信息分类。基于北斗导航的新型智能交通系统使道路更安全，但也给驾驶员的位置隐私带来了极大的风险；智能手机上的定位、导航服务与智能交通系统相比，泄露个人位置数据的风险更大，因为智能手机与个人息息相关，定位服务能够非常深入地了解用户的私人生活，能够获取用户的行为模式和行踪，分析用户的健康状况或宗教信仰等敏感信息，甚至是用户不想为人所知的性生活、性取向等私密信息。而普通信息、敏感信息和私密

---

[1] European Parliament and of the Council, *Harmonised Rules on Fair Access to and Use of Data* (*Data Act*), 4 May 2022, pp. 1 – 64.

[2] 《个人信息保护法》第 15 条、第 17 条、第 45 条、第 47 条，规定了反对权、知情权、查阅复制权、删除权等。

[3] 参见郭江兰：《数据可携带权保护范式的分殊与中国方案》，载《北方法学》，2022 年第 5 期。

信息的保护力度不一，因此应将北斗个人位置信息进行分级分类保护，平衡北斗个人位置数据的保护与利用。

第四，建立独立的个人信息监管机构。我国对个人信息的监管区别于欧盟的统一监管机构模式，《个人信息保护法》确立的是以国家网信部门为核心的多头监管机制，除国家网信部门外，其他部门也具有个人信息保护的职责，如公安机关、交通运输部等。多头监管机制能更加细致地规范北斗个人位置数据处理者的处理行为，但关键的是，这些监管机构本身也有可能是受监管者，监管机构的这种双重身份可能导致监管机构缺乏独立性和中立性，引发公信危机。并且，多头监管会使部门之间协作性不足。[1] 北斗系统个人位置信息的产生与应用是一个完整的链条，除个人外，还有卫星导航系统供应者、卫星导航系统基础原件制造商、移动设备制造商（集成商）、操作系统开发商、移动网络运营商、应用程序运营商都参与其中。我国对个人位置数据的保护，主要是从网络安全或从消费者权益保护的角度介入，尚未涉及对卫星导航的位置数据保护。而欧盟的这种统一监管机构能更好地保障北斗个人位置数据。我国可加快个人信息监管机构的建立，在机构下设置一个北斗系统个人信息的部门，管理北斗系统产生的个人信息保护。

五、结语

我国《数据安全法》《网络安全法》《个人信息保护法》《信息安全技术个人信息安全规范》（GB/T35273－2020）均不同程度地借鉴了欧盟的制度，在北斗个人位置信息的保护规则上，大部分内容与欧盟的规制相似，未来仍存在借鉴的可能性。但欧盟对于伽利略个人位置数据的保护存在一定的缺陷，因而我国不可盲目地接受和移植欧洲规则。我国应确立中国模式，审慎评估和研判欧盟对伽利略个人位置数据法律制度的风险，应汲取欧盟的有效经验，在现有制度的基础上，结合北斗卫星导航系统的发展状况，完善北斗个人位置信息保护法律制度，细化北斗个人位置数据的分类，优化北斗个人位置数据的保护模式，强化公权力机关运用北斗个人位置数据的法律制度，建构北斗个人位置信息保护的中国方案。

---

[1] 参见张涛：《个人信息保护中独立监管机构的组织法构造》，载《河北法学》2022年第7期。